W0462520

Roland Granobs
Jürgen Reinsbach

Latein

POCKET TEACHER ABI

Cornelsen
SCRIPTOR

Die Autoren
Dr. Roland Granobs unterrichtet Latein und Deutsch an einem Gymnasium und ist Fachseminarleiter für das Fach Latein in Berlin.
Jürgen Reinsbach ist Fachbereichsleiter für Fremdsprachen an einem Gymnasium und Referent in der Berliner Schulverwaltung.

Bibliografische Information der Deutschen Nationalbibliothek
Die Deutsche Nationalbibliothek verzeichnet diese Publikation in der Deutschen Nationalbibliografie; detaillierte bibliografische Daten sind im Internet über http://dnb.d-nb.de abrufbar.

2., aktualisierte Auflage

D C B A
Bibliographisches Institut GmbH
Dudenstraße 6, 68167 Mannheim

Projektleitung: Heike Krüger-Beer
Redaktion: DAS LEKTORAT Monika Kopyczinski
Reihengestaltung: Magdalene Krumbeck, Wuppertal
Layout und Satz: Dagmar & Torsten Lemme, Berlin
Illustrationen und Sachzeichnungen: Rainer J. Fischer, Berlin
Umschlaggestaltung: glas AG, Seeheim-Jugenheim
Druck und Bindung: fgb – freiburger graphische betriebe GmbH & Co. KG
Bebelstraße 11, 79108 Freiburg i. Br.
Printed in Germany

ISBN 978-3-411-86491-1

Inhalt

Vorwort 6

1 Römische Geschichte im Überblick 7

2 Römische Literatur 15
2.1 Gattungen 15
Griechischer Hintergrund 16
Poesie 16
Prosa 24
2.2 Die Überlieferung antiker Literatur 31
2.3 Periodisierung 35
2.4 Römische Literaturgeschichte im Überblick 38
Die vorliterarische Zeit 38
Die Vorklassik 39
Klassik I: Die ausgehende Republik 45
Klassik II: Beginn der Kaiserzeit 59
Die Nachklassik 78
Spätantike 91
2.5 Kleine Verslehre 94
Lesen von lateinischen Versen 94
Längen und Kürzen (Prosodie) 95
Metrik 98
Wichtige Versmaße 99
2.6 Sprachliche Besonderheiten 104
2.7 Rhetorik: Die Kunst der Rede 106
Griechische Rhetorik in Rom 106
Ausbildung des Redners 107
Wichtige Begriffe der Rhetorik 108
2.8 Die wichtigsten Stilmittel 110

3 Römische Philosophie 117
3.1 Römische Philosophie als Kunst der Vermittlung 117
3.2 Die griechischen Vorbilder 119
3.3 Die Anfänge der Philosophie in Rom 125
3.4 Einbürgerung der Philosophie 126
3.5 Popularisierung 129
3.6 Philosophie als Heilmittel 130
3.7 Ausklang und Übergang zum Mittelalter 132

4 Der Mythos 134
4.1 Was ist ein Mythos? 134
4.2 Griechischer Mythos in Rom 134
Die zwölf olympischen Götter 135
Wichtige Mythen und Sagen 141
4.3 Römische Mythen 149

5 Öffentliches Leben 159
5.1 Erziehung und Ausbildung 159
5.2 Die römische Gesellschaft 161
5.3 Karriere: *Cursus honorum* 164
5.4 Rechtsprechung und Gerichtsbarkeit 168
5.5 Religion 172
5.6 Militärwesen 178

6 Zivilleben 186
6.1 Haus und Stadt 186
6.2 Tagesablauf und Alltagsleben 191
6.3 Amphitheater, Circus, Theater und Thermen 194

7 Das Abitur: Übersetzen und interpretieren 199

7.1 Grundsätzliche Überlegungen 199

7.2 Faktoren der Texterschließung (Text im Kontext) 200

7.3 Übersetzen: Tipps und Methoden 204

7.4 Arbeit mit dem Wörterbuch 213

7.5 Übersetzen in der mündlichen Prüfung 219

7.6 Interpretation 220

Interpretationsansätze 220

Aufgabenformate im Abitur 224

8 Pocket Teacher Spezial: Vorbereitung mit System 227

Literaturtipps 231

Stichwortverzeichnis 234

Vorwort

Liebe Leserin, lieber Leser!

Der Pocket Teacher Abi Latein eignet sich als Wegbegleiter durch die gesamte Oberstufe bis zum Abitur. Er hilft nicht nur beim Schluss-Spurt vor dem **Abitur,** sondern ebenso gut bei **Hausaufgaben** und **Referaten,** bei der Vorbereitung von **Klausuren** und **Tests.** Selbst wer schon fit ist, kann hier mit Gewinn noch mal ein Kapitel querlesen und sein Wissen auffrischen. Vor allem aber werden die **Zusammenhänge** übersichtlich und anschaulich präsentiert. Dazu tragen auch die zahlreichen Tabellen und Schaubilder bei.
Schnelle Hilfe verspricht das **Stichwortverzeichnis** am Ende des Bandes. Die mit Pfeilen (↗) markierten **Querverweise** helfen, innerhalb des Buches weitere hilfreiche Stellen zu der jeweiligen Fragestellung zu finden.
Der Pocket Teacher Abi Latein greift nicht nur alle zentralen thematischen Bereiche auf, die auf dem Weg zum Abitur liegen, sondern gibt darüber hinaus zahlreiche praxisnahe **Lerntipps** und **Hinweise** zum selbstständigen Erarbeiten von Fertigkeiten. Am Ende finden Schülerinnen und Schüler einen präzise ausgearbeiteten Plan für ein **Lerntagebuch,** mit dem sie sich **Schritt für Schritt** auf das Abitur vorbereiten können.

Römische Geschichte im Überblick

Grobeinteilung in 3 Phasen	
I Königszeit	(753 v. Chr.–510 v. Chr.)
II Republik	(510 v. Chr.–30 v. Chr.)
III Kaiserzeit	(30 v. Chr.–476 n. Chr.)

Neben zentralen Daten wurden besonders diejenigen historischen Ereignisse aufgenommen, die für den *Latein*unterricht von Wichtigkeit sind. So liegt ein Schwerpunkt auf dem ersten vorchristlichen Jahrhundert. Zu ausführlicheren Darstellungen der römischen Geschichte ↗ Literaturtipps S. 231.

I Königszeit (753 v. Chr.–510 v. Chr.)

753 Traditionelles Gründungsdatum Roms; Königtum, Beratung durch den Senat (↗ S. 154 Sieben sagenhafte Könige Roms)

II Republik (510 v. Chr.–30 v. Chr.)

Herrschaftsausdehnung über das italische Festland

um 510 Beginn der Republik: Vertreibung des Tarquinius Superbus, Brutus erster Konsul (↗ S. 155 Helden der Sagenhistorie)

494 Einrichtung des Volkstribunats nach Auszug der Plebs zum Heiligen Berg *(secessio plebis)*

um 450 Zwölftafelgesetz

387 Gallliersturm: schwere römische Niederlage an der Allia *(dies ater)*, Einnahme Roms durch die Gallier bis auf das Kapitol

367	Plebeijer zum Konsulat zugelassen
340–338	Latinerkrieg, Unterwerfung Latiums
312	Bau der Via Appia von Rom nach Capua
287	Beschlüsse der Volksversammlungen *(concilia plebis)* werden von jetzt an für das gesamte Gemeinwesen bindend
279	König Pyrrhos besiegt das römische Heer unter großen eigenen Verlusten in Apulien (sprichwörtlicher „Pyrrhossieg")
272	Übernahme Tarents nach dem Tod des Pyrrhos, weitgehende Kontrolle Roms über das italische Festland (Italischer Bund)

Auseinandersetzung mit Karthago und Griechenland

264–241	Erster Punischer Krieg 241 Sizilien wird erste römische Provinz
237	Besetzung Sardiniens und Korsikas
218–201	Zweiter Punischer Krieg 218 Alpenüberquerung Hannibals 215–205 Anschluss Makedoniens an Hannibal (Erster Makedonischer Krieg) 217 Sieg Hannibals am Trasimenischen See 216 Sieg Hannibals bei Cannae 212 Die Römer erobern das mit Karthago verbündete Syrakus auf Sizilien. Tod des dort ansässigen Archimedes („Störe meine Kreise nicht!") unter Marcellus 211 Hannibal vor Rom *(„Hannibal ad portas!")* 202 Sieg Scipios über Hannibal bei Zama (Nordafrika), Rom beherrscht den westlichen Mittelmeerraum
200–197	Zweiter Makedonischer Krieg
171–168	Dritter Makedonischer Krieg
168	Sieg über Perseus von Makedonien bei Pydna; Rom beherrscht den östlichen Mittelmeerraum

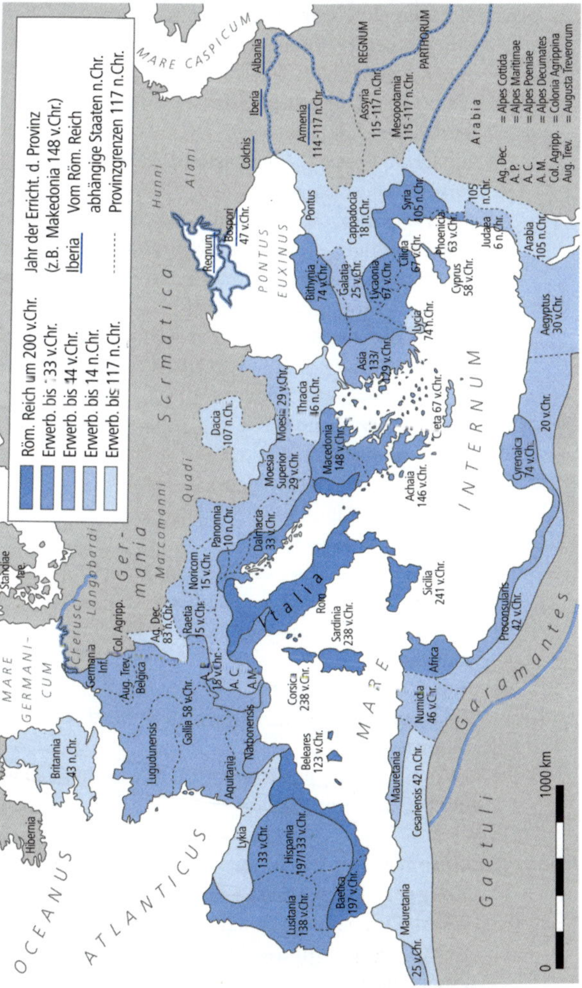

Imperium Romanum – die Ausdehnung des römischen Weltreiches

155	Beschleunigte Abfertigung einer Gesandtschaft athenischer Philosophen (zum „Schutz“ der römischen Jugend)
150	Cato fordert in seinen Senatsreden beharrlich die Zerstörung Karthagos (*„ceterum censeo Carthaginem esse delendam“*)
149–146	Dritter Punischer Krieg 146 Zerstörung Karthagos durch Scipio Aemilianus (gegen heftigen innenpolitischen Widerstand)
146	Zerstörung Korinths, Griechenland und Makedonien werden römische Provinzen
133	Eroberung Numantias durch Scipio Aemilianus, endgültige Unterwerfung Spaniens

Bürgerkriege 1 (Marius und Sulla)

133	Tiberius Gracchus Volkstribun
123–122	Gaius Gracchus Volkstribun
111–105	Krieg gegen Iugurtha in Nordafrika
ab 104	Heeresreform des Marius
102	Sieg des Marius über die Teutonen
101	Sieg des Marius über die Kimbern
91–88	Bundesgenossenkrieg, römisches Bürgerrecht für alle Italiker
88	Sullas Marsch auf Rom
87–84	Feldzüge Sullas gegen Mithridates und dessen Verbündete
82–79	Diktatur Sullas: Proskriptionen, Wiederherstellung der Senatsherrschaft

Phase innenpolitischer Unruhen

80–72	Krieg gegen Sertorius in Spanien
75	Cicero Quästor auf Sizilien
74–64	Krieg gegen Mithridates (unter Lucullus und Pompeius)
73–71	Sklavenaufstand unter Spartakus

70 Konsulate des Pompeius und Crassus, Anklage Ciceros *de repetundis* gegen Verres wegen Ausbeutung der Provinz Sizilien
67 Vernichtung der Seeräuber durch Pompeius
66–64 Militärische Erfolge des Pompeius im Osten
64–63 Neuordnung des Ostens durch Pompeius
63 Cicero Konsul, Niederschlagung der Verschwörung Catilinas
60 Erstes Triumvirat (Caesar, Pompeius, Crassus)
59 Erstes Konsulat Caesars
58 Verbannung Ciceros wegen ungesetzlicher Hinrichtung der Catilinarier
58–51 Eroberung Galliens durch Caesar
55 Erste Überfahrt Caesars nach Britannien
52 Sieg über Vercingetorix bei Alesia
56 Erneuerung des Triumvirats in Luca
53 Niederlage des Crassus gegen die Parther
52 Politische Unruhen in Rom, Bandenkriege, Pompeius als *consul sine collega* eingesetzt

Bürgerkriege 2 (Caesar und Pompeius)

49 Abberufung Caesars durch den Senat (*senatus consultum ultimum*), Caesar überschreitet den Rubicon (*„alea iacta est“*)
48 Caesar schlägt Pompeius bei Pharsalos, Pompeius auf der Flucht in Ägypten ermordet, Kleopatra wird von Caesar als Königin Ägyptens eingesetzt
47 Sieg Caesars bei Zela (*„veni, vidi, vici“*)
46 Caesar siegt bei Thapsus (Nordafrika) über die Pompeianer, Selbstmord Catos in Utica
Vierfacher Triumph Caesars in Rom
45 Caesar siegt bei Munda (Spanien) über die Söhne des Pompeius, Diktatur auf Lebenszeit
44 Ermordung Caesars an den Iden des März (15.3.), Octavian ist testamentarisch der Haupterbe

Bürgerkriege 3 (Octavian und Antonius)

44–43	Philippische Reden Ciceros gegen Antonius
43	Zweites Triumvirat (Octavian, Antonius, Lepidus), Ermordung Ciceros
42	Doppelschlacht bei Philippi (Makedonien): Niederlage der Caesarmörder Brutus und Cassius gegen Octavian und Antonius
32	Bruch zwischen Octavian und Antonius
31	Seeschlacht bei Actium: Sieg Octavians (mit seinem Feldherrn Agrippa) über Antonius und Kleopatra
30	Selbstmorde des Antonius und der Kleopatra

III Kaiserzeit (30 v. Chr.–476 n. Chr.)

Prinzipat

ab 30	de facto Alleinherrschaft Octavians, aber formale Wiederherstellung der republikanischen Ordnung (Prinzipat), religiös-moralisches Erneuerungsprogramm (Restauration)
27	Octavian erhält vom Senat den Ehrennamen „Augustus“
23	Augustus erhält die *tribunicia potestas* auf Lebenszeit
20	Rückgabe der Feldzeichen durch die Parther
19	Augustus erhält das *imperium consulare* auf Lebenszeit
18	Sittengesetzgebung des Augustus
17	Säkularfeier in Rom, Verkündung der *Pax Augusta*
12	Augustus wird Pontifex Maximus
2 v. Chr.	Augustus erhält den Ehrentitel *pater patriae*
9 n. Chr.	Weihung der Ara Pacis auf dem Marsfeld, Niederlage des Varus gegen die Germanen im Teutoburger Wald
14	Tod des Augustus

Iulisch-Claudische Dynastie

14–37	Tiberius
um 33	Jesus Christus in Jerusalem von Pontius Pilatus hingerichtet
37–41	Caligula
41–54	Claudius
	43 Eroberung Südbritanniens
	49 Seneca wird aus dem Exil zurückgerufen und zum Erzieher Neros ernannt
54–68	Nero
	64 Brand Roms, Christenverfolgung
	65 Pisonische Verschwörung, Tod Senecas
68–69	Vierkaiserjahr: Galba, Otho, Vitellius, Vespasian

Flavische Dynastie

69–79	Vespasian
70	Zerstörung Jerusalems durch Titus
79	Ausbruch des Vesuvs, Zerstörung der Städte Pompeji und Herculaneum
79–81	Titus
80	Einweihung des Kolosseums
81–96	Domitian
	ab 83 Errichtung des Limes

Adoptivkaiser

96–98	Nerva
98–117	Trajan
	101–106 Dakerkriege
	113–116 Partherkrieg
	117 Größte Ausdehnung des römischen Reiches
117–138	Hadrian
	122 Bau des Hadrianswalls in Nordbritannien
138–161	Antoninus Pius
161–180	Marc Aurel
	166–180 Markomannenkriege (Donauraum)

180–192	Commodus
193–211	Septimius Severus (Triumphbogen auf dem Forum Romanum)
211–217	Caracalla (Thermenanlagen)
212	Verleihung des römischen Bürgerrechts an fast alle freien Reichsangehörigen durch Caracalla per Edikt *(constitutio Antoniniana)*

Soldatenkaiser

249–250	Christenverfolgungen unter Decius
284–305	Diokletian
313–337	Konstantin 313–324 Teilung der Herrschaft mit Licinius 313 Gleichberechtigung des Christentums, Religionsfreiheit (Toleranzedikt von Mailand) 330 Verlegung der Reichshauptstadt von Rom nach Byzanz (später in Konstantinopel umbenannt)
391	Christentum wird Staatsreligion
395	Aufteilung des Reiches Weströmisches Reich (Hauptstadt: Rom) Oströmisches Reich (Hauptstadt: Konstantinopel)
410	Eroberung Roms durch die Westgoten unter Alarich
476	Ende des Weströmischen Reiches, Konstantinopel alleinige Reichshauptstadt
527–565	Justinian (letzter Versuch einer Reichseinigung)
1453	Eroberung Konstantinopels durch die Türken

Römische Literatur

2.1 Gattungen

Grundsätzlich lässt sich zwischen **Poesie** (metrisch gebundener Sprache) und **Prosa** (metrisch nicht gebundener Sprache) unterscheiden. Diesen beiden Bereichen lassen sich einzelne literarische **Gattungen** zuordnen.

BEACHTE Die Grenzziehung zwischen einzelnen Gattungen und ihre Zuordnung zu Prosa oder Poesie sind teilweise problematisch. So ist etwa der Übergang vom Epigramm zur Elegie fließend; der Grieche Aesop schrieb Fabeln in Prosa, der Römer Phädrus in Versform.

Poesie	Prosa
■ Epos	■ Geschichtsschreibung
■ Lehrgedicht	■ Brief
■ Epigramm	■ Rede
■ Elegie	■ Biografie
■ Weitere lyrische Formen	■ Roman
■ Fabel	■ Philosophie
■ Satire	■ Fachschriftstellerei
■ Tragödie	
■ Komödie	

Griechischer Hintergrund

Die römische Literatur war von Beginn an stark von der griechischen geprägt. So formulierte Horaz (↗ S. 66) in seinem „Literaturbrief“ an Augustus (epist. II 1,156 f.):

> *Graecia capta ferum victorem cepit et artis*
> *intulit agresti Latio*
>
> Das eingenommene Griechenland nahm den wilden Sieger ein und brachte die Künste in das bäuerische Latium …

Die Geschichte der römischen Literatur beginnt für uns mit Livius Andronícus (↗ S. 39) um 240 v. Chr. Zu diesem Zeitpunkt wies die griechische Literatur bereits auf fast allen Gebieten bedeutende Autoren und Werke auf. Daher verbindet der folgende Überblick die literarischen Gattungsformen in Rom mit einer kurzen Darstellung der griechischen Vertreter, die für die Römer lange Zeit vorbildlich waren.

Am Ende der folgenden Abschnitte zu den einzelnen Gattungen werden jeweils die betreffenden römischen Autoren angegeben (fett gedruckt: die Hauptvertreter einer Gattung). Man findet sie alle über das Stichwortverzeichnis (↗ S. 234).

Poesie

Epos

Längeres Erzählgedicht in Hexametern (↗ S. 99), in Bücher eingeteilt. Im Proömium (griech. Vorwort) nennt der Dichter das Thema des Werkes und erbittet den Beistand der Musen. Die Darstellung der Handlung ist u.a. durch den Einschub von Reden, Rückblenden und epischen Gleichnissen (d.h. ausführlichen Vergleichen) bereichert. Parallel zur Handlung „am Boden“ finden auf dem Olymp mehrfach Götterversammlungen statt, und häufig schalten sich die Götter in das Geschehen ein (Fachbegriff: „Götterapparat“).

Mit der „Ilias“ und der „Odyssee“ des **Homér** (etwa 8. Jh. v. Chr.) beginnt die europäische Literaturgeschichte. Person und Verfasserschaft Homers sind in der Forschung seit jeher heftig umstritten. Die „**Ilias**“ schildert in 24 Büchern („Gesängen“) einen Zeitraum von 50 Tagen aus dem Trojanischen Krieg (↗ S. 141). Tapferster Held aufseiten der Trojaner ist Hektor, Sohn des Königs Priamos (der Trojaner Aeneas tritt bei Homer kaum in Erscheinung). Auf griechischer Seite kämpfen Agamemnon, Achill, Odysseus und andere. Am Ende steht die Tötung Hektors durch Achill. Die Einnahme Trojas mit dem hölzernen Pferd, später von Varro (↗ S. 58) auf 1184 v. Chr. datiert, wird bei Homer nicht mehr geschildert.

Die „**Odyssee**“ berichtet in ebenfalls 24 Gesängen von der zehn Jahre dauernden Irrfahrt des Odysseus (↗ S. 144) und seiner Gefährten nach der Zerstörung Trojas bis zu seiner Heimkehr. Der Anfang (Gesänge 1–4) berichtet von der Suche von Odysseus' Sohn Telemach nach seinem Vater. Während seines Aufenthalts bei den Phäaken (Gesänge 7–12) erzählt Odysseus rückblickend eine Reihe von Abenteuern (darunter der Aufenthalt in der Höhle des Zyklopen, die Sirenen, die Zauberin Kirke). Im Folgenden (Gesänge 13–24) wird berichtet, wie Odysseus, zunächst unerkannt, in seinem Hause auf Ithaka Rache an den Werbern um seine Frau Penélope nimmt.

Homer gilt als *der* Klassiker der griechischen Literatur; in Rom hat er besonders auf Vergil (↗ S. 62) gewirkt.

Als einziges Epos nach Homer bis zu Vergils „Aeneis“ sind die „**Argonautica**“ des **Apollonios von Rhodos** (ca. 300–240 v. Chr.) in vier Büchern vollständig erhalten. Jason bricht mit dem Schiff „Argo“ und 50 Gefährten (den „Argonauten“) auf, um das Goldene Vlies aus Kolchis am Schwarzen Meer zu holen. Apollonios' einfühlsame Darstellung der in Jason verliebten Medea hat Vergils Dido-Darstellung in der „Aeneis“ merklich beeinflusst (↗ S. 63).

Eine Sonderform des Epos seit hellenistischer Zeit ist das **Epyllion**, ein kurzes, besonders sorgfältig gearbeitetes Epos im „Kleinformat“ (Catull, carm. 64).

Autoren (Epos): **Vergil**, **Ovid**, Livius Andronicus, Naevius, Ennius, Catull, Lukan, Statius, Silius Italicus, Valerius Flaccus (↗ Stichwortverzeichnis S. 234)

Lehrgedicht

Belehrende Dichtung, meist in Hexametern (↗ S. 99). „Urvater“ ist der Grieche **Hesiod** (um 700 v. Chr.). Seine „**Theogonie**“ („Götterentstehung“) schildert die Entstehung der Welt aus den Urmächten Chaos und Gaia. So gebiert Chaos den Eros und die Nyx (Nacht), Gaia den Uranos (Himmel) und Pontos (Meer). Hypnos (Schlaf) und Thanatos (Tod) wiederum sind Kinder der Nacht etc. Nach Uranos folgt Kronos als Herrscher der Welt. Zuletzt gelangen die Olympier mit Zeus (↗ S. 135) an die Macht. In „**Werke und Tage**“ preist Hesiod den Wert bäuerlicher Arbeit und gibt Ratschläge für eine kluge und bescheidene Lebensführung (z. B. „Vor den Erfolg haben die Götter den Schweiß gesetzt“).
In der Folgezeit wurden verschiedenste, teilweise recht „trockene“ Stoffe in Form des Lehrgedichts dargestellt: Philosophen wie **Parmenides** (↗ S. 120) und **Empedokles** (↗ S. 120) fassten ihre Lehren in Verse und wurden so Vorbilder für den Römer Lukrez. Die „Phainómena“ („Himmelserscheinungen“) des **Arat**, ein viel gelesenes Werk, wirkten auf Cicero, Lukrez und Vergil.
Schwer einzuordnen ist das Werk des bedeutenden Gelehrten und Dichters **Kallímachos** von Alexandria (um 305–240 v. Chr.). Seine „Aitia“ („Ursprungssagen“) sind voll von gelehrten Anspielungen. Die Erklärung wird zum Selbstzweck und zu einer eigenen literarischen Kunstgattung. Kallimachos bevorzugte die kleine, sprachlich ausgefeilte Gedichtform. Damit wirkte er zwar kaum auf die römische Lehrdichtung (Vergil, Lukrez), wurde aber zum Vorbild Catulls und der Neoteriker (↗ S. 46).

Autoren (Lehrgedicht): **Lukrez, Vergil, Ovid**, Ennius
(↗ Stichwortverzeichnis S. 234)

Epigramm
Epigramme waren in Griechenland wie später in Rom zunächst Grab- und Weihinschriften, entwickelten sich dann aber zu einer eigenen literarischen Gattungsform mit vielfältigem Inhalt. Das Epigramm (griech. Aufschrift) ist eine lyrische Kleinform von oft nur wenigen elegischen Distichen (↗ S. 101), knapp im Ausdruck und meist auf eine Pointe zustrebend. In Rom wurde das Epigramm als Gelegenheitsgedicht von vielen Vertretern der Aristokratie gepflegt. Unangefochtener Meister des Epigramms war **Martial**.

Autoren (Epigramm): **Catull, Martial**
(↗ Stichwortverzeichnis S. 234)

Elegie
Eine Elegie ist ein Gedicht mittlerer Länge in elegischen Distichen (↗ S. 101). Die Grenzen zum kürzeren Epigramm (↗ s. o.) sind fließend. Während die Elegie später in Rom hauptsächlich Liebeselegie war, reichte das Themenspektrum bei den ersten griechischen Vertretern wie **Mimnermos** (7. Jh. v. Chr.) und **Solon** (etwa 650–560 v. Chr.) noch wesentlich weiter: Themen sind – neben der Liebe – auch Krieg und Frieden, ja Politik überhaupt. Die Elegie will auch nützen und belehren. Von den griechischen Vorbildern, auf die sich die römischen Elegiker mehrfach berufen, ist wenig überliefert. Doch scheint das subjektive Element bei den römischen Dichtern neu zu sein. Als „Erfinder" der römischen Liebeselegie (↗ S. 70) gilt **Cornelius Gallus** (↗ S. 70).

Autoren (Elegie): **Tibull, Properz, Ovid**, Catull, Gallus, Sulpicia
(↗ Stichwortverzeichnis S. 234)

Weitere lyrische Formen

Man unterscheidet zwischen Chorlyrik (immer in Ich-Form), die einen wichtigen Bestandteil der Tragödie (↗ S. 22) bildete, und monodischer, d. h. von einer Einzelperson vorgetragener Lyrik, meist gesungen und von der Lyra (daher der Begriff Lyrik) oder Kithara begleitet. Die lyrischen Formen des Epigramms (↗ S. 19) und der Elegie (↗ S. 19) werden wegen ihrer besonderen Bedeutung einzeln behandelt.

Die Dichterin **Sappho** (um 600 v. Chr., sprich: „Sáp-fo") leitete auf der Insel Lesbos eine (damals verbreitete) Erziehungsgemeinschaft, in der adlige Mädchen und junge Frauen eine standesgemäße literarische und musische Ausbildung erhielten. In ihren Liedern besingt Sappho die Göttin Aphrodite (lat. Venus) und beschreibt mit großer Anteilnahme die Schönheit der Mädchen und die Trauer beim Abschied.
Sappho benutzt unterschiedliche, teilweise recht komplizierte Strophenformen. Auch deshalb hat sie besonders stark auf die verstechnisch versierten Römer Catull und Horaz gewirkt. **Catulls** carm. 51 ist die Nachdichtung eines Sappho-Gedichts; in Anspielung auf Sapphos Wirkungsstätte gibt Catull seiner Geliebten das Pseudonym „Lesbia". **Horaz** verwendet mehrfach sapphische Strophenformen.

Theokrit aus Syrakus (3. Jh. v. Chr.) gilt als Schöpfer der bukolischen Dichtung (griech. bukólos – Rinderhirte). In Liedern und Wechselgesängen tragen Hirten Siziliens und Süditaliens Themen ihres Alltags, lokale Sagen, Liebesklagen u. a. vor. Versmaß ist stets der Hexameter. Theokrits Publikum war die gebildete Stadtbevölkerung, die in den kleinen Gedichten (griech. eidýllia – Bildchen) eine Antwort auf ihre Sehnsucht nach einem unschuldig-friedlichen Landleben fand. Theokrit war Vorbild für Vergils „Bucolica".

Autoren: **Catull, Vergil, Horaz** (↗ Stichwortverzeichnis S. 234)

Fabel

Die ersten Fabeln verfasste der (historisch kaum greifbare) griechische Sklave **Aesop**. Eine Fabelsammlung geht auf seinen Namen zurück, stammt aber aus späterer Zeit. Über Aesops Verhältnis zum römischen Fabeldichter **Phädrus** und zur Fabel allgemein ↗ S. 85.

Autoren (Fabel): **Phädrus**, Horaz (↗ Stichwortverzeichnis S. 234)

Satire

Für die Satire gab es im griechischen Raum keine Vorbilder im engeren Sinne. So konnte der Römer **Quintilian** (↗ S. 90) mit Stolz und einigem Recht behaupten: *Satura quidem tota nostra est*. Bereits Ennius soll *saturae* geschrieben haben. Als erster wichtiger Vertreter und eigentlicher „Erfinder“ der Gattung gilt jedoch **Lucilius**. Unter *saturae* verstand man zunächst offenbar eine bunte Sammlung von Gedichten über verschiedene Themen in verschiedenen Versmaßen. Doch bereits bei Lucilius setzte sich am Ende der Hexameter durch, thematisch standen bei ihm wie bei den späteren Vertretern Spott, Moralkritik und Belehrung im Vordergrund. Obwohl die römischen Autoren die Satire jeweils sehr individuell gestalteten, galt dennoch für alle das Motto des Horaz (Sat. I 24): *ridentem dicere verum* (lachend die Wahrheit sagen).

Eine Sonderform ist die „Menippeische Satire“: Hier wechseln sich Prosa und Versform ab (Beispiel: Senecas „Apocolocyntosis“).

Autoren (Satire): **Horaz**, Ennius, Lucilius, Seneca, Persius, Iuvenal (↗ Stichwortverzeichnis S. 234)

Sophokles, ein Hauptvertreter der griechischen Tragödie

Tragödie

Die Tragödie ist wahrscheinlich aus kultischen Handlungen zu Ehren des Gottes Dionysos (lat. Bacchus) hervorgegangen. Bei einem mehrtägigen Fest für die ganze Bevölkerung („Große Dionysien") kamen in Athen jährlich drei „Tetralogien" (je drei Tragödien und ein Satyrspiel) von jeweils drei verschiedenen Dichtern zur Aufführung. Es handelte sich um Auftragswerke. Die besten erhielten im Rahmen eines Agon (griech. Wettkampf) einen Preis. Die Dramenhandlung wurde von einem Chor begleitet und in Chorliedern kommentiert. Die Schauspieler trugen Masken und spielten mehrere Rollen (auch Frauenrollen).

Die drei Hauptvertreter der griechischen Tragödie sind Aischylos, Sophokles und Euripides. **Aischylos** (525–455 v. Chr.) behandelte bereits das gesamte thematische Spektrum der Tragödie: Mythos, Heldensage und Zeitgeschichte. Überliefert sind insgesamt sieben Tragödien, darunter „Die Perser" und die „Orestie" (das Schicksal des Orest in drei Teilen: „Trilogie"). **Sophokles** (497–405 v. Chr.) beschränkte sich bei der Themenwahl auf den Mythos (Ödipus ↗ S. 147, Elektra, Philoktet). Besonders seine „**Antigone**" wird auch heute noch oft aufge-

führt. Bei Sophokles gewannen die Dialoge gegenüber Aischylos an Gewicht, die Bedeutung des Chores trat zurück. **Euripides** (480–406 v. Chr.) beschränkt sich thematisch ebenfalls auf den Mythos. Unter den 17 erhaltenen Tragödien ragt seine „Medea" heraus, in der er ein psychologisch differenziertes Bild dieser außergewöhnlichen Frau zeichnet.
Besonders Sophokles und Euripides haben stark auf die römischen Dramatiker gewirkt; überliefert sind allerdings nur die Tragödien Senecas. Die „Medea" Ovids ist verloren.

Autoren (Tragödie): **Seneca**, Livius Andronicus, Ennius, Naevius, Ovid (↗ Stichwortverzeichnis S. 234)

Komödie

Für Griechenland unterscheidet man Alte, Mittlere und Neue Komödie. Hauptvertreter der Alten Komödie ist **Aristophanes** (ca. 447–386 v. Chr.). Von seinen elf überlieferten Komödien sind „Die Wolken" und „Die Frösche" am bekanntesten. Mit teilweise derber Sprache, viel Witz und Bezug zu aktuellen politischen Themen in Athen war Aristophanes ein kritischer Zeitgenosse. Die Schauspieler trugen komische Masken, auch der Chor war kostümiert. Von Vertretern der Mittleren Komödie ist kaum etwas überliefert.

Ganz unpolitisch gab sich die Neue Komödie, die im bürgerlichen Milieu spielt. Das Personal ist typenhaft gezeichnet (der geizige Alte, der junge Liebhaber usw.). Der Chor spielt nur noch eine untergeordnete Rolle. Von ihrem Hauptvertreter **Menander** (ca. 342–290 v. Chr.) ist wenig überliefert, vieles jedoch indirekt, da die römischen Dichter wie Plautus und Terenz zahlreiche Komödien Menanders übersetzten und – mehr oder weniger stark – bearbeiteten.

Autoren (Komödie): **Plautus**, **Terenz**, Livius Andronicus, Naevius (↗ Stichwortverzeichnis S. 234)

Prosa

Geschichtsschreibung

Der „Vater der Geschichtsschreibung" (*pater historiae* nannte ihn Cicero) ist **Herodot** (ca. 484–424 v. Chr.). Er verfasste mit seinen „Historien" eine erste ausführliche – erzählende und wertende – Darstellung geschichtlicher Ereignisse. Einen Schwerpunkt bilden bei ihm die Perserkriege. Während Herodot mitunter im „Plauderton" schrieb und abschweifte, wollte **Thukydides** (ca. 460–396 v. Chr.) geschichtliche Ereignisse sachlich genau darstellen und nach ihren Ursachen fragen, sodass der Leser daraus für die Zukunft lernen könnte („pragmatische Geschichtsschreibung"). Sein Werk behandelt den Peloponnesischen Krieg (431–404 v. Chr.), an dem er selbst teilnahm. Berühmt sind u. a. die Beschreibung der Pest in Athen und die Leichenrede des Perikles. Stilistisch hat Thukydides besonders stark auf Sallust gewirkt.

Polybios (ca. 200–120 v. Chr.) verfasste eine Universalgeschichte in 40 Büchern. Polybios sah es als Roms Bestimmung an, die Macht über den gesamten Mittelmeerraum zu gewinnen. Besondere Bedeutung kam für ihn dabei der ausgewogenen römischen Verfassung zu. Diesen Gedanken griff später Cicero auf (↗ S. 51).

Meist stellten die Geschichtsschreiber ihren Werken ein persönliches Vorwort (Proömium) voran. Die Darstellung selbst wurde gern durch eingestreute (fiktive) Reden und Exkurse bereichert.

BEACHTE Wenn der Autor ein bestimmtes, zeitlich begrenztes historisches Ereignis behandelt (wie Thukydides), so spricht man von einer **historischen Monografie** (griech. monos – ein, graphein – schreiben). Im römischen Bereich ist hier z. B. Sallust mit seiner „Coniuratio Catilinae" und dem „Bellum Iugurthinum" zu nennen. Daneben entwickelte sich in Rom die **Annalistik**, eine Form, in der die Ereignisse jahrweise (getrennt nach Außen- und Innenpolitik) dargestellt wurden. Dieses Prinzip ging wahrscheinlich auf die Aufzeichnung wichtiger Ereignisse in altrömischen Priesterbüchern zurück. Dem annalistischen Prinzip folgen z. B. die „Historiae“ (Zeitgeschichte) des Sallust und des Tacitus sowie das Werk des Livius (↗ S. 61).

Autoren (Geschichtsschreibung): **Sallust**, **Livius**, **Tacitus**, Fabius Pictor, Cato, Velleius Paterculus, Eutrop (↗ Stichwortverzeichnis S. 234)

Brief

Obwohl natürlich bereits in der griechischsprachigen Welt zahllose Briefe, Mitteilungen und Botschaften geschrieben wurden, ist davon wegen des Privatcharakters und des fehlenden literarischen Anspruchs nur wenig überliefert. Berühmt ist aber der (wohl echte) 7. Brief Platons (↗ S. 122), in dem er Rechenschaft über seine politischen Aktivitäten in Syrakus gab. Epikur (↗ S. 123) schrieb Briefe philosophischen Inhalts an seine Schüler. Als literarische Gattung etablierte sich der Brief erst in Rom.

Grundsätzlich kann man unterscheiden:

- **Privatkorrespondenz**, die nicht zur Veröffentlichung bestimmt war (Cicero ↗ S. 51);
- „**Kunstbriefe**“ mit literarischem Anspruch, die vor der Veröffentlichung zumindest noch einmal überarbeitet wurden oder von vornherein zur Veröffentlichung bestimmt waren (Seneca ↗ S. 78, Plinius der Jüngere ↗ S. 84);
- als eigenständige Kunstwerke konzipierte **Versepisteln**, bei denen die Anrede selten mehr als eine Widmung ist (Horaz ↗ S. 66, Ovid ↗ S. 73);
- **fiktive Briefe** historischer oder mythischer Persönlichkeiten (Sallust ↗ S. 56, Ovid ↗ S. 73).

Ein Brief wurde meist auf mit Wachs überzogene Holztäfelchen (*tabellae, cerae*) oder auf Papyrus (↗ S. 31) geschrieben, versiegelt und von einem Boten überbracht. Am Beginn steht immer eine Grußformel, z. B. *Seneca Lucilio suo s(alutem) d(icit)*. Der Zusatz *suo* wird in offiziellen Briefen durch den Titel oder eine Amtsbezeichnung ersetzt *(C. Plinius Traiani imperatori)*. Oft folgt dann die Formel S.v.b.e.e.v. (= *Si vales, bene est; ego valeo* – Wenn es dir gutgeht, ist es gut; mir geht es gut). Am Ende steht meist ein *Vale* (Lebe wohl!), bisweilen auch Datum und Ort.

Autoren (Brief): **Cicero, Horaz, Ovid, Seneca, Plinius der Jüngere**, Sallust (↗ Stichwortverzeichnis S. 234)

Rede

Bereits in den Epen Homers finden sich viele rhetorisch ausgefeilte Reden. Gerichtsprozesse und der rege politische Betrieb der griechischen Stadtstaaten boten zahlreiche Redeanlässe, sodass die Rhetorik rasch aufblühte und erste „Spezialisten" auftraten.

Gorgias (um 480–380 v. Chr.) war der älteste berühmte Praktiker *und* Theoretiker, der sich seine Auftritte als Redner und Redelehrer hoch bezahlen ließ. Er zog als „Weisheitslehrer" (Sophisten ↗ S. 121) durch Griechenland. Hauptziel der Rede war für Gorgias die Beeinflussung der Zuhörer. Seine Hauptwaffe war dabei weniger das sachgemäße Argumentieren als der geschickte und großzügige Einsatz von Stilmitteln, welche die Gefühle (Affekte) berühren sollten.

Lysias (um 444–380 v. Chr.) schrieb Prozessreden auf Bestellung, die seine Auftraggeber dann auswendig lernten. Deshalb pflegte er einen klaren, einfachen Stil. Seine Gedankenführung ist mehr der plausiblen Argumentation verpflichtet als die des Gorgias.

Der Athener **Isokrates** (436–338 v. Chr.) war ein Schüler des Gorgias. Anders als für seinen Lehrer war für Isokrates die Rhetorik jedoch Mittel zu einer auch philosophisch begründeten Bildung. Um 390 eröffnete er in Athen eine Rednerschule. Mit seinem ausgewogenen Stil und Satzbau gilt Isokrates als der Klassiker der attischen Redekunst. Er wirkte stark auf Ciceros Ideal des *orator perfectus* ein.

Demosthenes (384–322 v. Chr.), Athener wie Isokrates, gilt als der Meister der politischen Rede. Nachdem er die Schule des Isokrates besucht hatte, vereinigte er – etwas überspitzt gesagt – in seiner Redetechnik die Vorzüge seiner drei Vorgänger: die Emotionalität des Gorgias, die Kürze eines Lysias und die ausgefeilte Stilistik des Isokrates. Zur Verbesserung seiner Vortragstechnik (lat. *actio*) soll Demosthenes Schauspielunterricht genommen haben. Er hielt mehrere erbitterte Reden gegen Philipp II. von Makedonien („**Philippica**"), der mit seinem Vormachtsstreben auch Athen bedrohte. Cicero, der den variablen Stil des Demosthenes als vorbildlich ansah, nannte seine Reden gegen Antonius im Andenken an sein Vorbild ebenfalls „Philippica" (↗ S. 51).

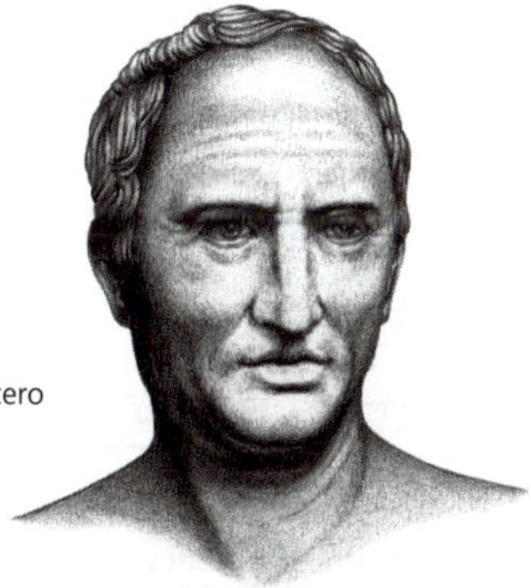

Cicero

Im römischen Bereich gelten **Ciceros** zahlreiche überlieferte Reden als Meisterwerke antiker Redekunst. Von den Reden anderer gefeierter Redner (etwa Hortensius, auch Caesar) ist dagegen kaum etwas überliefert.

Eine Sonderform der Rede bildet der Panegyrikus („Lobrede"). Erhalten ist der Panegyrikus des jüngeren Plinius auf Kaiser Trajan.
Zur Theorie der Rede (Rhetorik) ↗ S. 30, 106

Autoren (Rede): **Cicero**, Plinius der Jüngere (↗ Stichwortverzeichnis S. 234)

Biografie

Lebensbeschreibungen (griech. bios – Leben, graphein – schreiben) gab es bereits im hellenistischen Griechenland in großer Zahl, auch als Sammlungen, aber nur wenig ist überliefert. Einen späten Höhepunkt bilden die Doppelbiografien des **Plutarch** (ca. 45–120 n. Chr.), in denen je ein Römer einem Griechen gegenübergestellt wird (z. B. die Redner Demosthenes und Cicero, die Feldherren Alexander und Caesar).
Die römische Biografie knüpfte natürlich an griechische Vorbilder an. Sie war aber auch stark von nationalen Traditionen der Grabrede und der Memoiren beinflusst. Auf Varros verlorene Biografiensammlung „De poetis" griffen Sueton und spätere Schriftsteller zurück. Die Autoren **Nepos** und **Sueton** waren die Hauptvertreter dieser Gattung in Rom. Die erste poetische Autobiografie (griech. autos – selbst) Europas verfasste **Ovid** (Tristien IV 10).

Autoren (Biografie): **Nepos, Sueton**, Varro, Curtius Rufus, Ovid, Tacitus (↗ Stichwortverzeichnis S. 234)

Roman

Die Antike kannte den Roman nicht als eigenständige Gattung. Heute versteht man darunter eine längere Erzählung in Prosa. Werke dieser Art traten vermehrt im Hellenismus und in der Kaiserzeit auf, vor allem in Form von Liebes- und Abenteuergeschichten. Häufige Themen und Motive: Trennung und glückliches Wiederfinden, Irrfahrt, Gefangenschaft usw.; auf erzähltechnischer Seite tritt neben häufige Dialoge (und Monologe) die Erzähleinlage. Als wichtigste Vertreter nicht nur des römischen, sondern des antiken „Romans“ überhaupt sind Petron und Apuleius zu nennen.

Autoren (Roman): **Petron, Apuleius**
(↗ Stichwortverzeichnis S. 234)

Seneca

Philosophie

Die wichtigsten Vertreter der römischen Philosophie (Prosa) sind **Cicero** und **Seneca**. Die betreffenden Werke sind meist als Dialog oder in Briefform (Brief ↗ S. 25) verfasst. Neben der Vorstellung dieser Autoren im Rahmen der Literaturgeschichte (Cicero ↗ S. 51; Seneca ↗ S. 78) wird im Abschnitt zur Philosophie in Rom auf den Gehalt dieser Werke sowie den griechischen Hintergrund eingegangen (Cicero ↗ S. 125; Seneca ↗ S. 130). Ein Lehrgedicht (↗ S. 18) philosophischen Inhalts verfasste der Römer **Lukrez**.

Autoren (Philosophie): **Lukrez, Cicero, Seneca**
(↗ Stichwortverzeichnis S. 234)

Fachschriftstellerei

Auch wenn die antike Fachschriftstellerei keine Gattung im eigentlichen Sinne darstellt, so ist sie doch von großer kulturhistorischer Bedeutung und findet im Lateinunterricht Berücksichtigung. Besonders im ersten Jahrhundert nach Christus entstand eine Reihe wichtiger (und auch überlieferter) Werke der verschiedensten Fachgebiete (Architektur, Landbau, Medizin usw.). Diese konnten sich meist auf zahlreiche, uns aber nur schlecht überlieferte griechische Quellen stützen. Als „Universallexikon der Antike" ist das umfangreiche Werk des älteren Plinius von zentraler Bedeutung.

Eine Sonderstellung nehmen die Schriften zur Theorie der Rede (**Rhetorik**) ein. In der „Rhetorik" des **Aristoteles** (↗ S. 123) findet sich bereits die auch später in Rom übliche Einteilung in drei Arten der Rede (politische Rede – Gerichtsrede – Festrede ↗ S. 26), dazu Ausführungen zur Beweislehre und zu den Affekten.

Im römischen Bereich ragen mehrere wichtige Schriften **Ciceros** hervor („De oratore" u. a.), der wie andere Fachschriftsteller ebenfalls aus einer langen griechischen Tradition schöpfen konnte. Mit der Ausbildung des Redners befasste sich der römische „Rhetorik-Professor" **Quintilian**. **Tacitus** fragt in seinem „Dialogus de oratoribus" nach den Gründen für den Niedergang der Beredsamkeit in der römischen Kaiserzeit.

Autoren (Fachschriftstellerei): **Cicero**, **Quintilian**, Cato der Ältere, Varro, Auctor ad Herennium, Vitruv, Valerius Maximus, Plinius der Ältere, Seneca, Tacitus, Hygin, Celsus, Columella, Apicius
(↗ Stichwortverzeichnis S. 234)

2.2 Die Überlieferung antiker Literatur

Nach antikem Verständnis war ein „Buch“ *(liber)* nicht wie heute eine gebundene Sammlung von Papierblättern, sondern eine Papyrusrolle (aus dem Wort „Papyrus“ wurde „Papier“). Die Rolle war in Kolumnen (*columna* – Säule) beschrieben. Man las, indem man sie mit der einen Hand ab- und gleichzeitig mit der anderen aufrollte. Oft ließ man sich auch vorlesen. Schnelles Nachschlagen, Vor- und Zurückblättern waren somit nicht ohne

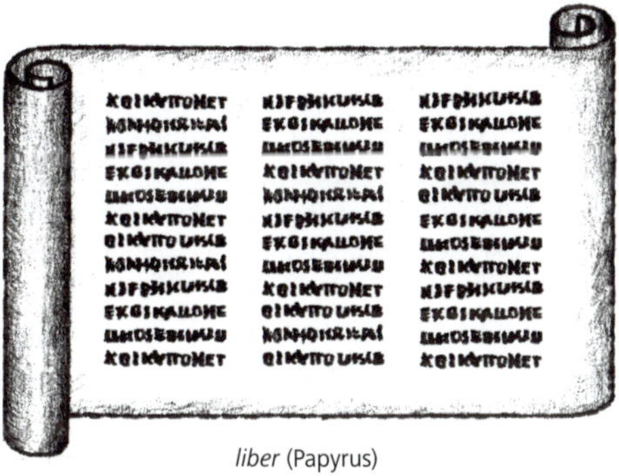

liber (Papyrus)

Aufwand möglich. Das forderte und förderte zwar das Gedächtnis, führte aber auch häufiger zu ungenauem Zitieren. Da solch eine Rolle ab einer gewissen Größe unhandlich wird, umfassen auch die längsten „Bücher“ (etwa Vergils „Aeneis“) selten mehr als 1000 Verse. Die eingerollten *libri* (auch: *volumina*, von *volvere* – rollen) wurden mit einem Papyrusstreifen (*index* – Anzeiger) mit der Titelangabe versehen. Papyrus als aus Pflanzen gewonnener Schreibstoff hat keine besonders hohe Lebensdauer, er wurde brüchig und spröde. Die meisten Papyri bewahrte der trockene Wüstensand Oberägyptens – jedoch fast nur griechischer Autoren. Um das „Überleben“ eines Autors zu sichern, mussten seine Werke häufig kopiert werden, z.B. von einer

Gruppe Sklaven mit einem Vorleser. Es ist kein einziges „Original“ erhalten, also ein Exemplar, das ein antiker Autor selbst geschrieben bzw. diktiert hat (Fachwort: Autógraphon).
Selbst die Werke populärer Autoren, etwa Ovids „Amores“, waren keine Bestseller im heutigen Sinn. Zunächst ist zu bedenken, dass nur die gebildete Oberschicht lesen konnte. Zudem war die Vervielfältigung eines Textes auch in professionellen Schreibstuben eine teure und zeitaufwändige Arbeit. Die teilweise recht gut bestückten Bibliotheken, wie man sie etwa in Herculaneum gefunden hat, waren meist im Besitz weniger Reicher. Die erste öffentliche Bibliothek Roms wurde ca. 40 v. Chr. eingerichtet.

Haltbarer wurden die Buchausgaben, als der Papyrus in den ersten nachchristlichen Jahrhunderten allmählich durch das wesentlich stabilere, aber auch teurere Pergament abgelöst wurde – zumindest für literarische Werke („Pergament“ nach dem Namen der Stadt Pergamon in Kleinasien, wo es „erfunden“ wurde).

codex (Pergament)

Ein Pergament ist eine enthaarte und geglättete Tierhaut, die dann gefaltet und gebunden wurde. Ein solcher *codex* (Plural: *codices*) war dem heutigen Buch schon recht ähnlich. Wurde ein

Autor – aus welchen Gründen auch immer – der Übertragung von Papyrus auf Pergament nicht für wert befunden, so war er für die Nachwelt verloren. Erst ab dem 14. Jahrhundert wurde vermehrt das ursprünglich aus China stammende Papier verwendet.

Mit dem Ausklang der Spätantike verschlechterten sich die Überlieferungsbedingungen für die antiken Autoren noch einmal drastisch: Barbaren eroberten Rom, das Weltreich zerfiel; es folgten die „dunklen Jahrhunderte", in denen christliche Klöster die Bewahrer von Literatur und Kultur waren. In den Schreibstuben der Klöster wurden natürlich zunächst christliche Texte, also Bibeltexte und Schriften der sogenannten Kirchenväter wie Augustinus und Hieronymus gelesen und abgeschrieben. Pagane (d. h. nichtchristliche) Autoren mussten das Glück haben, für Vorläufer des Christentums gehalten (wie Vergil mit der vierten Ecloge) oder als „Freizeitbeschäftigung" einzelner Mönche kopiert zu werden. So kam es dazu, dass einige Autoren wie Catull oder Tacitus das Mittelalter in einer einzigen Handschrift *(codex unicus)* „überlebt" haben, die dann wieder Grundlage für neue Abschriften wurde.

Bisweilen entfernte man unwichtig gewordene Schriften von der Pergamentoberfläche und beschrieb diese neu (Fachwort: Palimpsest/*codex rescriptus*). So wurden etwa Teile von Ciceros Werk „De re publica" unter einem christlichen Text entdeckt und wieder sichtbar gemacht.

Alle Texte liegen uns somit in mehrfach kopierter Form vor: Mehr oder weniger gravierende Abschreibfehler, Lücken, Zusätze und vermeintliche Korrekturen der Schreiber blieben nicht aus. Dies führte dazu, dass an vielen Stellen Varianten oder verschiedene „Lesarten" *(variae lectiones)* vorliegen. Die mühselige Aufgabe eines Herausgebers ist es dann, die vom Autor ursprünglich geschriebene Version zu rekonstruieren. In einer wissenschaftlichen (textkritischen) Ausgabe erscheinen die *variae lectiones* unter dem Text im sogenannten textkritischen Apparat, die Abhängigkeit der einzelnen Handschriften wird in der *praefatio* (Vorwort) mithilfe eines Stemmas (griech. Stammbaum) dargestellt.

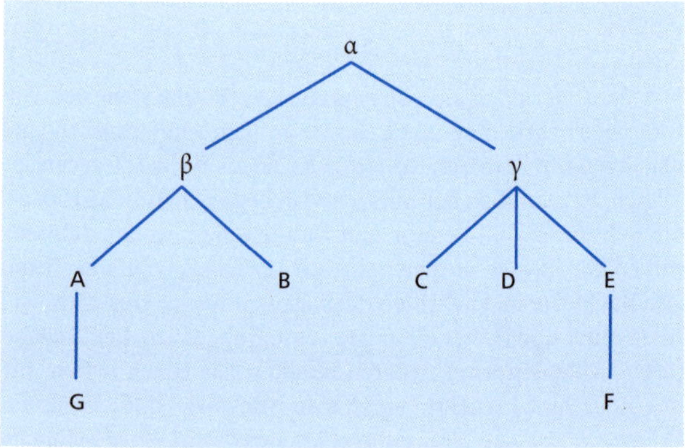

Stemma: Große lateinische Buchstaben bezeichnen erhaltene Handschriften, kleine griechische Buchstaben rekonstruierte

Verglichen mit den Werken moderner Literaturen ist das römische Textkorpus überschaubar. Mithilfe erhaltener Werkverzeichnisse hat man ausgerechnet, dass nur etwa ein Zehntel der antiken Texte (griechische und lateinische) überliefert ist. Das liegt auch an der erwähnten Unbeständigkeit der Beschreibstoffe. Doch wenn man bedenkt, wie kurzlebig die modernen Datenträger der letzten 50 Jahre unserer Zeit waren und sind – Lochkarte, Diskette, DVD, Flashspeicher –, scheint es keineswegs sicher, dass von der heutigen Literatur in 2000 Jahren mehr als ein Zehntel erhalten sein wird.

In der Antike las man gewöhnlich laut; Augustinus hielt es für mitteilenswert, dass Ambrosius leise und für sich las. Lesen war somit eine sehr sinnliche Erfahrung, besonders natürlich bei rhythmisierten Partien wie in der Dichtung oder in Reden.

2.3 Periodisierung

Wir folgen bei unserer Einteilung der Literaturgeschichte in Abschnitte bzw. Perioden weitgehend der von Manfred Fuhrmann (Literaturtipps ↗ S. 231) und geben jeweils die wichtigsten Autoren an.

1. Die vorliterarische Zeit
2. Die Vorklassik
3. Klassik I: Die ausgehende Republik
4. Klassik II: Beginn der Kaiserzeit
5. Die Nachklassik
6. Die Spätantike

1. Die vorliterarische Zeit

Aus dieser Zeit ist nichts überliefert, was im engeren Sinne als Literatur bezeichnet werden kann (↗ S. 16).

2. Die Vorklassik

Autoren	Lebenszeit	Hauptwerk(e)	Seite
Poesie			
Plautus	250 v.–184 v.	Komödien	↗ S. 41
Terenz	195 v.–159 v.	Komödien	↗ S. 43
Weitere Autoren: Livius Andronicus (↗ S. 39), Naevius (↗ S. 39), Ennius (↗ S. 40), Cato der Ältere (↗ S. 44), Lucilius (↗ S. 45)			

3. Klassik I: Die ausgehende Republik

Autoren	Lebenszeit	Hauptwerk(e)	Seite
Poesie			
Lukrez	97 v.–55 v.	De rerum natura	↗S. 48
Catull	87 v.–54 v.	Gedichte	↗S. 45
Prosa			
Cicero	106 v.–43 v.	Reden, rhetorische und philosophische Schriften, Briefe	↗S. 51
Caesar	100 v.–44 v.	Bellum Gallicum Bellum civile	↗S. 49
Nepos	100 v.–25 v.	Biografien	↗S. 55
Sallust	86 v.–35 v.	Catilina, Iugurtha, Historien	↗S. 56
Weitere Autoren (↗S. 58): Auctor ad Herennium, Varro			

4. Klassik II: Beginn der Kaiserzeit

Autoren	Lebenszeit	Hauptwerk(e)	Seite
Poesie			
Vergil	70 v.–19 v.	Eclogen, Georgica, Aeneis	↗S. 62
Horaz	65 v.–8 v.	Oden, Epoden, Satiren, Episteln	↗S. 66
Tibull	54 v.–18 v.	Liebeselegien	↗S. 70
Properz	50 v.–15 v.	Liebeselegien	↗S. 71
Ovid	43 v.–18 n.	Amores, Ars amatoria, Heroides, Metamorphosen, Fasten, Tristien, Epistulae ex Ponto	↗S. 73
Prosa			
Livius	59 v.–17 n.	Ab urbe condita	↗S. 61
Weitere Autoren: Augustus (↗S. 59), Sulpicia (↗S. 77), Vitruv (↗S. 77), Valerius Maximus (↗S. 77), Velleius Paterculus (↗S. 77)			

5. Die Nachklassik

Autoren	Lebenszeit	Hauptwerk(e)	Seite
Poesie			
Phädrus	15 v.–45 n.	Fabeln	↗ S. 85
Martial	40 n.–104 n.	Epigramme	↗ S. 87
Lukan	39 n.–65 n.	Pharsalia	↗ S. 86
Prosa			
Seneca	1 v.–65 n.	Epistulae morales, Dialogi (und Tragödien)	↗ S. 78
Petron	bis 66 n.	Satyrika	↗ S. 80
Plinius d. J.	61 n.–112 n.	Briefe	↗ S. 84
Tacitus	55 n.–118 n.	Historien, Annalen	↗ S. 82
Weitere Autoren (↗ S. 89–91): Apicius, Apuleius, Celsus, Columella, Curtius Rufus, Hygin, Iuvenal, Persius, Plinius der Ältere, Quintilian, Silius Italicus, Statius, Sueton, Valerius Flaccus			

6. Die Spätantike

Autoren	Lebenszeit	Hauptwerk(e)	Seite
Prosa			
Augustinus	354 n.–430 n.	Confessiones, De civitate dei	↗ S. 91
Weitere Autoren (↗ S. 93): Benedict, Boethius, Eutrop, Hieronymus			

2.4 Römische Literaturgeschichte im Überblick

Der folgende Abriss der römischen Literaturgeschichte mit den (zumindest für das Abitur) wichtigsten Autoren kann eine gründliche Behandlung im Unterricht natürlich nicht ersetzen. Er kann aber der Wiederholung dienen oder einen Überblick vermitteln. Dies ist besonders wichtig, wenn der Autor im Unterricht nur sehr knapp behandelt wurde, aber dennoch als Prüfungsautor infrage kommt – zur Übersetzung oder im Rahmen einer Interpretationsaufgabe.

Die vorliterarische Zeit

Literatur im engeren Sinne hatte Rom erst über 500 Jahre nach der sagenhaften Stadtgründung aufzuweisen. Aus der Zeit davor sind nur wenige schriftliche Zeugnisse überliefert, vor allem Gebets- und Gesetzestexte sowie gebetshafte Lieder und Gesänge *(carmina)* in einem altertümlichen Versmaß, dem Saturnier, z. B. das Lied der *fratres arvales* („Flurbrüder“ ↗ S. 175) an die Laren (↗ S. 172) und Mars:

Enós, Lases, iuvate,
neve lue rue Marmar sins incurrere in pleores …

Uns, Laren, helft,
nicht Seuche, Sturz, Mars, lass dringen in mehr …

Dieses archaische (altertümliche) Latein unterscheidet sich noch deutlich vom späteren klassischen Latein eines Caesar oder Cicero (z. B. *enos* statt *nos*, *Lases* statt *Lares*, *sins* statt *sinas*, *pleores* statt *plures*). Mars, der als Kriegsgott später mit dem griechischen Ares gleichgesetzt wurde, erscheint hier zusammen mit den Laren noch als Beschützer der Felder. Mitte des 5. Jhs. entstand die *lex XII tabularum* (das Zwölftafelgesetz ↗ S. 168), in dem bis dahin geltende Gewohnheitsrechte schriftlich fixiert und somit für jedermann zugänglich gemacht wurden.

Die Vorklassik

Das Jahr 240 v. Chr. kann man als den eigentlichen Beginn der literarischen Zeit in Rom bezeichnen: Das Programm der *Ludi Romani* wurde um die Aufführung je einer Komödie und einer Tragödie bereichert, die der Dichter LIVIUS ANDRONÍCUS **(ca. 285–207)** – mehr oder weniger frei – aus dem Griechischen übertragen hatte. Livius verfasste auch eine lateinische Übersetzung der „Odyssee", die **„Odusia"**. Versmaß ist der in der Frühzeit gebräuchliche Saturnier:

Vírum míhi, Caména, ínsece versútum...
Nenne mir, Muse, den vielgewandten Mann ...

Die Muse Homers ersetzte Livius Androníсus durch eine lokale römische Quellgottheit *(Camena)*. Versbau und Wortwahl wirken noch etwas unbeholfen, mit seiner Vielseitigkeit jedoch setzte Livius Androníсus für die folgende Zeit einen Rahmen: Drama und Epos blieben in Rom bis ins 1. Jh. v. Chr., als die Lyrik aufkam, die vorherrschenden literarischen Formen. Die Anfänge machen zugleich deutlich, wie sehr die lateinische Literatur von der griechischen abhängig war – und es mindestens bis zur Zeitenwende auch blieb.

Die starke Abhängigkeit vom Griechischen zeigt sich auch noch bei den beiden anderen wichtigen Autoren der literarischen Frühzeit, Naevius und Ennius. Beide gelten durch ihre Neuerungen als Wegbereiter der römischen Literatur.

Gnaeus NAEVIUS **(ca. 280–200 v. Chr.)** aus Kampanien schrieb neben Komödien und Tragödien das erste historische Epos, das **„Bellum Punicum"**, über den Ersten Punischen Krieg, an dem er selbst teilgenommen hatte. In seinen Komödien nahm Naevius auch führende Politiker aufs Korn – und soll erst durch die Volkstribunen wieder aus dem Kerker befreit worden sein. Später verließ er Rom und starb in Utica (Nordafrika).

Naevius stand noch nicht das epische Vokabular späterer Zeit zur Verfügung; auch schrieb er noch in der archaischen, auf spätere Generationen unbeholfen wirkenden Versform des Saturniers. Bemerkenswert ist, dass Naevius, wie später Vergil in seiner „Aeneis", den Konflikt Roms mit Karthago bereits in einem mythologischen Exkurs im Zusammenhang mit den Irrfahrten des Aeneas (↗ S. 150) erklärte. Umstritten ist, ob hier bereits Karthagos Königin Dido eine Rolle spielte.

INFO-BOX DIE RÖMISCHE KOMÖDIE

Einen Sonderfall innerhalb der römischen Entwicklung bildet die Komödie. Sie kam mit den beiden Autoren **Plautus** und **Terenz** bereits früh zu ihrer Blüte. Wenngleich es in Rom schon eine gewisse Tradition volkstümlicher Lustspiele gab, so handelte es sich dabei um mehr oder weniger freie Übersetzungen, Bearbeitungen oder auch Kombination von Teilstücken griechischer Vorbilder, die selbst kaum erhalten sind (im Wesentlichen Stücke der sogenannten Neuen Komödie; Hauptvertreter: Menander ↗ S. 23).

Die Handlung der Stücke ist fiktiv; sie spielt im Familienleben des städtischen Alltags (im Griechischen: *Fabula palliata*, benannt nach dem *pallium*, dem griechischen Umhang, im Römischen: *Fabula togata*, nach der *toga*). Immer läuft die Handlung auf ein *happy end* hinaus. Charakterlich festgelegte Typen wie der Geizhals, der Kuppler, der schlaue Sklave usw. geben der Handlung weitere Würze. Wie ihre griechischen Vorbilder war die Komödie bei Plautus und Terenz ganz unpolitisch: Das Schicksal des Naevius (↗ S. 39) hatte vielleicht eine abschreckende Wirkung, vielleicht auch der Umstand, dass Komödien in Rom meist im Rahmen staatlicher Feste aufgeführt und dafür von Beamten „eingekauft" wurden, mit denen es sich kein Autor verderben wollte.

Lange Zeit erfolgten Aufführungen von Theaterstücken nur auf schnell errichteten Bretterbühnen. Erst im Jahr 55 v. Chr. erhielt Rom das Pompeius-Theater aus Stein.

Quintus ENNIUS (239–169 v. Chr.) stammte aus Kalabrien. Auf Sardinien lernte er Cato den Älteren (↗ S. 44) kennen, der ihn nach Rom brachte; dort pflegte er als Dichter Umgang mit den führenden Kreisen. Womöglich starb er an der Gicht oder der Trunksucht. – An Selbstbewusstsein fehlte es Ennius nicht: Er sah sich selbst als *alter Homerus*, also „neuen Homer". Wie Livius Andronicus (↗ S. 39) und Naevius (↗ S. 39) schrieb Ennius neben kleineren Werken (z. B. Epigrammen) Komödien und vor allem Tragödien, wobei er die griechischen Vorlagen mehr oder weniger frei adaptierte. Am bedeutendsten jedoch ist sein Epos „**Annales**", das die römische Geschichte in 18 Büchern von der Stadtgründung bis in seine Gegenwart behandelt. Aus den Fragmenten ist ersichtlich, dass sich hier wie bei Homer Reden, Dialoge, Gleichnisse und ein Götterapparat (↗ S. 16) fanden. Ennius' Verdienst war es, den Hexameter (↗ S. 99) in Rom eingeführt zu haben. Zum anderen war er ein großer Sprachschöpfer. So geht z. B. das von späteren Dichtern häufig verwendete *omnipotens* auf ihn zurück. Ennius wurde von Vergil respektvoll rezipiert; viele Zitate finden sich beim Ennius-Verehrer Cicero.

Über das Leben des **Titus (Maccius) PLAUTUS (ca. 250–184 v. Chr.)** aus Umbrien wissen wir kaum Sicheres. Womöglich hat er als Arbeiter am Theater gewirkt und seine Stücke jeweils an Theaterbesitzer verkauft. Plautus ist zusammen mit Terenz (↗ S. 43) der Hauptvertreter der römischen Komödie. 21 Stücke haben sich erhalten. Plautus spezialisierte sich ganz auf die *Fabula palliata*, die Komödie im griechischen Milieu. Er verzichtete auf einen Chor, fügte aber viele Gesangspartien ein und verwendete eine Vielzahl von Versmaßen. Mit seinen griechischen Vorlagen ist Plautus (anders als Terenz) offenbar recht frei umgegangen. Situationskomik war ihm wichtiger als Handlungslogik. Dabei liebte er die drastische Komik und eine derbe Sprache, nicht selten wird auf der Bühne geflucht und geprügelt. Die typenhaft festgelegten Charaktere sind von den Vorlagen übernommen, werden aber oft bis zur Karikatur überzeichnet.

Plautus

Nur von Plautus (und Terenz) sind Komödien im vollen Umfang überliefert. Mit seiner derben Wortwahl, drastischer Situationskomik und den vielen Gesangseinlagen war Plautus beim Publikum wesentlich beliebter als der leisere, „kultiviertere" Terenz. Intensiver rezipiert wurde er erst zu Beginn der Neuzeit. So diente der Geizhals Euclio in der berühmten **„Aulularia"** („Topfkomödie") als Vorbild für Molières „L'Avare". Der **„Amphitruo"** wirkte in Kleists „Amphitrion" deutlich nach.

TEXTBEISPIEL In der „Aulularia" („Topfkomödie") spotten die Sklaven über den Geiz der Hauptfigur Euclio:

A: quin, quom it dormitum, follem opstringit ob gulam.
B: cur? A: ne quid animae forte amittat dormiens.
B: etiamne opturat inferiorem gutturem, ne quid animae forte amittat dormiens?

A: Ja, wenn er schlafen geht, bindet er sich einen Sack vors Maul.
B: Warum? A: Damit ihm nicht vielleicht im Schlaf ein Hauch verlorengeht.
B: Verstopft er auch die untere Gurgel, damit ihm da im Schlaf kein Hauch verlorengeht?

[Übersetzung: H. Rädle]

Publius Terentius Afer (ca. 195–159 v. Chr.), deutsch: TERENZ, stammte aus Karthago. Wenn man einer späteren Biografie glauben darf, kam er bereits als Sklave nach Rom in das Haus eines Senators, wurde dort wie andere Kinder der Oberschicht erzogen und schließlich freigelassen. Zu einigen bedeutenden Vertretern der Nobilität hatte er ein engeres Verhältnis, wohl auch zu Scipio Aemilianus. Dieser ließ zwei Komödien des Terenz aufführen. Während einer Studienreise nach Griechenland und Kleinasien ist Terenz – vermutlich bei einem Schiffsuntergang – gestorben. Neben Plautus (↗ S. 41) ist Terenz der bedeutendste Autor der römischen Komödie. Seine nur sechs Komödien sind vollständig erhalten. Alle haben griechische Vorlagen und tragen auch deren Titel. In den Prologen äußert Terenz sich zu literarischen Problemen und Vorwürfen anderer Autoren. Bei ihm geht es wesentlich gesitteter zu als bei Plautus: Groben Humor und drastische Komik vermied er (manchmal vermisst man die Komik allerdings ganz). Terenz arbeitete mehr mit indirekter Charakterisierung und Ironie, die Handlungsführung ist stets stimmig und plausibel angelegt, die Sprache einfach und gleichmäßig. Meist spielt die Handlung innerhalb einer bürgerlichen (griechischen, s. o.) Familie, stereotype Figuren wie der Bösewicht, der Geizhals usw. treten nicht auf.

TEXTBEISPIEL Ein häufig zitierter Vers aus dem „**Heautontimorumenos**" („Der Selbstquäler") macht die Toleranz gegenüber menschlichen Schwächen deutlich, die Terenz in seinen Komödien propagiert:

Homo sum, humani nil a me alienum puto.
Ein Mensch bin ich, nichts Menschliches glaub' ich mir fremd.

INFO-BOX ANFÄNGE DER PROSA

Im Bereich der Prosa dauerte es lange, bis in Rom Literatur von Format entstand. Der Römer war ein „Mann des Wortes", mündliche Tradition und Absprache galten viel. Zu roh und ungeschliffen dagegen war die lateinische Sprache für die literarische Fixierung, zu übermächtig war hier das Griechische. So scheint es fast folgerichtig, dass das erste Geschichtswerk eines Römers, des angesehenen Senators **Quintus Fabius Pictor** (ca. 270–200 v. Chr.), in griechischer Sprache verfasst ist. Das Werk diente vor allem der Rechtfertigung der imperialistischen römischen Außenpolitik gegenüber kritischen griechischen Stimmen – als Militärmacht war Rom schon längst eine Größe (↗ S. 178).

Erster bedeutender Autor im Bereich der Prosa war **Marcus Porcius CATO (234–149 v. Chr.)**. Er entstammte dem Ritterstand der Kleinstadt Tusculum südöstlich von Rom. Aus seiner zweiten (mit 80 Jahren geschlossenen) Ehe ging ein Sohn hervor, der ihn zum Urahn des Cato Uticensis machte. Zur Unterscheidung von diesem wird er auch „Cato Maior" („Cato der Ältere") genannt.
195 v. Chr. erreichte Cato als *homo novus* (↗ S. 162) das Konsulat. Wegen seiner Sittenstrenge als Zensor (↗ S. 165) erhielt Cato den Beinamen „Censorius". Er hatte zwei große Feindbilder: Zum einen die Griechen, die er als dekadentes und arrogantes Volk ansah, zum anderen Karthago, wie sein berühmter Ausspruch belegt, den er jedem Antrag im Senat angefügt haben soll: *Ceterum censeo Carthaginem esse delendam* (Im Übrigen bin ich der Meinung, dass Karthago zerstört werden muss).
In seinen nur fragmentarisch überlieferten **„Origines"** („Ursprüngen") stellte Cato die Frühgeschichte Roms und anderer italischer Städte dar (Buch I–III), aber auch den Zweiten Punischen Krieg (IV–V) und die Zeitgeschichte bis 149 v. Chr. (VI–VII), und zwar in lateinischer Sprache. Dies ist insofern bemerkenswert, als alle bisherigen Darstellungen in griechischer Sprache verfasst worden waren – und oft aus nicht gerade Rom-

freundlicher Perspektive. Cato fügte auch einige seiner eigenen Reden in dieses Geschichtswerk ein. Daneben widmete er sich der Fachschriftstellerei (Medizin, Redekunst u. a.). Vollständig erhalten ist nur seine Schrift „**De agri cultura**". So hat Cato im Bereich der Prosa für lange Zeit Maßstäbe gesetzt, sein sprachlicher Einfluss reichte noch bis zu Sallust (↗ S. 56). Cicero widmete Cato seine Schrift „De senectute" („Über das Alter").

Als Neuerer ist auch **Gaius LUCILIUS (um 180–103 v. Chr.)** zu nennen, ein vermögender römischer Bürger aus Suessa in Kampanien. Aus seinen „**Saturae**" („Satiren", in 30 Büchern) sind uns fast nur Einzelverse überliefert. Doch bleibt erkennbar, dass Lucilius mit Witz und Wortgewalt eine Vielzahl von Themen behandelte (*satura* – Allerlei, Mischung), wobei er die menschlichen Schwächen seiner Zeitgenossen aufs Korn nahm.

Klassik I: Die ausgehende Republik

Im 1. Jahrhundert vor Christus erreicht die römische Literatur nach allgemeiner Auffassung ihren Höhepunkt, sowohl im Bereich der Poesie als auch der Prosa. Man spricht daher von der „Klassik" der römischen Literatur, oder – etwas veraltet – von der „Goldenen Latinität" (im Gegensatz zur „Silbernen Latinität" des ersten Jahrhunderts *nach* Christus, der „Nachklassik").
Während die zunächst zu behandelnde Zeit der ausgehenden Republik mit **Catull** und **Lukrez** nur zwei bedeutende **Dichter** aufzuweisen hat, erreicht die Produktion der **Prosa** in der Zeit bis zu Ciceros Tod ihren Höhepunkt (Cicero, Caesar, Sallust). Und während die Dichtung mittlerweile weitgehend Privatsache geworden ist, steht die Prosa nach wie vor meist direkt (z. B. die Reden) oder indirekt (die Historiografie) im Dienste der Politik.

Gaius Valerius Catullus (87/84–54 v. Chr.), deutsch: CATULL, stammte aus dem norditalischen Verona. Seine Familie war offenbar vermögend und besaß mehrere Häuser. Kein Geringerer als Julius Caesar war auf der Durchreise bei den Valerii zu

INFO-BOX DIE NEOTERIKER

Gegen die altrömische Tradition, die Autoren wie Ennius und Naevius noch immer hoch schätzte, stellte sich der Kreis der sogenannten „Neoteriker" (von Cicero auch *poetae novi* genannt): Im Anschluss an den Griechen **Kallimachos von Alexandria** war für sie nicht mehr das große, umfangreiche Epos mit historischem Stoff, sondern das kleine, sorgfältig gebaute Gedicht das Ideal. Gegenstand der Darstellung waren jetzt die eigenen Empfindungen und Themen wie Liebe und Hass, Freundschaft und Schönheit. Auch **Vergil** (↗ S. 62) zählte in jungen Jahren wohl zu diesem Kreis. Zu der Aufwertung des Privaten passt, dass sich wichtige Vertreter des Neoteriker-Kreises wie **Catull** von einer politischen Laufbahn fernhielten.

Gast. Catull selbst begann wohl eine Ausbildung in Rom, machte dann aber keine politische oder juristische Karriere. 57 v. Chr. unternahm er eine Reise im Gefolge des Proprätors Memmius nach Bithynien in Kleinasien; auf der Rückreise besuchte er in der Troas das Grab seines einzigen Bruders, der dort gestorben war und dem er eine längere Elegie (↗ S. 19) widmete (c. 68). Nach dieser Reise gab sich Catull ganz der Dichtkunst hin.
Die von ihm als Lesbia angeredete Geliebte war wahrscheinlich die Schwester des bekannten Politikers Clodius Pulcher, mit der er eine – zumindest von seiner Seite – leidenschaftliche, für den Dichter aber tragisch endende Beziehung hatte. Catull starb jung; die Ursache für seinen frühen Tod ist nicht bekannt.
Gerade bei der Interpretation von Gedichten mit so persönlich-subjektiven Inhalten wie bei denen Catulls ist an die bekannte Unterscheidung zwischen der Person des Dichters und dem **„lyrischen Ich"** zu erinnern: Wenn Catull über Geldnot klagt (z. B. in c. 13), darf man dies nicht allzu wörtlich nehmen; aus den vielen an Lesbia gerichteten Gedichten lässt sich nicht ohne weiteres eine reale Liebesgeschichte rekonstruieren, da auch hier nicht alles „wirklich" erlebt sein muss. Außerdem kann Catull die Gedichte für die Veröffentlichung neu angeordnet haben.

Catulls Werk, das insgesamt 116 Gedichte umfasst, zerfällt in **drei Teile**: kürzere Gedichte in unterschiedlichen Versmaßen (1–60), längere Gedichte (61–68) sowie Gedichte in elegischen Distichen (69–116; die Grenzen zwischen Epigramm ↗ S. 19 und Elegie ↗ S. 19 sind hier oft fließend). Gemäß dem poetischen Programm der Neoteriker (↗ S. 46) sind Catulls Gedichte meist kurz und sorgfältig ausgearbeitet, wirken dabei aber frisch und „spontan". Als Beispiel seien die bekannten „Kussgedichte" an Lesbia genannt (c. 5, 7). Oft kommen starke Gefühle zum Ausdruck: Freundschaft (Gedichte an verschiedene Freunde), Liebe (Gedichte an Lesbia), Hass (Schmähgedichte auf Caesar und seine Günstlinge sowie auf andere Literaten), Melancholie und Trübsinn (Selbstgespräche – hierzu zählt auch die Nachdichtung eines Gedichts der von Catull verehrten Dichterin Sappho (↗ S. 20). Besonders im sexuellen Bereich ist die Wortwahl oft sehr direkt bis obzön und daher keineswegs „jugendfrei" (z. B. c. 16, 29, 32, 36).

Rezeption: Im Altertum waren Catulls Verse berühmt, im Mittelalter fast vergessen. Nach ihrer Wiederentdeckung in Verona fand die Gedichtsammlung ab dem 14. Jh. rasche Verbreitung. Als Schulautor kam Catull wegen der teilweise drastischen Inhalte und der Wortwahl lange Zeit nicht infrage. Im 20. Jh. vertonte der Komponist Carl Orff mehrere Gedichte Catulls („Catulli carmina").

TEXTBEISPIEL Ein berühmtes Distichon (c. 85, ↗ S. 221) drückt konzentriert extreme und zugleich widersprüchliche Gefühle aus, denen das lyrische Ich sich ausgesetzt fühlt:

Odi et amo. Quare id faciam, fortasse requiris;
nescio; sed fieri sentio et excrucior.

Ich hasse und liebe. Warum ich dies tue, fragst du vielleicht;
weiß nicht; doch fühl ich's geschehen und quäle mich ab.

Seit 133 v. Chr. wurde Rom von starken politischen Unruhen erschüttert (↗ S. 10). So mag es kein Zufall gewesen sein, dass sich auch Catulls Zeitgenosse Lukrez von Politik, Gesellschaft und Karriere fernhielt. Über das Leben des **Titus Lucretius Carus (ca. 96–53 v. Chr.), deutsch:** LUKREZ, ist fast nichts bekannt. Sein Werk, das Lehrgedicht (↗ S. 18) **„De rerum natura“** („Über das Wesen der Welt“) widmete er seinem geschätzten Gönner Memmius, zu dem auch Catull in Kontakt stand (↗ S. 45). Möglicherweise hat kein Geringerer als Cicero das Werk postum veröffentlicht.

In seinem in Hexametern verfassten Lehrgedicht in sechs Büchern wollte Lukrez die atomistische Lehre des von ihm verehrten Epikur (↗ S. 123) seinem römischen Publikum vertraut machen. Zu seinen Hauptzielen zählte dabei, den Menschen die Furcht vor den Göttern und dem Tod zu nehmen. Nach Ennius (↗ S. 40) hatte sich in Rom kein Autor mehr an solch ein „Großprojekt“ in Hexametern herangewagt. So wundert es nicht, dass Lukrezens Versbau bisweilen noch etwas sperrig und „holperig“ wirkt. Insgesamt gelang es ihm jedoch erstaunlich gut, den teilweise recht spröden Stoff in eine ansprechende sprachliche Form zu bringen, nicht zuletzt durch Bilder, veranschaulichende Beispiele und Vergleiche. „De rerum natura“ zeigt zugleich, wie man sich in Rom weiter gegenüber der griechischen Geisteswelt öffnete. Zum philosophischen Gehalt des Werkes ↗ S. 124.

TEXTBEISPIEL Im dritten Buch legte Lukrez dar, dass sich die Seele beim Tod vollständig in ihre Bestandteile auflöst. So haben wir den Tod (und was danach kommen könnte) nicht zu fürchten (III 830 f.):

Nil igitur mors est ad nos neque pertinet hilum,
quandoquidem natura animi mortalis habetur.

Nichts geht also der Tod uns an, nichts kann er bedeuten,
da ja das Wesen des Geistes nunmehr als sterblich erkannt ist.
[Übersetzung: H. Diels]

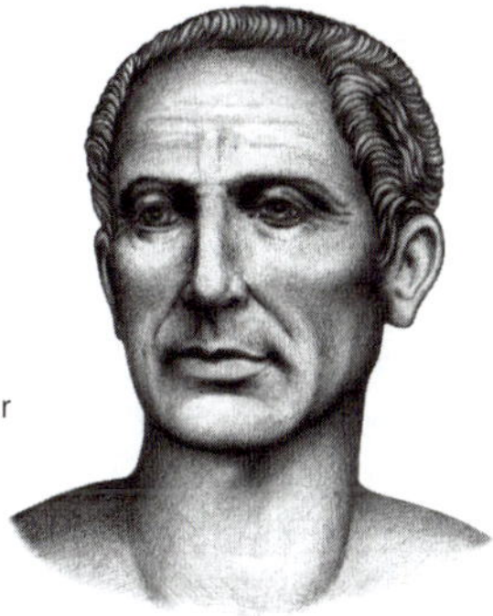

Caesar

Gaius Iulius CAESAR **(13.7.100–15.3.44 v. Chr.)** ist der erste politisch wie literarisch bedeutende Stadtrömer. Er durchlief zielstrebig die Ämterlaufbahn bis zum **Konsulat** (59 v. Chr.); mit dem mächtigen **Pompeius** und dem reichen **Crassus** schloss er sich zum sogenannten **Triumvirat** zusammen, einem (inoffiziellen) politischen Dreierbündnis. Als Konsul sicherte sich Caesar für fünf Jahre das Recht, die beiden gallischen Provinzen zu verwalten. Auf dieser Basis eroberte er in den Jahren 58 bis 52 v. Chr. ganz Gallien, womit er auch seine innenpolitische Position stärkte. In der Folgezeit wandte er sich gegen Pompeius und den Senat: Mit dem Überschreiten des Grenzflusses Rubikon (49) eröffnete Caesar den Bürgerkrieg, an dessen Ende er im Jahr 45 v. Chr. als der unangefochten mächtigste Mann in Rom stand und vom Senat die Diktatur auf Lebenszeit erhielt. Diese Machtkonzentration wollten die Vertreter der Republik nicht länger hinnehmen: Caesar wurde an den Iden des März 44 v. Chr. von einer großen Gruppe von Verschwörern bei einer Senatssitzung im Pompeiustheater erstochen.

Die ersten sieben Bücher des **„Bellum Gallicum“** behandeln jahrweise die Kriegsereignisse der Jahre 58 bis 52. Neben Militärischem finden sich im 6. Buch auch kulturgeschichtliche Exkurse über Gallier und Germanen sowie die ausführliche Beschreibung des Baus einer Rheinbrücke. Den Höhepunkt bildet im 7. Buch der Bericht von der Niederschlagung des letzten großen Gallier-Aufstandes unter Vercingetorix mit der Belagerung von Alesia. Das 8. Buch stammt von Caesars General Hirtius und schließt die zeitliche Lücke von 51–50 zum **„Bellum Civile“** („Bürgerkrieg“), das die Jahre 49 (Buch 1 und 2) und 48 (Buch 3) behandelt und wieder von Caesar selbst stammt.
Die Werke **„Bellum Alexandrinum“**, **„Bellum Africum“** und **„Bellum Hispaniense“** berichten von Caesars weiteren militärischen Aktivitäten (↗ S. 178). Sie zählen zwar auch zum *corpus Caesarianum*, weichen aber stilistisch deutlich ab und wurden wohl von Offizieren verfasst. Von Caesars zahlreichen Reden, Briefen und anderen kurzen Schriften ist allerdings nur wenig erhalten.
Caesars Stil hat man häufig „schlichte Eleganz“ zugesprochen. Auch kommt er besonders im „Bellum Gallicum“ mit einem vergleichsweise geringen Wortschatz aus und rät (an anderer Stelle), „ein ungebräuchliches Wort wie eine Klippe zu meiden“. Die Syntax ist klar, die sachlich-nüchterne Schilderung scheint objektiv, auch deshalb, weil Caesar von sich stets in der 3. Person spricht. Wörtliche Rede ist selten und erscheint nur an bedeutsamer Stelle.
Caesars Objektivität (besonders bei der Schilderung militärischer Operationen) ist umstritten, auch da es kaum eine Parallelüberlieferung gibt. Häufige und größere Unwahrheiten hatte er angesichts seiner Erfolge allerdings nicht nötig. Die Veröffentlichung der Berichte über die von ihm geführten Kriege (in Gallien und später im Bürgerkrieg, hier vor allem gegen Pompeius, ↗ S. 11) dient vor allem der persönlichen Propaganda: Caesar will sich als kluger Feldherr und verantwortungsbewusster Sachwalter Roms darstellen.

TEXTBEISPIEL Der Beginn des 7. Buches des „Bellum Gallicum“:

Quieta Gallia Caesar, ut constituerat, in Italiam ad conventus agendos proficiscitur.

Da in Gallien Ruhe herrschte, brach Caesar, wie er es sich vorgenommen hatte, nach Italien auf, um Gerichtstage abzuhalten.
[Übersetzung: M. Deissmann]

Mit nur zwei Worten (nominaler Abl. abs.) wird der politische Zustand eines riesigen Gebietes souverän als Hintergrund zu Caesars Handlung als Provinzverwalter skizziert. Wie immer spricht Caesar von sich in der 3. Person. Der Zusatz *ut constituerat* deutet auf die Planmäßigkeit von Caesars Handeln.

Caesars Zeitgenosse **Marcus Tullius** CICERO **(3.1.106–7.12.43 v. Chr.)** ist die literarisch wohl bedeutendste, jedenfalls aber vielseitigste Persönlichkeit des ersten vorchristlichen Jahrhunderts und der ausgehenden Republik. Über sein Leben sind wir durch seine zahlreichen erhaltenen Briefe bestens informiert. Cicero stammte aus Arpinum, einer Kleinstadt südöstlich von Rom. Nach gründlicher Ausbildung in den Rechtswissenschaften, in der Rhetorik und Philosophie in Rom und Griechenland begann er in Rom seine sehr erfolgreiche Karriere als Anwalt. Das Amt als Quästor auf Sizilien (75) verwaltete er so engagiert und selbstlos, dass die Sizilianer ihn mit der Anklage gegen Verres betrauten, der sich als Statthalter auf Sizilien übermäßig bereichert hatte. Der erfolgreiche Prozess (70) machte Cicero zum

Cicero

bekanntesten Redner Roms. Höhepunkt seiner politischen Laufbahn war das Konsulat (63) mit der Niederschlagung des Aufstandes unter Catilina. Wichtige literarische Zeugnisse bezüglich der Verschwörung des Catilina sind die vier erhaltenen Reden Ciceros **„In Catilinam"** sowie die Monografie des Sallust (↗ S. 56). Da er mit dessen Anhängern jedoch römische Bürger ohne Prozess hinrichten ließ, erreichten seine politischen Gegner, dass er später (58/57) ein Jahr ins Exil gehen musste.
Im Bürgerkrieg entschied sich Cicero für die Sache der Republik und damit für Pompeius und gegen Caesar, der ihn nach seinem Sieg jedoch begnadigte. Nach Caesars Ermordung (44) führte Cicero erbitterte Reden gegen Antonius, der mit Octavian um die Macht stritt. Nach der überraschenden Einigung beider Heerführer wurde Cicero von deren Helfern auf der Flucht ermordet; Kopf und Hände wurden auf dem Forum ausgestellt.
Gerade als *homo novus* (↗ S. 162) war der ehrgeizige Cicero stolz auf seine Erfolge und die Tatsache, alle Ämter des *cursus honorum* (↗ S. 164) im frühestmöglichen Alter *(suo anno)* bekleidet zu haben. Als sich niemand fand, der ein Lobgedicht auf sein Konsulat verfassen wollte, schrieb er es kurzerhand selbst (**„De consulatu suo"**). Ganz im altrömischen Sinne sah Cicero politisches Engagement als erste Bürgerpflicht. Folgerichtig verfasste er theoretische Schriften (zur Rhetorik und Philosophie) überwiegend in den Abschnitten seines Lebens, in denen er politisch einflusslos war. Trotz aller politischer Ambitionen war Cicero kein Machtmensch wie etwa Caesar: Er hielt lange am Ideal der Republik und der *concordia ordinum* (Eintracht aller Stände) fest und versuchte Caesar mit dem Senat zu versöhnen. Dabei verlor er zunehmend an politischem Einfluss und wurde von den neuen Machthabern abhängig; den jungen Octavian (und späteren Augustus) hat Cicero völlig unterschätzt.
Cicero war der bedeutendste römische Redner (für den er sich bereits selbst hielt). Insgesamt sind 54 **Reden** (↗ S. 26) erhalten. In der Regel trat Cicero nur als Verteidiger auf (wichtige Ausnahme: der Prozess gegen Verres ↗ S. 54). Neben zahlreichen

privatrechtlichen Reden stehen wichtige politische wie die für den Oberbefehl des Pompeius gegen die Seeräuber (66), die vier Reden gegen Catilina während des Konsulats (63, s. o.) und die Reden gegen Marcus Antonius (44–43). Diese nannte Cicero in Erinnerung an Demosthenes (↗ S. 27) „Philippische Reden".

Die frühe Schrift **„De inventione"** (80), in der Cicero das erste der *officia oratoris* (↗ S. 106) behandelt, eröffnet die Reihe der **rhetorischen Werke** (d. h. der theoretischen Werke zur Redekunst). Am bedeutendsten ist das in Dialogform verfasste **„De oratore"** (55): Hier lässt Cicero bei einer (fiktiven) Zusammenkunft im Jahre 91 v. Chr. die beiden Staatsmänner und Redner Crassus und Antonius die nötige Bildung eines Redners erörtern (Buch I) und die *officia oratoris* darstellen (Buch II und III). Der **„Brutus"** (46) liefert eine Geschichte der römischen Beredsamkeit mit Urteilen über die einzelnen Redner. Der im selben Jahr entstandene **„Orator"** behandelt Fragen des Ausdrucks und des Prosarhythmus. Cicero verwahrt sich hier auch gegen die Kritik von Vertretern des sogenannten „Attizismus", des einfachen, schlichten Stils nach dem Vorbild eines Lysias (↗ S. 26), die ihm einen zu wortreichen Stil vorwarfen (sogenannter „Asianismus"): Ein guter Redner sollte nach Cicero alle Stilhöhen beherrschen. Sein Vorbild ist dabei Demosthenes (↗ S. 27).

Ciceros Ideal, das in allen rhetorischen Schriften zum Ausdruck kommt, ist das des *orator doctus* oder *orator perfectus*, eines allseitig, d. h. auch in Literatur, Geschichte und Philosophie gebildeten Redners. Darüber hinaus müssen Stil und Ton der Rede natürlich immer auf das Thema, den Redner selbst und das Publikum abgestimmt sein (↗ S. 106).

Etwa 860 **Briefe** (↗ S. 25) Ciceros sind erhalten, darunter die Briefe an seinen Bruder Quintus, den Freund und Verleger Atticus und an weitere Bekannte (**„Ad familiares"**), z. T. mit den Antworten, z. B. von Caesar und Pompeius. Diese Briefe sind wichtige zeitgeschichtliche und biografische Zeugnisse. Da sie nicht für die Veröffentlichung bestimmt waren, sehen wir Cicero hier als Privatmann: Die Briefe zeigen ihn als geistreichen und witzigen, aber oft auch wankelmütigen und verzagten Menschen. Zum Gehalt der **philosophischen Schriften**, die Cicero nach dem Vorbild des Platon und Aristoteles meist in Dialogform verfasste, siehe ↗ S. 126 ff.

Mit seinen zahlreichen, z. T. noch von ihm selbst veröffentlichten Reden war Cicero im Rom seiner Zeit, aber auch für die folgenden Jahrhunderte *die* Autorität in allen Fragen der Rhetorik. Durch seine erstmals in lateinischer Sprache verfassten Werke zur Rhetorik und zu fast allen Gebieten der Philosophie erweiterte er nicht nur den geistigen Horizont eines breiteren Publikums in Rom, sondern auch die Ausdrucksmöglichkeiten der lateinischen Sprache beträchtlich. Dazu trugen auch seine Übersetzungen aus dem Griechischen und lateinische Wortneuschöpfungen bei. In der **Renaissance** wird sein Stil erneut zum Vorbild (Petrarca) und prägt eine ganze Epoche (Humanismus).

TEXTBEISPIEL Cicero fuhr im Prozess gegen den erpresserischen Statthalter Verres (s. o.) gleich zu Beginn so viel belastendes Material auf, dass dieser bald erkrankte, verurteilt wurde und ins Exil ging. Den nicht gehaltenen Rest seiner Ausführungen veröffentlichte Cicero dennoch. Hier wollte er auch auf den umfangreichen Kunstraub des Verres in Sizilien zu sprechen kommen, ein Gebiet, das Verres offenbar ganz besonders „am Herzen" lag. Man beachte den Einsatz rhetorischer Mittel (↗ S. 106) wie Parallelismus, Ironie, Klimax:

Venio nunc ad istius, quemadmodum ipse appellat, studium, ut amici eius, insaniam, ut Siculi, latrocinium; ego quo nomine appellem, nescio …

Ich komme nun zu seiner Leidenschaft, wie er selbst es nennt, seiner Krankheit, wie seine Freunde sagen, zu seinen Raubzügen, wie die Sizilianer sagen; mit welchem Namen ich selbst es bezeichnen soll, weiß ich nicht …

Nicht viel später als Cicero wurde der Biograf **Cornelius** NEPOS geboren (**ca. 100–25 v. Chr.**). Mit ihm betrat auch im Bereich der Prosa ein neuer Typ von Autor, der „Berufsschriftsteller“, die Bühne. Nepos gehörte dem Ritterstand an (↗ S. 162). Offenbar ausreichend vermögend, hielt er sich von der Politik fern und widmete sich ganz der Literatur. Mit Cicero war Nepos zumindest gut bekannt; Catull widmete ihm seine Gedichtsammlung.

Von seinem umfangreichen Werk (darunter eine Universalgeschichte und eine Anekdotensammlung) sind nur einige Biografien (↗ S. 28) erhalten. Aus seinem Hauptwerk **„De viris illustribus“** („Über berühmte Männer“) stammen Biografien von Cato dem Älteren (↗ S. 44; siehe das Textbeispiel unten), aber auch von Nichtrömern wie z. B. des Karthagers Hannibal. Nepos wollte kein Geschichtsschreiber sein, sondern Leben und Persönlichkeit bedeutender Männer als Beispiele vorbildlicher Lebensführung *(exempla)* schildern. So reicherte er seine Biografien mit charakterisierenden Anekdoten und moralischen Kommentaren an. Nepos schrieb ein einfaches und weitgehend schmuckloses Latein, das sich manchmal der Umgangssprache nähert.

TEXTBEISPIEL Bei der Würdigung des älteren Cato (↗ S. 44) lobt Nepos dessen moralische Integrität und den Einsatz für den Staat:

Rei publicae causa suscipere inimicitias non destitit. A multis temptatus non modo nullum detrimentum existimationis fecit, sed, quoad vixit, virtutum laude crevit.

Er hörte nicht auf, um des Gemeinwesens willen Feindschaften auf sich zu nehmen. Obwohl er von vielen angegriffen wurde, nahm sein Ruf nicht nur keinen Schaden, sondern wuchs, solange er lebte, durch das Lob seiner Tugenden.

Gaius Sallustius Crispus (86–35 v. Chr.), deutsch: SALLUST, war Roms erster „echter“ Geschichtsschreiber, von dem Werke vollständig überliefert sind. Er wurde in Amiternum im Sabinerland (etwa 90 km nordöstlich von Rom) geboren. Seine Jugend verlebte er wohl recht ungezwungen, bis er dann die politische Laufbahn einschlug: Er wurde Quästor und 52 v. Chr. Volkstribun. Wegen unsittlichen Lebenswandels aus dem Senat gestoßen, wurde er von Caesar rehabilitiert (50 v. Chr.). Nach erfolgreicher Teilnahme an Caesars Afrika-Feldzug verwaltete er die Provinz Africa Nova als Statthalter. Eine Anklage wegen Bereicherung während der Provinzverwaltung wurde in Rom von Caesar verhindert. Nach dessen Tod zog sich Sallust aus der Politik zurück und widmete sich vollkommen der Geschichtsschreibung.

Sallusts Werke weisen sämtlich Proömien (persönliche Vorworte), Exkurse und eingestreute Reden der Protagonisten auf. Entgegen dem bis dahin in Rom vorherrschenden annalistischen Prinzip (↗ S. 24) stellte Sallust in der **„Coniuratio Catilinae“** (Putschversuch im Jahr 63 v. Chr.) und im **„Bellum Iugurthinum“** (Wüstenkrieg gegen den Numider-Fürsten Jugurtha in Nordafrika, 111–105 v. Chr.) zeitlich begrenzte Ereignisse in Form der historischen Monografie dar (↗ S. 24). Zwar sind beides auf den ersten Blick weniger bedeutsame Themen, doch ließ sich bei deren Darstellung der innere Verfall Roms besonders gut zeigen: Erst durch die Bestechlichkeit römischer Politiker (und vor allem von Teilen des Senats) konnten politische Abenteurer wie Catilina oder ein raffinierter Wüstenfürst wie Jugurtha Rom in ernsthafte Krisen stürzen. In vielerlei Hinsicht, etwa bei der psychologischen Erklärung historischen Geschehens, war Sallust von dem Griechen Thukydides (↗ S. 24) geprägt.

Von den **„Historiae“** („Zeitgeschichte“), welche die Jahre 78 bis 67 v. Chr. behandeln und sich wieder am annalistischen Prinzip (↗ S. 24) orientieren, sind nur Teile erhalten, hauptsächlich die Reden und der berühmte Mithridates-Brief, eine Kritik am Imperialismus Roms aus der Sicht eines fremdländischen Herrschers. Die Echtheit zweier politischer Briefe mit Ratschlägen an Caesar und einer Schmähschrift gegen Cicero, die Sallust noch als aktiver Politiker verfasst haben soll, ist umstritten und eher unwahrscheinlich.

Sallust war in mehrfacher Hinsicht ein eigenwilliger Autor: Um der „tieferen" Wahrheit (aber auch des Spannungsaufbaus) willen nimmt er es mit der Chronologie der Ereignisse oft nicht sehr genau.

Sein **Stil** ist von *brevitas* („Kürze") geprägt, die nicht selten bis hin zur *obscuritas* („Dunkelheit") führt. Häufig finden sich Archaismen (sprachlich altertümliche Formen), womit Sallust sich am moralisch ebenfalls strengen Cato dem Älteren (↗ S. 44) orientiert (z. B. *lubido* statt *libido*). Altrömische Werte wie *virtus* und *gloria* stehen bei Sallust hoch im Kurs. Doch das Streben nach Ruhm, das Rom groß gemacht hatte, war nach Sallusts Analyse in Herrschsucht und Geldgier, schließlich in Bequemlichkeit, Bestechlichkeit und Arroganz umgeschlagen. Eine wichtige Zäsur bildete für Sallust dabei die **Auslöschung Karthagos** (146 v. Chr.), mit der den Römern alle einigende Furcht vor dem äußeren Feind *(metus hostilis)* genommen war: Volk und Adel lebten nun nicht mehr einträchtig, sondern hatten sich entfremdet und verfolgten ihre eigenen Interessen. Im Proömium der „Historiae" verdüstert sich das Geschichtsbild noch weiter: Nur in kurzen Zeitabschnitten sei die innere Zwietracht in Rom überdeckt worden.

Schon antike Autoren haben bei Sallust einen unschönen Widerspruch zwischen dem hohen moralischen Anspruch und seinem eigenen Lebenswandel gesehen.

TEXTBEISPIEL zu Sallust ↗ S. 58

TEXTBEISPIEL Ein Zitat aus dem „Iugurtha" (Kap. 41) zeigt, wie Sallust historische Entwicklungen psychologisch als Niedergang deutete:

> *Ante Carthaginem deletam populus et senatus Romanus placide modesteque inter se rem publicam tractabant [...] Sed ubi illa formido mentibus decessit, scilicet ea, quae res secundae amant, lascivia atque superbia incessere.*
>
> Vor der Zerstörung Karthagos behandelten das Volk und der römische Senat friedlich und maßvoll das Gemeinwesen. [...] Als aber jener Schrecken aus den Gemütern gewichen war, brach offenbar das ein, was Glück mit sich zu bringen pflegt: Ausgelassenheit und Hochmut. [Übersetzung: K. Büchner]

Weitere Autoren der ausgehenden Republik

Da man den Namen des Verfassers (lat. *auctor*) einer kleinen, an einen gewissen Herennius gerichteten rhetorischen Schrift nicht kennt, spricht man vom AUCTOR AD HERENNIUM. Er behandelt die fünf *officia oratoris* (↗ S. 107 f.) und unterscheidet hier noch einmal die drei **Redegenera** (↗ S. 109). Beim Inhalt und der Wortwahl zeigen sich Parallelen zu Ciceros etwa gleichzeitig entstandenem Jugendwerk „De inventione" (↗ S. 53).

Das riesige Werk des VARRO (116–27 v. Chr.), des „größten Gelehrten Roms" (M. v. Albrecht), umfasst etwa 75 Titel, verteilt auf gut 600 Bücher. Nur ein kleiner Teil davon ist erhalten, darunter **„De re rustica"** („Über die Landwirtschaft") und teilweise **„De lingua Latina"** (über Fragen der Etymologie u. a.). Der Stoff wird jeweils streng systematisch dargestellt. Weitere von Varro behandelte Gebiete: Kulturgeschichte, Rhetorik, Philosophie, Biografie.

Klassik II: Beginn der Kaiserzeit

Die Politikferne von Dichtern wie Catull und den Neoterikern (↗ S. 46) stand noch in bewusstem Gegensatz zu gesellschaftlich anerkannten Werten. In der Folgezeit wurde diese Einstellung zunehmend als Lebensentwurf akzeptiert. Mit dem Beginn der Kaiserzeit, die vom Prinzipat des **Augustus** (↗ S. 12) eingeleitet wird, gibt es in Rom immer mehr Betätigungsmöglichkeiten auf kulturellem Gebiet.

Andererseits verliert das persönliche politische Engagement, das von Cicero noch als erste Bürgerpflicht gefordert worden war, für die geistige Elite unter den veränderten politischen Bedingungen immer mehr an Reiz. Im Bereich der Dichtung bekleiden die Hauptvertreter der sogenannten „augusteischen Literatur" (also der Literatur im Umkreis des Augustus) keine bedeutenden politischen Ämter mehr. Auch die Dichter, deren Werke der Person und Politik des Augustus positiv gegenüberstehen, behalten stets einen Rest innerer Distanz. Das **Verhältnis zur griechischen Literatur** wandelt sich von der *imitatio* (Nachahmung) zur *aemulatio* (zum selbstbewussten Wetteifern).

In diesem Zusammenhang sind die **„Res gestae"** des **AUGUSTUS (23.9.63 v. Chr.–19.8.14 n. Chr.)** zu erwähnen. Diesen „Tatenbericht" hat Augustus testamentarisch als Inschrift vor dem Augustus-Mausoleum auf dem Marsfeld aufstellen lassen. Erhalten ist jedoch nur eine griechisch-lateinische Inschrift aus Ankara, sodass man heute gewöhnlich vom **„Monumentum Ancyranum"** spricht.

Die „Res gestae" sind ohne literarischen Anspruch verfasst: Sachlich, kurz und schmucklos, dienten sie vor allem als Mittel der Rechtfertigung und der Propaganda. Augustus zählt seine Ämter und militärischen Erfolge auf, betont zugleich aber seine Fürsorge um das römische Volk (Bautätigkeit, Veranstaltung von Spielen usw.). Auch die Ehrennamen *Augustus* („Der Erhabene", 27 v. Chr. vom Senat verliehen) und *pater patriae* („Vater des Vaterlandes") werden selbstbewusst erwähnt.

Augustus

Der Form nach hat Augustus die Republik mit ihren Einrichtungen und Ämtern im Wesentlichen bewahrt (↗ S. 167 f.). Obwohl besonders den römischen Intellektuellen klar war, dass unter Augustus *de facto* eine neue Staatsform bestand, wurde er als Friedensbringer weithin akzeptiert.

TEXTBEISPIEL Augustus legte größten Wert auf die Feststellung, nach den Bürgerkriegen die alte Staatsordnung wiederhergestellt zu haben. Zugleich wird die Rolle des Prinzeps als *primus inter pares* („Erster unter Gleichen") umschrieben:

Post id tempus auctoritate omnibus praestiti, potestatis autem nihilo amplius habui quam ceteri, qui mihi quoque in magistratu conlegae fuerunt.

Danach überragte ich alle an Autorität, an Machtbefugnis jedoch hatte ich nicht mehr als die anderen, die ich im Amt als Kollegen hatte.

Mit Augustus befreundet war der Geschichtsschreiber **Titus LIVIUS (59 v. Chr.–17 n. Chr.)** – trotz seiner republikanischen Gesinnung. Über sein Leben ist wenig bekannt. Er zog aus Patavium (heute: Padua) nach Rom, bekleidete dort aber offenbar keine öffentlichen Ämter, sondern widmete sich ganz der Schriftstellerei. An seinem umfangreichen Geschichtswerk **„Ab urbe condita“** („Von der Gründung der Stadt an“) hat Livius über 40 Jahre gearbeitet. Von den 142 Büchern ist nur etwa ein Viertel erhalten, darunter die erste Dekade, also die Bücher 1–10 (mit der Gründung Roms und der Königszeit) und die Bücher 21–45 (mit dem Zweiten Punischen Krieg, Hannibal). Ferner besitzen wir eine knappe Inhaltsangabe (Perioche) des Gesamtwerkes aus späterer Zeit.

Gemäß der Tradition der **Annalistik** (↗ S. 24) stellte Livius die Ereignisse jahrweise dar. Im Gegensatz zu manchem Vorgänger bemühte er sich um einen unaufgeregten und ausgewogenen Stil, der sich an Cicero orientierte. Rhetorische Mittel und dramatische Effekte kommen nur maßvoll zum Einsatz, Reden werden wirkungsvoll eingeschaltet.

Das **Geschichtsbild** des Livius ist recht konservativ, d. h. an altrömischer *virtus* und dem *mos maiorum* orientiert, die Livius vor allem in Roms Frühgeschichte verwirklicht sieht. Auf diese folgte, wie er im Proömium ausführt, ein allgemeiner sittlicher Niedergang (↗ Textbeispiel unten). So werden die Frühzeit Roms, ihre Helden und Taten verklärt und überhöht. Berühmt sind einige dramatische und psychologisch eindringlich geschilderte Episoden (Lucretia, Verginia, Mucius Scaevola u. a., ↗ S. 155 ff.), die zur verbreiteten Schullektüre wurden. Dagegen wird Livius’ Bild von der Gegenwart (mit der Herrschaft des Augustus) aufgrund der schlechten Überlieferungslage kaum deutlich.

TEXTBEISPIEL Während Livius die Leser seines Werkes vor allem an der Zeitgeschichte interessiert glaubt, verspricht er sich selbst im Proömium von der zunächst anstehenden Darstellung der römischen Frühgeschichte einen besonderen Genuss:

Ego contra hoc quoque laboris praemium petam, ut me a conspectu malorum, quae nostra tot per vidit aetas, tantisper certe, dum prisca illa tota mente repeto, avertam.

Ich dagegen werde auch dies als Lohn für meine Mühe erstreben, dass ich mich vom Anblick all der Übel, welche unsere Zeit schon so viele Jahre lang hat mit ansehen müssen, solange zumindest abwenden kann, wie ich mir jene heilige Frühzeit eindringlich vergegenwärtige.

Fand in der ausgehenden Republik die römische Literatur ihren Höhepunkt in der Prosa, so kommt zu Beginn der Kaiserzeit die Poesie zu ihrer Vollendung, insbesondere in den Werken des Vergil und des Horaz.

Publius Vergilius Maro, deutsch: VERGIL, 15.10.70 – 21.9.19 v. Chr., stammte aus der Nähe von Mantua, einer ländlichen Gegend Oberitaliens. Über sein Leben sind wir hauptsächlich aus später verfassten Lebensbeschreibungen *(vitae)* informiert. Viele der Angaben sind daher zweifelhaft. Die ihm von den Eltern zugedachte politische Karriere in Rom war für den stillen und schüchtern auftretenden jungen Mann wenig attraktiv. So schloss er sich lieber dem Dichterkreis der Neoteriker (↗ S. 46) an und zog dann nach Neapel zu dem Epikureer (↗ S. 123) Siron. Seine Heimat in Norditalien wurde von Enteignungen zur Versorgung der Veteranen der Schlacht bei Philippi (↗ S. 12, 179) heimgesucht, Vergil selbst wurde aber entschädigt. In dieser Zeit sind die **„Eclogen“** entstanden (erschienen etwa 39 v. Chr.). In Rom schloss Vergil sich dem Kreis um **Maecenas** an, der Augustus freundschaftlich verbunden war. Maecenas verstand sich als Förderer und Gönner von Dichtern, die bereits einen gewissen Ruf erworben hatten.

Die nächsten Jahre widmete Vergil sich zurückgezogen in Süditalien ganz seiner Dichtung. 29 v. Chr. erschienen nach siebenjähriger Arbeit die **„Georgica"**. Seine **„Aeneis"** wollte er in Griechenland abschließend überarbeiten, starb aber auf der Reise in Brundisium. In Neapel wurde er begraben. Die nicht ganz fertige „Aeneis" wurde auf Anweisung des Augustus veröffentlicht.

Mit der Formulierung des Grabspruchs Vergils in Neapel *cecini pascua rura duces* („Ich habe Weiden, Felder und Heerführer besungen") sind die **drei Werke** „Eclogen" (Hirtengedichte), „Georgica" (Lehrgedicht vom Landbau) und „Aeneis" (Schicksal des Aeneas) **charakterisiert**. Alle Werke sind in Hexametern verfasst. Ihr Umfang wächst ebenso wie ihre Komplexität und Vergils dichterische Eigenständigkeit.

Die zehn **„Eclogen"** oder **„Bucolica"** stehen in der Nachfolge des griechischen Dichters **Theokrit** (↗ S. 20). Besonders berühmt sind die erste Ecloge, in der der Hirte Tityrus den Göttern dankt, sein Landgut behalten zu können, ein klarer autobiografischer Bezug (s. o.), und die vierte, die von der Wiederkehr des Goldenen Zeitalters und der Geburt eines „göttlichen" Kindes kündet. Dies wurde später verschieden gedeutet: Dachte Vergil hier an Augustus? Im Mittelalter sah man darin einen Hinweis auf Jesus Christus.

Die **„Georgica"** (Plural), dem Maecenas gewidmet, sind ein Lehrgedicht (↗ S. 18) über die Landwirtschaft in vier Büchern (Buch 1: Ackerbau, Buch 2: Baumzucht und Weinbau, Buch 3: Viehzucht, Buch 4: Bienenzucht). Hier stand Vergil auf griechischer Seite in der Nachfolge des **Hesiod** (↗ S. 18) mit seinen „Werken und Tagen", auf römischer in der Nachfolge **Catos** (↗ S. 44) und des **Lukrez** (↗ S. 48). Vergil gab nicht nur praktische Anweisungen für den Bauern, sondern schaltete zahlreiche, über das eigentliche Thema hinausgehende Exkurse ein (z. B. die *laudes Italiae* im zweiten Buch). Der römische Bauer und seine Tätigkeit im Einklang mit der Natur stehen als Sinnbild für eine vergangene, bessere Zeit. Die politische Gegenwart der Bürgerkriege erscheint als düstere Gegenwelt. Eine Ausnahme bildet **Augustus**, in den Vergil seine Hoffnungen als „Friedensfürsten“ setzte.

Die **„Aeneis“** schließlich ist *das* römische **Nationalepos** schlechthin. Es handelt in 12 Büchern von der Flucht des Aeneas (↗ S. 150) aus dem brennenden Troja und den sich anschließenden Irrfahrten, bis die Trojaner schließlich in Italien (Latium) nach vielen Kämpfen die mehrfach prophezeite neue Heimat finden. In Buch 1 wird Aeneas auf der Fahrt von Sizilien nach Italien durch einen Seesturm nach Karthago verschlagen. In den Büchern 2 und 3 schildert er dort der Königin Dido in einer Rückblende Trojas Untergang und die bisherigen Irrfahrten. Besonders bekannt sind das 4. Buch (Aeneas lässt die ihn liebende Königin Dido in Karthago zurück, da das *fatum* ihn nach Italien ruft) und das 6. Buch mit dem Abstieg in die Unterwelt (↗ S. 147), wo Aeneas sich vom inzwischen verstorbenen Vater Anchises im Elysium Roms große Zukunft und seine künftigen Helden bis hin zu Augustus zeigen lässt (↗ Textbeispiel unten).

Als Grobstruktur der „Aeneis“ mit ihren 12 Büchern lassen sich entweder zwei oder drei Großteile feststellen:

I	II	III	IV	V	VI	VII	VIII	IX	X	XI	XII
I–VI: Aeneas’ Irrfahrten entsprechen Homers „Odyssee“ (↗ S. 144)						VII–XII: Die Kämpfe in Italien entsprechen Homers „Ilias“ (↗ S. 17)					
I–IV: Aeneas und die Trojaner in Karthago				V–VIII: Fahrt nach Latium, erste Kämpfe				IX–XII: Entscheidende Kämpfe, Turnus’ Tod			

Wichtiges Vorbild Vergils sind **Homer** (↗ S. 17) mit der **„Ilias“** und der **„Odyssee“** (Struktur, Motive, Formulierungen, Gleichnisse) sowie auf römischer Seite **Ennius** (↗ S. 40) und **Naevius** (↗ S. 39). Nicht zuletzt die **Eleganz** der Sprache Vergils war es, die seine römischen Vorgänger schon bald in Vergessenheit geraten ließ. Obwohl die „Aeneis“ in mythischer Vorzeit spielt, ist **Roms spätere Geschichte** bis hin zu Augustus durch Vorverweise wiederholt präsent (Buch 1: Jupiter kündigt Roms spätere unbegrenzte Herrschaft an; Buch 6: Anchises’ „Heldenschau“ (s. o.); Buch 8: Venus lässt bei Vulkan für ihren Sohn Aeneas einen prächtigen Schild anfertigen, der Szenen aus Roms späterer Geschichte zeigt). Auch der homerische **Götterapparat** (↗ S. 16) ist in der „Aeneis“ voll ausgebildet: Auf dem Olymp werden die Ereignisse am Boden mit großem Interesse verfolgt, teilweise greifen die Götter in das Geschehen ein. Dabei steht Venus als Mutter des Aeneas nach der Flucht aus dem zerstörten Troja immer aufseiten der Trojaner; Juno dagegen, seit dem Urteil des Paris (↗ S. 142) allen Trojanern feindlich gesonnen, legt dem Aeneas und seinen Gefährten immer neue Hindernisse in den Weg. Doch kann auch sie die von Jupiter verwalteten und verkündeten *fata* und die Bestimmung des Aeneas letztendlich nicht ändern: Am Ende des 12. Buches besiegt und tötet Aeneas Turnus im Zweikampf. Seine „archaische“ Erbarmungslosigkeit wirft hier einen Schatten auf den Helden, doch ist so der Weg für die spätere Gründung Roms bereitet.

In den Werken Vergils spielt **Augustus** eine zunehmend wichtigere Rolle: Erscheint er in den „Eclogen“ nur indirekt (s. o.), so spricht Vergil in den „Georgica“ (Anfang Buch 3) von einem Tempel, den er Augustus errichten will. Man darf dies als die Ankündigung eines Werkes verstehen, bei dem Augustus im Mittelpunkt stehen sollte. Tatsächlich folgte dann die „Aeneis“. Hier wird Augustus jedoch nicht direkt gerühmt (dies schien Vergil wahrscheinlich zu „platt“ und schmeichlerisch), sondern aus der Perspektive der mythischen Frühzeit als künftiger Bringer eines neuen Goldenen Zeitalters angekündigt. Entscheidende Charaktereigenschaften des Protagonisten Aeneas *(pietas, virtus)* stehen dabei weitgehend im Einklang mit der Ideologie des Prinzipats und den Prinzipien der Restauration des Augustus (↗ S. 59).

TEXTBEISPIEL Berühmt ist die Stelle des 6. Buches der „Aeneis", an der Anchises in der Unterwelt seinem Sohn Aeneas Roms Bestimmung verkündet:

Tu regere imperio populos, Romane, memento –
hae tibi erunt artes – pacique imponere morem,
parcere subiectis et debellare superbos.

Du, Römer, sei darauf bedacht, die Völker durch Herrschaft zu leiten – dies werden deine Künste sein – dem Frieden Gesittung zu geben, Unterworfene zu schonen und Aufrührer niederzukämpfen.

Rezeption: Vergil war schon zu Lebzeiten Schulautor und wurde zu fast allen Zeiten intensiv gelesen, kommentiert und nachgeahmt. In der Spätantike deutete man die vierte Ecloge christlich, d.h. das von Vergil erwähnte göttliche Kind als Jesus Christus. Vergil ist als ein „Prophet des Christentums" sicherlich überfordert, doch erfuhr sein gesamtes Werk so eine breite Überlieferung in den Klöstern des Mittelalters. Im Mittelalter wurde Vergil auch als Weiser und Magier verehrt. Die Zeit **Karls des Großen** gilt als *aetas Vergiliana*. In der Neuzeit nannte Th. Haecker Vergil den „Vater des Abendlandes".

Vergils Freund **Quintus Horatius Flaccus (65–8 v. Chr.), deutsch:** HORAZ, wurde in der süditalischen Kleinstadt Venusia geboren. Der Vater war ein Freigelassener und wenig vermögend, doch ließ er seinem begabten Sohn in Rom eine gute Ausbildung zukommen. Mit Schaudern erinnert sich Horaz allerdings an den „schlagfertigen" Lehrer Orbilius, der ihm schon früh die Verse des Livius Andronicus (↗ S. 39) einbläute. In Athen studierte Horaz Philosophie, schloss sich dann aber dem Caesarmörder Brutus an und kämpfte für ihn in der Schlacht bei Philippi (↗ S. 12). Von den Siegern enteignet, kehrte er nach Rom zurück, kaufte sich eine Schreiberstelle bei der Staatskasse und widmete sich der Dichtung. Von **Vergil** wurde Horaz in den

Kreis des **Maecenas** (↗ S. 62) eingeführt. Von diesem erhielt er um 35 v. Chr. ein Landgut im Sabinerland, das ihm Lebensunterhalt und Rückzugsmöglichkeiten bot. Horaz stand bei der Schlacht von Philippi noch aufseiten der Gegner des späteren Augustus, schloss jedoch langsam mit ihm Freundschaft und wurde teilweise auch zum Verkünder seiner politischen Ideen. Obwohl sich das Verhältnis zu Augustus somit positiv entwickelte, lehnte Horaz eine Anstellung als dessen Privatsekretär ab: Einen Rest von Unabhängigkeit wollte er sich bewahren. Die letzten Jahre seines Lebens konnte Horaz offenbar ungestört der dichterischen Produktion widmen. Er starb bald nach Maecenas und wurde neben seinem Gönner und Freund in Rom bestattet.

In den **„Epoden“** (auch: „Jamben“, herausgegeben nach 31 v. Chr.) wendete sich der junge Horaz, nach dem Vorbild des altgriechischen Lyrikers Archilochos von Paros, leidenschaftlich und angriffslustig gegen moralisch fragwürdige Zeitgenossen wie Wucherer und Emporkömmlinge, doch auch ein aggressiver Straßenköter und die Wirkung des Knoblauchs waren Horaz ein Gedicht wert. Von den Gedichten mit politischer Thematik fällt Nr. 16 aus dem Rahmen: Angesichts der andauernden schrecklichen Bürgerkriege schlägt der Dichter seinen Mitbürgern vor, auf die sagenhaften Inseln der Seligen auszuwandern.

Mit seinen **„Satiren“** (auch: „Sermones“, herausgegeben von 35 bis 29 v. Chr.) folgte Horaz dem römischen Dichter **Lucilius** (↗ S. 45), dem er zwar Urteilskraft und Witz bescheinigt, aber nachlässigen Versbau vorwirft. Hier zeigt sich vielleicht der Einfluss der **Neoteriker** (↗ S. 46) auf Horaz. Unter dem Motto *ridentem dicere verum* („lachend die Wahrheit sagen“) nimmt Horaz erneut seine Zeitgenossen und ihre moralischen Defizite aufs Korn. In Satire II 6 preist er das einfache Leben auf seinem Landgut und schließt mit der berühmten Fabel von der Stadtmaus und der Landmaus.

Die **„Oden“** (auch: „Carmina“) erschienen in drei Büchern (23 v. Chr.), später folgte noch ein viertes (nach 13 v. Chr.). Als

Einheit treten die sogenannten „Römeroden“ (III 1–6, gleiches Versmaß) mit ihrer politischen Thematik hervor. Horaz mag in den Oden den Höhepunkt seines eigenen Schaffens gesehen haben, wie das stolze Schlussgedicht III 30 (siehe das Textbeispiel unten) nahelegt. Formal orientiert sich Horaz an den komplizierten Odenmaßen der altgriechischen Lyrik. Thematisch herrscht große Vielfalt: Freundschaft (Maecenas, Augustus, Vergil), Politik (Augustus als Friedensbringer), Mythos, Lebensweisheit. Über allem steht des vernünftige Gebot des Maßhaltens (*aurea mediocritas* – die „goldene Mitte“). Dies gilt z. B. für Wein- und Liebesgenuss sowie das Streben nach Reichtum. Manche Lebensweisheit wie *carpe diem* – „Nutze den Tag“ erinnert an die Lehre Epikurs (↗ S. 123 f.).
Das **„Carmen saeculare“**, der offizielle Kultgesang zur Säkularfeier des Jahres 17 v. Chr., war ein Auftragswerk für Augustus – und programmatisch ganz im Sinne des Prinzeps.
Die **„Epistulae“** (Brief ↗ S. 25), das Alterswerk, sind wieder durchgehend in Hexametern verfasst. Behandelt werden hauptsächlich Fragen der rechten (bescheidenen und überhaupt tugendhaften) Lebensführung. Eine Sonderstellung nehmen der „Literaturbrief“ an Augustus (II 1) und die sogenannte „Ars poetica“ (II 3) ein, in der Horaz Ratschläge für Dichter gibt, insbesondere für Dramatiker.

Rezeption: Horaz erreichte mit seiner Exklusivität (komplizierte Versmaße, konzentrierte Gedankenführung) nie die Breitenwirkung eines Vergil oder Ovid. Bezeichnend ist vielleicht Friedrich Nietzsches Urteil, der „an keinem Dichter dasselbe artistische Entzücken gehabt“ hat und – mit Blick auf die „Oden“ – von einem kunstvollen „Mosaik von Worten“ spricht. Die „Ars poetica“ hat seit dem Mittelalter starken Einfluss auf das europäische Drama ausgeübt. Seit der frühen Neuzeit wurde Horaz besonders in intellektuellen Kreisen gelesen, übersetzt und nachgeahmt.

TEXTBEISPIEL Im Schlussgedicht des 3. Oden-Buches verkündet Horaz voll Selbstbewusstsein den bleibenden Wert seines Werkes (entsprechend geht der Satz über das Strophenende hinaus):

Exegi monumentum aere perennius
regalique situ pyramidum altius,
quod non imber edax, non Aquilo impotens
possit diruere aut innumerabilis

annorum series et fuga temporum.

Hochauf schuf ich ein Mal dauernder noch als Erz,
Majestätischer als der Pyramiden Bau,
Das kein Regen zernagt, rasenden Nordes Wut
Nicht zu stürzen vermag, noch der Jahrhunderte

Unabsehbare Reihen oder der Zeiten Flucht.

[Übers.: H. Färber]

Stand der Kreis um **Maecenas** (↗ S. 62) mit Vergil, Horaz und später Properz dem Augustus nahe, so versammelte sich um M. Valerius **Messalla** Corvinus eine Gruppe von Dichtern, die Augustus eher fernstanden. Sie waren insofern „unpolitisch", als sie in ihrer Lebensführung und ihren Gedichten wenig Interesse an der Tagespolitik zeigten. Messalla selbst hatte sich unter Augustus aus der Politik zurückgezogen. Mit **Tibull** (↗ S. 70) und dem jungen **Ovid** (↗ S. 73) gehörten zwei Hauptvertreter der nun aufblühenden, „politikfernen" Gattung der Liebeselegie zum Messalla-Kreis; ein weiteres „Mitglied" ist Messallas Nichte **Sulpicia** (↗ S. 77).

INFO-BOX **DIE RÖMISCHE LIEBESELEGIE**

Hatte bereits das Werk Catulls (↗ S. 45) einige Gedichte enthalten, die als Elegien (↗ S. 19) bezeichnet werden können, so entfaltete sich diese Gattung in Rom in der zweiten Hälfte des ersten vorchristlichen Jahrhunderts zu voller Blüte. Als „Erfinder", der für die Liebeselegie in Rom Maßstäbe setzte, gilt **C. Gallus**, von dessen Werk allerdings nur spärliche Reste erhalten sind. Er dürfte um 40 v. Chr. gedichtet haben. Hauptverteter der Gattung (nach Gallus) sind Tibull (↗ S. 70), Properz (↗ S. 71) und Ovid (↗ S. 73). Im Gegensatz zu den griechischen Vorbildern mit deren breiterem Themenspektrum lässt sich die römische Elegie als subjektiv-erotische Rollenlyrik bezeichnen. Dabei muss das dichterische Ich klar von der Person des Autors getrennt werden. Auch ist die angesprochene Geliebte keinesfalls mit einer historischen Person gleichzusetzen, beide sind vielmehr „ein Konstrukt" (N. Holzberg). Zentraler Gedanke ist das *servitium amoris* als „Vorstellung des Verfallenseins an die Geliebte" (M. v. Albrecht). Dieses Konzept steht im krassen Gegensatz zum traditionellen römischen Lebensentwurf, in dem das Streben nach gesellschaftlicher Anerkennung und politisches Engagement im Mittelpunkt standen. Parallel dazu werden bei den Elegikern mit den zentralen Gedanken von der *militia amoris* („Liebe als Kriegsdienst") und dem *foedus aeternum* („ewiger Liebesbund") traditionelle römische Werte und Begriffe mit neuer Bedeutung belegt.

Typische Themen der römischen Liebeselegie sind Liebesklage, Annäherungsversuche, Untreue, Eifersucht und die – seltenen – Momente erfüllten Liebesglücks. Die größte Themenvielfalt findet sich in Ovids „Amores", mit denen die Möglichkeiten der Gattung ausgereizt scheinen. Mit seiner von Sehnsucht nach Rom durchdrungenen Exildichtung kehrt Ovid zur Elegie und ihrem früheren Charakter als Trauergedicht zurück.

Albius Tibullus (54/50–19/18 v. Chr.), deutsch: TIBULL, ist neben Properz und Ovid ein Hauptvertreter der römischen Liebeselegie (↗ S. 70). Über sein Leben wissen wir kaum Sicheres. Vermeintlich autobiografische Aussagen in den Elegien, etwa über Armut, Reisen oder eben das Liebesleben, sind (ähnlich wie bei Catull ↗ S. 45) nicht unbedingt wörtlich zu nehmen. Fest steht nur: Tibull stammte aus einer reichen Ritterfamilie. In Rom schloss er sich dem Dichterkreis um Messalla (↗ S. 69) an und nahm an dessen Feldzug gegen die Aquitaner teil.

Tibull ist nach Quintilians (↗ S. 90) Urteil der „der feinsinnigste und eleganteste" *(tersus atque elegans maxime)* der Elegiker; *cultus* nennt ihn Ovid. Tibull arbeitet weniger als Properz mit mythologischen Anspielungen, sein Stil ist weniger rhetorisch als der Ovids. Er propagiert in seinen insgesamt 16 Elegien zwar ebenfalls das *servitium amoris* (↗ S. 70) mit seinen verschiedenen Themen und Motiven und wendet sich mit Delia (Buch I) und Nemesis (Buch II) sogar an zwei Geliebte – beides Pseudonyme (und an den schönen Knaben Marathus). Doch sind bei Tibull ebenso die Sehnsucht nach Frieden und bescheidenem Landleben zentrale Motive.

TEXTBEISPIEL Im Schluss- und Programmgedicht des ersten Buches verflucht Tibull den „Erfinder" des Krieges:

Quis fuit, horrendos primus qui protulit enses?
Quam ferus et vere ferreus ille fuit!

Wer war es, der als Erster die schrecklichen Schwerter hervorbrachte? Wie wild und wahrhaft eisern jener doch war!

Auch über das Leben des **Sextus Propertius, deutsch: PROPERZ, etwa 50 v. Chr.–15 v. Chr.**, ist wenig bekannt. Er ist neben Tibull und Ovid ein Hauptvertreter der römischen **Liebeselegie** (↗ S. 70). Properz zog bald aus seiner Geburtsstadt Assisi (Umbrien) nach Rom; eine politische Laufbahn hat er jedoch nie angestrebt.

Der Erfolg seines ersten Elegienbuches (um 28 v. Chr.) machte **Maecenas** (↗ S. 62) auf ihn aufmerksam, dessen Kreis bereits Vergil und Horaz angehörten. Der Einfluss des Maecenas mag die neuen, patriotischen Töne und Themen im letzten Elegienbuch gefördert haben (s. u.). Die zeitlich spätesten Anspielungen

im Werk beziehen sich auf das Jahr 16 v. Chr., dies ist somit der *terminus post quem* für den Tod des Dichters.
In den drei ersten Elegienbüchern stehen die Geliebte Cynthia bzw. Freud und Leid des Liebesverhältnisses mit ihr im Mittelpunkt. Der Name Cynthia ist wie bei Tibull Pseudonym, wahrscheinlich für eine Freigelassene. Wenn man aus der Reihenfolge der Gedichte auch keine Liebesgeschichte rekonstruieren kann, so verdüstern sich Grundstimmung und Themen im zweiten und dritten Buch zunehmend, Cynthia steht immer seltener im Mittelpunkt einzelner Elegien. Im vierten Buch treten dann neue, patriotische Themen auf (z. B. der Sieg des Augustus bei Actium). – Die Dichtung des Properz gilt als schwer verständlich. Auch die zahlreichen mythologischen Anspielungen machen die Lektüre für den modernen Leser nicht immer leicht.

TEXTBEISPIEL Mag Properz auch als „schwierig" gelten, unmittelbar verständlich ist der Beginn der Elegie II 15, eine Art „Elegie danach":

O me felicem! O nox mihi candida! et o tu
Lectule deliciis facte beate meis!
Quam multa apposita narramus verba lucerna,
Quantaque sublato lumine rixa fuit!

Ach, ich Glücklicher! Ach, du Nacht, für mich voller Glanz!
Ach, du süßes Lager, beglückt durch meine Genüsse!
Wie viele Liebesworte haben wir uns erzählt, als das Licht
noch brannte, wie heiß war der Kampf, als es erloschen war!
[Übersetzung: H.-H. Schwarz]

Rezeption: Goethe (der schon im zarten Knabenalter Oberschülern bei ihren Lateinaufgaben half) wurde von den römischen Elegikern und besonders von Properz zu seinen „Römischen Elegien" angeregt. Zudem hat Goethe das Motiv der schlafenden Geliebten aus einer Properz-Elegie (I 3) im Gedicht „Der Besuch" aufgegriffen.

Der jüngste und vielseitigste der drei römischen Elegiker neben Tibull und Properz war **Publius Ovidius Naso (43 v. Chr.–17/18 n. Chr.), deutsch:** OVID. Über sein Leben sind wir durch die Elegie Trist. IV 10, die erste Autobiografie Europas in Gedichtform, recht gut informiert: In der Kleinstadt Sulmona (ca. 100 km östlich von Rom) geboren, kam Ovid bald zur Ausbildung nach Rom und schlug dort zunächst nach dem Willen seines Vaters die politische Laufbahn ein. Er brachte es bis zum Ädil, doch dann setzte sich seine Begabung durch: Er lebte in Rom als freier Schriftsteller.

Bereits mit seinen Liebeselegien **„Amores“** wurde er in der ganzen Stadt bekannt. Auf dem Höhepunkt seines Ruhmes traf ihn dann der große Schicksalsschlag: Kaiser Augustus verbannte ihn um 8 n. Chr. nach Tomis, einer Provinzstadt am Schwarzen Meer. Die Hintergründe sind unklar: Offizielle Begründung war die Anstößigkeit der (allerdings schon lange erschienenen) **„Ars amatoria“** (s. u.), doch Ovid spricht in Trist. IV 10 von *carmen et error*. Es wird u. a. vermutet, dass dieser „Fehler“ *(error)* mit dem Ehebruch von Augustus' Enkelin Julia zu tun hat. Sämtliche Bemühungen um eine Begnadigung scheiterten: Isoliert und einsam starb der Dichter am Schwarzen Meer.

Alle erhaltenen Dichtungen Ovids außer den rein hexametrischen „Metamorphosen“ sind im **Elegischen Distichon** (↗ S. 101) verfasst. Ovid arbeitet viel mit mythologischen Anspielungen und Erzähleinlagen. Sprache und Versbau sind in der Regel glatt und geschmeidig (wenige Hiate, Hexameter meist mit Hauptzäsur ↗ S. 99). Ovids rhetorische Ausbildung hat nicht wenig zu seiner sprachlichen Eleganz beigetragen.

In den **„Amores“** (ab ca. 20 v. Chr.; zunächst in 5, später in 3 Büchern veröffentlicht) finden sich die für die römische Liebeselegie (↗ S. 70) typischen Themen rund um die (uneheliche) Liebe. Der Name der Geliebten Corinna ist wie bei Properz und Tibull ein Pseudonym. Mit der Moral nimmt Ovid (oder besser: das lyrische Ich) es nicht so genau: In einer Elegie bestreitet der Dichter vehement Corinnas Vorwürfe und schwört bei Venus,

nicht mit ihrer Dienerin geschlafen zu haben – um dann in der nächsten Elegie von ebendieser Dienerin eine „Entlohnung“ für seinen Meineid zu verlangen.
Die „*Ars amatoria*“ (2 n. Chr.) gehört zur Gattung des Lehrgedichts (↗ S. 18): Das erste und zweite Buch enthalten Anweisungen für die Männer in Liebesdingen, das dritte – im Sinne ausgleichender Gerechtigkeit – Anweisungen für die Frauen. Psychologisch einfühlsam gibt Ovid als *praeceptor amoris* hier Tipps und Strategien der Annäherung, für ein einnehmendes Äußeres (Kleidung, Schönheitspflege, Frisur), angemessenes Verhalten (Lachen, Weinen) und der Taktik bei Seitensprüngen (und Verständnis für solche beim Partner). Häufig werden als Beispiele und zur Auflockerung mythologische Exkurse eingeschoben. Auch hier zeigt sich der Dichter „mit allen Wassern gewaschen“, er lässt auch Verstellung und Betrug zu. Ein Gegenstück zur „Ars“ bilden die 2 n. Chr. entstandenen **„Remedia amoris“** (Plural: „Heilmittel gegen die Liebe“), mit denen, wie Ovid sagt, unglücklich Verliebte vom Selbstmord abgehalten werden sollen.
In den **„Heroides“** (etwa 4 v. Chr.) lässt Ovid berühmte Frauen des Mythos Briefe an ihre Männer schreiben, z. B. Dido (↗ S. 150) an Aeneas, Penelope (↗ S. 144) an Odysseus. Psychologisch differenziert und rhetorisch ausgefeilt werden die Ereignisse aus einer in der antiken Literatur neuen Perspektive dargestellt. Die letzten zwölf Briefe bilden Briefpaare. Hier möchte z. B. Páris Helena (↗ S. 142) zur Flucht aus Sparta nach Troja überreden. Nach anfänglicher brüsker Ablehnung endet Helenas Antwort mit vorsichtiger Zustimmung (Brief 17 u. 18). – Fast völlig verloren ist Ovids einzige Tragödie **„Medea“**.
Die **„Metamorphosen“** (8 n. Chr.), eine Weltgeschichte in Verwandlungen, gelten als Hauptwerk Ovids. In mehr oder weniger chronologischer Reihenfolge werden in 15 Büchern Verwandlungen vom Ursprung der Welt (ein Gott ordnet das Chaos) über den griechischen Mythos (Raub der Europa und zahlreiche weitere „Liebschaften“ Jupiters, Narziss und sein Schicksal, Sagen

um Theseus usw.) bis hin zur römischen Gegenwart des Dichters geboten (Apotheose Caesars, Ausblick auf die des Augustus). In neuartiger Weise werden so insgesamt etwa 250 Verwandlungssagen präsentiert, manche als umfangreiche Erzählung, manche nur als Anspielung. Um möglichst viele Stoffe einarbeiten zu können, fasst Ovid den Begriff der Verwandlung sehr großzügig: In der Erzählung von Pyramus und Thisbe etwa besteht die „Verwandlung“ aus der Verfärbung von Früchten, in der von Daedalus und Ikarus erfolgt eine Verwandlung im engeren Sinne nur in der Rahmenerzählung. Oft haben die Verwandlungen ätiologische (erklärende) Funktion: Nach ihrem Tod bleibt von der Nymphe Echo, die immer die letzten Worte ihres Gegenübers wiederholt, nur die Stimme übrig. Die erotische Thematik, die Darstellung menschlicher Affekte aller Art und ihre psychologische Durchdringung spielen eine große Rolle. Durch kunstvolle Übergänge und teilweise mehrfach verschachtelte Rahmenerzählungen werden die Stoffe zu einem *carmen perpetuum* („Kettengedicht“) verknüpft (↗ Textbeispiel unten). Wegen der hexametrischen Form, des Proömiums, des großen Umfangs, des „Götterapparats“ (↗ S. 134 ff.) und des Einschubs zahlreicher Gleichnisse gelten die „Metamorphosen“ als Epos (↗ S. 16), obwohl eine einheitliche Handlung fehlt (wie etwa in Homers „Ilias“ oder Vergils „Aeneis“).

In den **„Fasten“** (8 n. Chr.) werden anhand des römischen Festkalenders einheimische Sagenstoffe dargeboten, darunter auch die Stadtgründung (Romulus ↗ S. 152 f.). Das Werk blieb mit nur 6 Büchern für die ersten 6 Monate unvollendet: Möglicherweise hat die Entfernung aus Rom Ovid an den weiteren nötigen Quellenstudien gehindert.

Im Exil (ab 8 n. Chr.) entstanden die **„Tristia“** („Lieder der Trauer“) und die **„Epistulae ex Ponto“** („Briefe vom Schwarzen Meer“, Brief ↗ S. 25), darunter die erste poetische Autobiografie Europas (Trist. IV 10). Hauptzweck dieser beiden Elegiensammlungen dürfte gewesen sein, die Rückkehr nach Rom zu erreichen. Doch trotz zahlreicher Klagen, Rechtfertigungen und

Bitten wurde Ovid weder von Augustus noch dessen Nachfolger Tiberius begnadigt.

TEXTBEISPIEL Im Proömium der „Metamorphosen" umschreibt Ovid zunächst den griechischen Titel. Dann charakterisiert er nach dem traditionellen Götteranruf sein Werk:

In nova fert animus mutatas dicere formas
corpora; di, coeptis – nam vos mutastis et illas –
adspirate meis primaque ab origine mundi
ad mea perpetuum deducite tempora carmen.

Von Gestalten zu künden, die in neue Körper verwandelt wurden, treibt mich der Geist. Ihr Götter – habt ihr doch jene Verwandlungen bewirkt –, beflügelt mein Beginnen mit eurem göttlichen Atem und führt meine Dichtung ununterbrochen vom allerersten Ursprung der Welt bis zu meiner eigenen Zeit.

[Übersetzung: M. v. Albrecht]

Rezeption: Ovid war schon zu Lebzeiten ein viel gelesener Autor. Einen regelrechten Boom erlebte die Ovidrezeption und Ovidnachahmung ab dem 11. Jh. (auch *aetas Ovidiana* genannt). Besonders die „Metamorphosen" wurden oft übersetzt und haben viele bedeutende Schriftsteller beeinflusst. So benutzte z. B. **Shakespeare** eine englische Ovidübersetzung als Quelle. Der Einfluss Ovids und besonders seiner „Metamorphosen" auf die Literatur, Musik, Malerei und übrigen bildenden Künste der Neuzeit ist kaum zu überschauen.

Weitere Schriftsteller zu Beginn der Kaiserzeit

Für den Bereich der **Fachschriftstellerei** ist das Handbuch „De architectura" des VITRUV (etwa 85–20 v. Chr.) in zehn Büchern zu nennen. Vitruv war kein innovativer Architekt, sondern sammelte und ordnete das zeitgenössische Fachwissen. Sein Werk ist von größter Bedeutung für die europäische Architektur bis in das 19. Jh.

VALERIUS MAXIMUS verfasste unter Kaiser Tiberius die **„Factorum et dictorum memorabilia"**, in denen er, thematisch geordnet und mit pädagogisch-moralischem Anspruch, denkwürdige Taten und Aussprüche von Römern und Nichtrömern zusammenstellte.

Von VELLEIUS PATERCULUS (ca. 20 v. Chr.–30 n. Chr.) stammt ein Abriss der römischen Geschichte in zwei Büchern, der in zunehmender Ausführlichkeit von der Zerstörung Trojas bis zur Herrschaft des vom Autor verehrten Kaiser Tiberius reicht.

In der Appendix („Anhang") zu den beiden Elegienbüchern Tibulls (↗ S. 70) finden sich sechs „Kurzelegien", die wahrscheinlich Messallas (↗ S. 69) Nichte SULPICIA verfasste. Dass nur wenige Frauen der Antike dichteten und davon wiederum wenig überliefert ist, macht diese Verse so wertvoll: Etwas umständlich im Ausdruck, aber nicht ohne Charme und aufrichtig wirkendes Gefühl. So kümmert es Sulpicia nicht, dass die Beziehung zum Geliebten gesellschaftlich anstößig sein könnte: *Pecasse iuvat* („Es freut mich, gesündigt zu haben").

Die Nachklassik

Die Klassik des ersten vorchristlichen Jahrhunderts hatte Maßstäbe gesetzt. Dies galt besonders für die Epik mit Vergils „Aeneis" als kaum zu übertreffendem Vorbild. Im Bereich der Lyrik waren Catull und Horaz Autoritäten. Besonders schwer hatten es in der nun folgenden Kaiserzeit **Redekunst** und **Geschichtsschreibung**: Die Rhetorik, „das Lieblingskind der Demokratie" (M. Fuhrmann), konnte sich unter einem Alleinherrscher nur begrenzt als freie Rede entfalten; die Geschichtsschreibung musste die Zensur des Kaisers fürchten. Bei dieser Entwicklung überrascht es nicht, dass in der Folgezeit bedeutende Leistungen im Bereich der Prosa auf dem Gebiet der **Philosophie** (Seneca) und **Privatschriftstellerei** (Plinius) vollbracht wurden. Im Bereich der **Poesie** kam die vermeintlich unpolitische **Fabel** auf (Phädrus); als Antwort auf die „Aeneis" schrieb Lukan mit den „Pharsalia" eine Art „Anti-Epos".

Lucius Annaeus SENECA (ca. 1–65 n. Chr.) stammte aus der berühmten spanischen Familie der Annaei, sein Neffe war der Dichter Lukan (↗ S. 86). Seneca kam schon als Kleinkind nach Rom und erhielt später die standesgemäße Ausbildung für eine politische Karriere. Nebenbei interessierte er sich stark für Philosophie und hier besonders für die Ethik; schon bald entdeckte er die Stoa (↗ S. 123) für sich. Als Redner erweckte er den Neid des Kaisers **Caligula**; nur der Hinweis einer Konkubine, Seneca sei krank und werde ohnehin bald sterben, soll ihn vor der Hinrichtung gerettet haben. 41 wurde er unter Kaiser Claudius nach Korsika verbannt (vielleicht wegen einer Affäre am Kaiserhof); erst 49 bewirkte dessen Gattin Agrippina seine Rückkehr und machte ihn zum Erzieher ihres Sohnes, des späteren Kaisers **Nero**. Nach dessen Thronbesteigung 54 und vielversprechenden ersten Jahren entzog Nero sich jedoch zunehmend dem Einfluss des Philosophen. Resigniert legte Seneca schließlich alle Ämter nieder (62). Viel Zeit und reichlich Lebenserfahrung ließen nun sein Hauptwerk entstehen, die **„Epistulae morales ad Lucilium"**

(Brief ↗ S. 25). Schon zu Lebzeiten war Seneca ein „Star-Autor“: Seine philosophischen Schriften wurden gerade von der Jugend mit Begeisterung gelesen. Wegen angeblicher Teilnahme an der Pisonischen Verschwörung zwang Nero Seneca schließlich, seinem Leben selbst ein Ende zu machen: Wie **Tacitus** (↗ S. 82) berichtet, tat Seneca dies mit sprichwörtlich stoischer Ruhe.

Senecas **Stil** ist in mancher Hinsicht eine Art Gegenprogramm zum klassischen Latein eines Cicero: knapper Ausdruck, kurze Satzglieder, sehr pointiert – nicht umsonst erscheinen Senecas *sententiae* noch heute als Kalendersprüche, auf Postkarten usw. Andererseits wird ein und derselbe Gedanke oft nur leicht variiert wiederholt – hier besteht eine gewisse Ermüdungsgefahr. Zur Veranschaulichung arbeitet Seneca gern mit Beispielen, Vergleichen und metaphorischen Wendungen, auffällig häufig aus dem Bereich der Medizin – vielleicht, weil er selbst zeitlebens von kränklicher Natur war.

Zum Gehalt von Senecas zahlreichen **moralphilosophischen Schriften** ↗ S. 130.

In den rhetorisch durchgeformten, heute recht pathetisch bis schwülstig wirkenden **Tragödien**, in denen Seneca sich besonders an Euripides orientiert, herrschen oft Raserei und Grausamkeit. So bringt Medea auf offener Bühne ihre Kinder um. Vielleicht sollten sie mit einer „Art moralischer Schockwirkung“ (L. Bieler) die verderbliche Kraft der Affekte (Leidenschaften) zeigen. So hätten sie indirekt eine philosophisch belehrende Funktion – ganz im Sinne der stoischen Lehre.

In den sieben Büchern der **„Naturales quaestiones“** (etwa: „Naturwissenschaftliche Untersuchungen“) betrachtet Seneca Naturphänomene wie Gewitter, Vulkanismus und Erdbeben, auch um durch rationale Erklärung (im antiken Sinne: Naturphilosophie ↗ S. 130) die Furcht vor solchen Erscheinungen zu nehmen.

Auf den Tod des Kaisers Claudius (54), dem er sein langes Exil auf Korsika zu verdanken hatte, ließ Seneca mit der bösen kleinen Schmähschrift **„Apocolocyntosis“** (griech. „Verkürbissung“, vgl. das deutsche „Veräppelung“) noch eine „literarische Hinrichtung“ (M. Fuhrmann) folgen. Hier wird die für Kaiser übliche Vergöttlichung (Apotheose) für Claudius im Olymp abgelehnt. Stattdessen wird Claudius in der Unterwelt dazu verurteilt, ewig mit einem durchlöcherten Würfelbecher zu spielen (vgl. die Strafe der Danaiden ↗ S. 148). Nach Art der menippeischen Satire (↗ S. 21) treten Vers und Prosa nebeneinander auf. Pikant ist zudem, dass Seneca gleichzeitig für Nero eine standesgemäße Leichenrede zur Beerdigung ebenjenes Claudius schrieb.

TEXTBEISPIEL Aus den Briefen an Lucilius (41, 2)

Ita dico, Lucili: Sacer intra nos spiritus sedet, malorum bonorumque nostrorum observator et custos. [...] Bonus vero vir sine deo nemo est: An potest aliquis supra fortunam nisi ab illo adiutus exsurgere?

Das behaupte ich, mein Lucilius, ein heiliger Geist wohnt in uns, als Beobachter und Überwacher unserer guten und bösen Taten. Ein guter Mensch aber ist niemand ohne Gott: Oder vermag sich jemand über das Geschick hinaus zu erheben außer mit seiner Hilfe?

Der „heilige Geist“ ist hier natürlich nicht der christliche, sondern im Sinne der Stoá (↗ S. 123 f.) der Anteil jedes Menschen am Weltgeist bzw. der Weltvernunft (griech. *nous*), die alles durchwaltet. Sie unterstützt den Menschen in seinem Streben nach dem guten, der Natur gemäßen Leben und der Bewältigung des Schicksals.

Wie Seneca wurde auch **Titus Petronius (gest. 66 n. Chr.), deutsch: PETRON**, von Nero der Verschwörung bezichtigt. Er war ein „Mann des kultivierten Lebensgenusses“ (Tacitus), der tags schlief, nachts aber arbeitete und sich seinen Vergnügungen hingab. Doch zeigte er sich als Konsul und Prokonsul von Bithynien voll Tatkraft und war seinen Aufgaben gewachsen. Kaiser

Nero nahm ihn als *arbiter elegantiae* (etwa: „Fachmann des guten Geschmacks") unter seine Freunde auf, zwang ihn dann aber 66 n. Chr. zum Selbstmord.

Von Petrons umfangreichem Roman (↗ S. 28) **„Satyrica"** sind nur Bruchstücke aus dem 14. und 16. Buch erhalten. Man kann dieses Werk als Parodie auf die Odyssee (↗ S. 144) und den hellenistischen Liebesroman betrachten: Ich-Erzähler ist Encolp, der zusammen mit seinem Kumpanen Ascylt und dem schönen Knaben Githon in Süditalien herumzieht und dabei von einem (Liebes-)Abenteuer in das nächste gerät. Auch streiten beide Freunde häufig und heftig um die Gunst des schönen Githon. Die Handlung, die sich in der weniger feinen Gesellschaft abspielt (Bordelle, Diebe, Erbschleicher; Gastmahl bei einem proletenhaften Neureichen), ist ebenso abwechslungsreich wie der Wechsel der Gattungen durch zahlreiche Erzähleinlagen. Von diesen ist die Geschichte der Witwe von Ephesos die bekannteste. Die Vielfalt der Textsorten (Kurz-Epos, Streitgespräch, Erzählungen) entspricht der Vielfalt der Sprachebenen: Neben dem hohen Ton der epischen Partien steht die derbe Umgangssprache, das Vulgärlatein.

TEXTBEISPIEL Höhepunkt des überlieferten Textbestandes ist die Schilderung vom Gastmahl des Trimalchio, an dem die Freunde teilnehmen. Der zu Reichtum gelangte, aber ungebildete Freigelassene Trimalchio protzt mit seinem Silbergeschirr:

„Habeo capidem, quam reliquit patrono meo rex Minos, ubi Daedalus Niobam in equum Trojanum includit." […] Haec dum refert, puer calidem proiecit. Ad quem respieciens Trimalchio „Cito" inquit „te ipsum caede, quia nugax es."

„Ich habe eine Henkelschale, die König Minos meinem früheren Herrn hinterlassen hat, wo Dädalus Niobe ins trojanische Pferd einsperrt." […] Während er dies auseinandersetzte, ließ ein Bursche einen Kelch fallen. Trimalchio blickte zu ihm hin und sagte: „Schnell, gib dir selbst Prügel, weil du ein Trottel bist!"
[Übersetzung: W. Ehlers]

Rezeption: Einem weiteren Publikum wurde Petrons Werk durch die Verfilmung Fellinis (1969) bekannt. Fellini ging recht frei mit seiner Vorlage um. Der Film ist trotz reichlicher Darstellung dekadenter Ausschweifungen weitgehend jugendfrei.

Publius Cornelius TACITUS (etwa 55–118) stammte aus einer wohlhabenden Familie, vielleicht aus Südgallien. Er wurde nach einem Studium der Rhetorik in Rom schon früh ein erfolgreicher Redner und Anwalt. Zusammen mit seinem Freund Plinius dem Jüngeren (↗ S. 84) führte er gemeinsam (und erfolgreich) einen Prozess wegen Provinzausbeutung. 78 heiratete er die Tochter des hohen Beamten und Generals Agricola. Zielstrebig machte Tacitus unter wechselnden Kaisern politische Karriere, auch unter dem berüchtigten Domitian (81–96). Im Jahr 88 war er Prätor, 97 unter Nerva Konsul. 112/113 verwaltete er unter Trajan als Prokonsul die Provinz Asia.
Erst mit über 40 Jahren, nach Trajans Regierungsantritt (98), begann Tacitus mit seiner schriftstellerischen Produktion. Im **„Agricola“** stellt er das Leben seines Schwiegervaters und dessen Wirken als Statthalter Britanniens dar (Biografie ↗ S. 28). Tacitus zeichnet hier das Bild eines auch unter schwierigen Bedingungen (Domitian) klug und verantwortungsvoll handelnden Mannes. Die bald darauf erscheinende Schrift **„Germania“** berichtet *„de origine et situ Germanorum“* (so der Untertitel), also „über Ursprung und Wohnsitz der Germanen“. Neben dem Interesse für fremde Völker wollte Tacitus vermutlich vor diesem kriegerischen, den Römern schon immer unbequemen Volk warnen und stellt – nach der sogenannten „Sittenspiegeltheorie“ – seinem bereits degenerierten römischen Publikum ein unverdorbenes Volk gegenüber, dessen Schwächen er aber auch nennt: Trunk- und Spielsucht, Faulheit.
Der **„Dialogus de oratoribus“** ist ein Gespräch über den Niedergang der Redekunst in Rom; einen wichtigen Grund sieht Tacitus darin, dass die Rede als Mittel politischer Auseinandersetzung in der Kaiserzeit an Bedeutung verloren hat.

Die beiden Hauptwerke des Tacitus sind dem annalistischen Prinzip (↗ S. 24) verpflichtet: Die **„Historiae"** („Zeitgeschichte", 109 vollendet) behandeln die römische Geschichte von 69–96, also vom „Vierkaiserjahr" bis einschließlich der Regierungszeit Nervas, des ersten „Adoptivkaisers" (↗ S. 13). Die **„Annalen"** (wohl ab 116) greifen zeitlich weiter zurück: Sie decken die Geschichte des julisch-claudischen Hauses seit Tiberius ab und enden mit dem Tod Neros (68). Einen Höhepunkt bilden die Nero-Bücher mit der Schilderung des erzwungenen Selbstmordes Senecas (↗ S. 78).

2

Vorbild war für Tacitus in mehrfacher Hinsicht **Sallust** (↗ S. 56): Formal zeigt sich dies im Streben nach dem ungewöhnlichen Ausdruck und nach gedrängtem Stil *(brevitas)*. Wie Sallust propagiert Tacitus die altrömischen Tugenden, die er im Rom der Kaiserzeit nur von wenigen Politikern – und oft mit Todesfolge – verwirklicht sieht. Mit kritischem, psychologisch scharfsinnigem und von Skepsis gegen die menschliche Natur geprägtem Blick, mit Dramatik und Pathos schildert Tacitus das Rom des ersten Jahrhunderts nach Christus, wobei die Ereignisse im Kaiserhaus und die Kaiser selbst naturgemäß im Mittelpunkt stehen. Mit den „Historien" und den „Annalen", von denen große Teile verloren sind, erreicht die römische Geschichtsschreibung einen späten Höhepunkt.

TEXTBEISPIEL Berühmt ist die Formulierung *sine ira et studio* am Anfang der „Annalen". Allerdings ist sich die moderne Geschichtsforschung inzwischen einig, dass Tacitus gerade den Augustus-Nachfolger Tiberius zu negativ gezeichnet hat.

Inde consilium mihi pauca de Augusto et extrema tradere, mox Tiberii principatum et cetera, sine ira et studio, quorum causas procul habeo.

Daher habe ich vor, nur Weniges über Augustus und nur das Ende zu berichten, dann aber über das Prinzipat des Tiberius und das Übrige, ohne Zorn und Parteilichkeit, deren Gründe mir fernliegen.

Tacitus' Zeitgenosse und Freund **Gaius PLINIUS Secundus (ca. 61–112), auch: „Plinius der Jüngere"**, stammte aus dem norditalischen Comum (heute Como). Nach dem frühen Tod des Vaters adoptierte und erzog ihn sein Onkel Plinius der Ältere (↗ S. 90). Er studierte in Rom u. a. bei Quintilian (↗ S. 90), war dann als Anwalt tätig, durchlief den *cursus honorum* (↗ S. 165) und war im Jahre 100 Konsul. Mit Tacitus (↗ S. 82) verband ihn eine enge Freundschaft; an ihn richtete er mehrere Briefe, darunter auch die Berichte vom Ausbruch des Vesuv (↗ Textbeispiel unten).

Als wohlhabender, gebildeter und engagierter *civis Romanus* bekleidete er eine Reihe zusätzlicher, arbeitsreicher Ämter. Seiner Heimatstadt Como schenkte er eine Bibliothek und eine Stiftung für den Unterhalt freigeborener Waisenkinder. Als kaiserlicher Legat der Provinz Bithynien starb er 111/112.

Hauptwerk des jüngeren Plinius sind seine 10 Bücher ***Epistulae*** (Briefe ↗ S. 25). Jeder Brief ist stilistisch „durchgefeilt" und beschränkt sich auf nur ein Thema, z. B.: Schilderung des eigenen Tagesablaufs und der eigenen Landgüter, Empfehlungsschreiben, Fragen der Erziehung, Nachrufe auf berühmte Persönlichkeiten, Träume, lustige Ereignisse, Gespenstergeschichten. Ein wichtiges Prinzip bei der Anordnung der Briefe ist dabei die *varietas* (Buntheit, Abwechslung). Berühmt sind die beiden sogenannten „Vesuv-Briefe" (VI 16 und VI 20), in denen Plinius den Ausbruch des Vesuvs 79 n. Chr., sein eigenes Verhalten (er war damals 18 Jahre alt) und das unerschrockene Verhalten seines Onkels ausführlich und sehr anschaulich schildert. Einen Sonderstatus hat das 10. Buch, ein Briefwechsel mit dem Kaiser Trajan, den Plinius während seiner Verwaltungstätigkeit in Bithynien führte. Besonders bedeutend sind hier die Briefe X 96 und X 97, in denen sich Plinius nach der Behandlung von Christen erkundigt und vom Kaiser Trajan eine relativ humane Antwort erhält.

Weiterhin überliefert ist ein Panegyrikus (eine Lobrede) auf den Kaiser Trajan, verloren sind Gedichte und zahlreiche Reden.

TEXTBEISPIEL Mit dem Bericht vom Vesuvausbruch, der Tacitus als Quelle für dessen Geschichtswerk dienen soll, möchte Plinius seinem Onkel literarisch ein Denkmal setzen:

> *Equidem beatos puto, quibus deorum munere datum est aut facere scribenda aut scribere legenda, beatissimos vero, quibus utrumque. Horum in numero avunculus meus et suis libris et tuis erit.*
>
> Ich freilich halte die für glücklich, die von den Göttern die Gabe erhalten haben, entweder beschreibenswerte Taten zu vollbringen oder lesenswerte zu beschreiben. Zu diesen wird mein Onkel durch seine und deine Werke gehören.
>
> [Übersetzung: H. Philips/M. Giebel]

Rezeption: Die Beschreibung des Vesuvausbruchs diente oft als Vorlage für die Malerei und auch den Film; sie hat auch wissenschaftsgeschichtliche Bedeutung (so spricht man noch heute von einer „plinianischen Wolke"). Seit der Renaissance beeinflussten Plinius' Beschreibungen seiner Landgüter die europäische Gartenkunst.

Der Fabeldichter PHAEDRUS (= **Phädrus, ca. 15 v. Chr.–45 n. Chr.**) stammte vielleicht aus Thessalien (Griechenland) und wird dann recht früh nach Rom übergesiedelt sein. Wahrscheinlich war er ein Freigelassener des Augustus. Unter der Herrschaft des Tiberius veröffentlichte er seine Fabeln.
Vorbild und Hauptquelle für Phädrus war der Grieche **Aesop**, dessen Fabeln in Prosa er in lateinische Verse fasste (jambische Senare ↗ S. 102). Die „Moral" am Anfang (Promythion) oder Ende (Epimythion) einer Fabel vermittelt eine moralische Belehrung, eine gesellschaftskritische Erkenntnis oder eine allgemeinmenschliche Einsicht. Häufig sind Tiere die Protagonisten. Dabei steht etwa der Fuchs für den Typus des schlauen Menschen, das Lamm für den wehrlos-naiven usw. Die insgesamt fünf Bücher mit Fabeln werden meist durch Prolog und Epilog

gerahmt. Mit der Zeit gewann Phädrus gegenüber seinem Vorgänger Aesop immer mehr Eigenständigkeit und Selbstbewusstsein.

TEXTBEISPIEL Ähnlich wie Horaz (↗ S. 66) will Phädrus mit seinen Fabeln unterhalten und belehren (Prolog I, 3 f.):

Duplex libelli dos est: Quod risum movet
et quod prudentis vitam consilio monet.

Doppelt ist der Zweck des Büchleins, da es zum Lachen reizt und Ratschläge zur klugen Lebensführung gibt.

Der Spanier **Marcus Annaeus Lucanus (39–65 n. Chr.), deutsch: LUKAN**, stammte aus Corduba (Spanien) und war ein Neffe Senecas (↗ S. 78). In Rom zeigte sich bald sein dichterisches Talent: Schon mit 20 Jahren nahm er an den „Neronia" teil, einem von Kaiser **Nero** veranstalteten Künstlerwettbewerb. Lukans Pech war, dass Nero sich selbst für den größten aller Künstler hielt. So schlug die anfängliche Freundschaft in Eifersucht um, Nero belegte Lukan mit einem Publikationsverbot. Darauf beteiligte sich Lukan wahrscheinlich an einer Verschwörung gegen den Kaiser. Als diese aufflog, zwang ihn Nero – genau wie seinen Onkel Seneca und Petron (↗ S. 80) –, sich die Pulsadern aufzuschneiden. Auch der Verrat von Mitverschwörern und sogar seiner Mutter halfen ihm nichts.
Von Lukans erstaunlich zahlreichen Werken (er starb mit 25 Jahren) ist nur sein großes Epos (↗ S. 16) **„Pharsalia"** über den Bürgerkrieg weitgehend erhalten. Es beginnt mit Caesars Überschreiten des Rubikon und bricht in Buch 10 ab (Caesar in Ägypten). Wahrscheinlich war Caesars Ermordung als Abschluss des 12. Buches geplant. Einen Höhepunkt bildet die Schlacht bei Pharsalos (daher der Titel, vgl. ↗ S. 11). Neben Pompeius ist Cato Uticensis, Nachkomme von Cato dem Älteren (↗ S. 44), als Vertreter der republikanischen Ordnung Caesars wichtigster

Gegenspieler. Lukan identifiziert sich bedingungslos mit Cato, dem unterlegenen Vertreter der Republik (↗ Textbeispiel unten), während Caesar als der „Bösewicht par excellence" (C. Walde) erscheint. In wichtigen Punkten stellt sich Lukan gegen die stark von Vergils „Aeneis" (↗ S. 150) geprägte epische Tradition oder will sie durch extreme Steigerung noch überbieten: Der Verlauf der römischen Geschichte erscheint bei ihm weder zielgerichtet noch sinnvoll. Der „Götterapparat" (↗ S. 134 ff.) fehlt. Dafür fehlt es nicht an skurrilen Szenen: Zur Deutung der Zukunft ruft die Hexe Erichtho einen Toten vorübergehend ins Leben zurück. Oft nimmt der epische Erzähler persönlich Partei. Lukans Stil ist stellenweise äußerst pathetisch bis schwülstig, nicht gleichmäßig dahinfließend, sondern eher pointiert und sentenzenhaft.

TEXTBEISPIEL In einer häufig zitierten Formulierung stellt Lukan seinen Helden Cato trotzig dem unerbittlichen Lauf der Geschichte entgegen (I 128):

> *Victrix causa deis placuit, sed victa Catoni.*
>
> Die siegreiche Sache gefiel den Göttern, die besiegte aber dem Cato.

Rezeption: Schon in der Antike und dann im Mittelalter war Lukan ein viel gelesener Autor. Unter Führung Vergils begegnet **Dante** (1265–1321) in seiner „Göttlichen Komödie" Lukan in Gesellschaft von Homer, Horaz und Ovid. **Goethe** lässt im „Faust II" die Klassische Walpurgisnacht auf den Pharsalischen Feldern mit einer Rede der Hexe Erichtho beginnen.

Ebenso aus Spanien wie Lukan stammte **Marcus Valerius Martialis (40–104 n. Chr.), deutsch:** MARTIAL. Aus der Kleinstadt Bilbilis kam Martial nach der Ausbildung beim Grammatikus und Rhetor im Jahr 64 nach Rom, wo er die Bekanntschaft mit Seneca (↗ S. 78), Plinius dem Jüngeren (↗ S. 84) und ande-

ren bedeutenden Männern machte, die ihn auch finanziell unterstützten. Unter der Herrschaft des berüchtigten Kaisers Domitian lebte Martial in Rom als „Berufsdichter"; in vielen Epigrammen huldigte er dem Kaiser und wurde von diesem gefördert. Überhaupt war Martial, auf gesellschaftlichen Aufstieg und Geldzuwendungen bedacht, bei der Wahl seiner Adressaten und lobender Worte nicht sonderlich wählerisch. So brachte er es zeitweilig zu einem beträchtlichen Vermögen. Nach dem Tod Domitians zog Martial sich um 98 in seine Heimat zurück, wobei ihm sein Freund Plinius die Reisekosten bezahlte.
Martial entwickelte die poetische Kleinform des **Epigramms** (↗ S. 19) zur Meisterschaft: Stilistisch durchgearbeitet, kurz und klar, witzig, charmant, scharfzüngig, grotesk, obszön – all diese Züge finden sich in den zusammen etwa 1500 Epigrammen. Ebenso vielseitig sind die Themen: Lebensweisheiten, Trinksprüche, Lobgedichte und Danksagungen, Geschenkbeigaben, Kritik und Spott, Erotisches. Oft waren es Gelegenheitsdichtungen und Auftragsarbeiten, die Martial dann jahrweise in Buchform herausgab. Die Vielfalt der Themen und Adressaten machen das Werk Martials zu einem – oft wenig schmeichelhaften – Spiegelbild der stadtrömischen Gesellschaft im ersten Jahrhundert nach Christus.

TEXTBEISPIEL Auf engstem Raum und zugleich kunstvoll (Parallelismus, Antithese, Chiasmus, Paradox) formuliert Martial hier eine Kritik am Ärztestand. Diaulus ist ein (fiktiver) Vertreter dieser Zunft, der „zu Tode kuriert" (I 47):

Nuper erat medicus, nunc est vispillo Diaulus.
Quod vispillo facit, fecerat et medicus.

Neulich war Diaulus noch Arzt, jetzt ist er Leichenträger;
was er als Leichenträger tut, tat er schon als Arzt.

Rezeption: Obwohl das Epigramm schon vor Martial eine lange Tradition basaß (auch im griechischen Raum), setzte er für alle

Zeiten Maßstäbe. Deshalb „kann die weitere Gattungsgeschichte des Epigramms über weite Strecken, vor allem zwischen Luther und Lessing, als Geschichte der Martialrezeption geschrieben werden" (U. Walter). Lessing bezeichnete Martial respektvoll als den „ersten Epigrammatisten".

Weitere Schriftsteller der Nachklassik

Neben Lukan wagten sich auf dem Gebiet des **Epos** noch einige weniger originelle Autoren an eine Auseinandersetzung mit Vergil: STATIUS („Thebais": Kampf um Theben), SILIUS ITALICUS („Punica": Der Zweite Punische Krieg) und VALERIUS FLACCUS („Argonautica").

PERSIUS und IUVENAL setzten im ersten Jahrhundert nach Lucilius und Horaz die Tradition der römischen **Satire** fort. Mit seinen im Gesprächston und „Predigtstil" verfassten sechs Satiren mit stark moralischem Impetus steht Persius in stoischer Tradition; der komplizierte Stil wirkt bisweilen gesucht. Iuvenal (16 Satiren) wettert gegen die pervertierten Sitten der römischen Oberschicht seiner Zeit, wobei er vor grotesken Übertreibungen nicht zurückschreckt.

CURTIUS RUFUS berichtet – wohl unter Kaiser Vespasian – im sogenannten „Alexanderroman" (**Historiae Alexandri Magni Macedonis'**) in 10 Büchern vom Leben Alexanders des Großen, von der Thronbesteigung über seine Feldzüge bis zum Tod (323 v. Chr.). Die Darstellung – gehobene Unterhaltungsliteratur – ist anschaulich, lebendig und spannend.

Das bekannteste Werk des APULEIUS aus Nordafrika (2. Jh.) sind die **„Metamorphosen"**, seit Augustinus besser als **„Der goldene Esel"** bekannt. Der Roman (↗ S. 28) erzählt in 11 Büchern von einem jungen Mann, der durch ein Missgeschick in einen Esel verwandelt wird. Erst ganz am Ende gelingt – nach manchen Abenteuern und Irrungen – die Rückverwandlung in einen Menschen.

Von den zahlreichen Erzähleinlagen ist das Märchen von Amor und Psyche die bekannteste.

Im Bereich der **Fachschriftstellerei** ist an erster Stelle der Universalgelehrte PLINIUS DER ÄLTERE (23–79) zu nennen. Der Onkel von Plinius dem Jüngeren kam, wie sein Neffe berichtet, beim Vesuvausbruch 79 ums Leben (↗ S. 84). In seiner **„Naturalis historia“** („Naturkunde“) wird in 37 erhaltenen Büchern nahezu das gesamte Wissen des Altertums ausgebreitet.

QUINTILIAN (ca. 35–100), Roms erster staatlich besoldeter „Professor“ der Rhetorik, stellt die gesamte Ausbildung des Redners in seiner **„Institutio oratoria“** in 12 Büchern dar. Das Werk ist nicht an Schüler, sondern an Redelehrer (also „Kollegen“) adressiert. Über weite Strecken orientiert sich die Gliederung an den *officia oratoris* (↗ S. 106 ff.). Als Klassizist folgt Quintilian dem Stilideal Ciceros (↗ S. 51); auch fordert er wie dieser für den Redner eine umfassende Bildung. Bedeutsam ist der Überblick über die Geschichte der römischen Literatur im 10. Buch – immer im Hinblick darauf, welchen Gewinn der angehende Redner aus ihr ziehen kann.

SUETON (etwa 70–130) verfasste 12 Kaiserbiografien von Julius Caesar bis Domitian in acht Büchern (**„De vita Caesarum“**), dazu Lebensbeschreibungen berühmter Männer (**„De viris illustribus“**) über Dichter, Redner und Grammatiker. Gerade für die Kaiserbiografien hatte Sueton als Leiter des kaiserlichen Sekretariats guten Zugang zu den Quellen. Neben den politischen Leistungen gibt Sueton auch gern „Klatsch und Tratsch“, Privates, Zitate und Äußerlichkeiten zum Besten, etwa den Ausruf des Augustus: *„Vare, legiones redde!“* nach der Schlacht im Teutoburger Wald (9. n. Chr.) oder die Information, dass Julius Caesar schlank, groß und dunkeläugig war und eine unansehnliche Glatze besaß.

Von HYGIN (2. Jh.) stammt ein mythologisches Handbuch **„Fabulae“**. In schlichtem Latein und ohne literarischen Anspruch werden hier im „Telegrammstil“ die wichtigsten griechischen Mythen referiert.

CELSUS verfasste unter Kaiser Tiberius eine Enzyklopädie, von der zwei wissenschaftsgeschichtlich bedeutsame Bücher über die

Medizin überliefert sind. Von COLUMELLA (1. Jh.) sind zwölf Bücher über die Landwirtschaft erhalten. Das zehnte Buch – in Hexametern – ist als Ergänzung zu Vergils „Georgica“ (↗ S. 62) gedacht.
APICIUS (1. Hälfte 1. Jh.) war wohl der berühmteste Feinschmecker der Antike. Das kulturhistorisch bedeutsame, unter seinem Namen überlieferte Werk „Über die Kochkunst“ wurde in späterer Zeit um viele Rezepte erweitert.

Die Spätantike

In der Spätantike spielten christliche Autoren eine zunehmend wichtige Rolle. Nach mehreren Phasen der Christenverfolgung herrschte seit 313 unter Kaiser Konstantin Religionsfreiheit, 391 wurde das Christentum Staatsreligion. Auf der anderen Seite standen die paganen (d. h. nichtchristlichen) Autoren. Mit dem Ausklang der Spätantike begann die „dunkle“ Zeit, in der viele nichtchristliche Autoren nicht mehr überliefert wurden (↗ S. 33).

Aurelius AUGUSTINUS (354–430) stammte aus Thagaste in Numidien, einem Teil der römischen Provinz Africa. Die Hinwendung zur Philosophie erfolgte bei ihm durch die Lektüre von Ciceros „Hortensius“ (↗ S. 126). Nach einem Studium in Karthago wirkte er dort als **Rhetoriklehrer**. 383 siedelte er nach Italien über – wohl nicht zuletzt, um dem Einfluss seiner tief gläubigen, äußerst dominanten Mutter zu entkommen. Nach kurzer Lehrtätigkeit in Rom wurde Augustinus kaiserlicher Rhetoriklehrer in Mailand. Dort hörte er die Predigten und Bibelinterpretationen des Bischofs Ambrosius, der sein Denken ebenso stark prägt wie die Schriften des neuplatonischen Philosophen Plotin. Nach eigenem Bekunden war es eine Kinderstimme, in der Augustinus – in der sogenannten „Mailänder Gartenszene“ – den Ruf Gottes hörte und die ihn aufforderte, sogleich die Bibel aufzuschlagen und zu lesen *(„Tolle, lege!“)*. Die so gefundene Stelle mahnte ihn zu Askese und gottesfürchtiger Lebensführung.

Dies führte schließlich zur Bekehrung zum **Christentum**: 387 wurde Augustinus zusammen mit seinem Sohn von Ambrosius getauft. In seine Heimatstadt Thagaste zurückgekehrt, gründete er mit gleichgesinnten Freunden eine Art religiöse Wohngemeinschaft. Im Jahr 396 wurde er Bischof von Hippo Regius (Nordafrika) und blieb dort bis zu seinem Tod 430.
Augustinus war ein äußerst produktiver Schriftsteller: Bereits im Jahr 427 nannte er selbst 93 Werke. Am wichtigsten sind wohl die **„Confessiones“** („Bekenntnisse“) und **„De civitate dei“** („Über den Gottesstaat“), die er beide im letzten Lebensabschnitt als Bischof verfasste. Die **„Confessiones“** sind eine Art Autobiografie, in der Augustinus psychologisch scharfsinnig und moralisch streng auf sein sündhaftes Leben und die eigene geistige Entwicklung bis zur Bekehrung und Taufe zurückblickt.
Sie wird oft unterbrochen von Gebeten und Preisungen Gottes. Das „Sündenregister“ reicht vom Birnendiebstahl im Alter von 16 Jahren über eine „mit Lügen gespickte“ Lobrede auf den Kaiser.
Anlass für das zweite Hauptwerk **„De civitate dei“** war die Eroberung Roms durch die Goten im Jahr 410. Man warf den Christen vor, dass „ihr“ Gott Rom nicht hatte schützen können. Im ersten Teil des Werks legt Augustinus dar, dass der Götterkult weder für das Staatswohl noch das Seelenheil jemals dienlich war. Als Beleg für die ständigen inneren Zwistigkeiten Roms zitiert er wertvolle, sonst verlorene Stücke aus Sallusts „Historien“ (↗ S. 56), für die moralische Fragwürdigkeit des römischen Imperialismus aus dem dritten Buch von Ciceros „De re publica“ (↗ S. 51). Der zweite Teil deutet die bisherige Weltgeschichte als das Nebeneinander eines Gottesstaates und eines Weltstaates: Der erste (vertreten von Abraham, Moses, den Propheten u. a.) wird in Glückseligkeit, der zweite (Kain, die Reiche Babylon, Rom usw.) in Verdammnis enden. (Zu Augustinus ↗ auch S. 133.)

TEXTBEISPIEL Am Beginn der „Confessiones“ formuliert Augustin nach dem Preis Gottes die Bestimmung des Menschen:

Magnus es, domine, et laudabilis valde. Magna virtus tua, et sapientiae tuae non est numerus. […]. Fecisti nos ad te et inquietum est cor nostrum, donec requiescat in te.

Groß bist du, Herr, und höchsten Lobes würdig. Groß ist deine Macht, und deine Weisheit hat keine Grenzen. […] Auf dich hin hast du uns gemacht, und unruhig ist unser Herz, bis es ruht in dir.
[Übersetzung: K. Flash/B. Mojsisch]

Weitere Schriftsteller der Spätantike

Ein weiterer wichtiger christlicher Autor ist HIERONYMUS (ca. 347–420). Als Verfasser vieler bedeutender theologischer Schriften übersetzte er auch das Alte Testament aus dem Hebräischen ins Lateinische und überarbeitete lateinische Übersetzungen des Neuen Testaments. Die so entstandene neue Bibelfassung wurde als „Vulgata“ für lange Zeit maßgebend. Die „Chronik“ des Hieronymus bietet u. a. Lebensdaten zahlreicher antiker Schriftsteller, ist aber nicht immer zuverlässig.

EUTROP (4. Jh.) schrieb eine Kurzfassung der römischen Geschichte (**„Breviarium ab urbe condita“**) in schlichtem, nüchternem Latein bis zum Jahr 364.

BOETHIUS (ca. 480–524) wird nach einer frühen und rasanten politischen Karriere wegen angeblichen Hochverrats inhaftiert und schließlich hingerichtet. Während der langen Haft im Kerker schrieb er **„De consolatione philosophiae“** („Vom Trost der Philosophie“), in dem ihm die Philosophie allegorisch als Frauengestalt erscheint und ihm – unter Aufbietung der gesamten philosophischen Tradition – Trost spendet.

BENEDICT (ca. 480–547) gründete 529 das Kloster Montecassino in Unteritalien. In seiner **„Regula“** wird der Tagesablauf im Kloster genau festgelegt: Er besteht im Wesentlichen aus Gottesdienst, Bibellektüre und Arbeit im Kloster. Das berühmte Motto *„Ora et labora!“* („Bete und arbeite!“) gilt zwar sicherlich auch für die Mönche des von Benedict begründeten Benediktiner-Ordens, findet sich aber wörtlich nicht in der „Regula“.

2.5 Kleine Verslehre

Lesen von lateinischen Versen

In Hinblick auf den Rhythmus besteht ein **grundlegender Unterschied** zwischen deutschen und lateinischen Versen. Beim **deutschen Vers** entsteht der Rhythmus durch den Wechsel von **betonten und unbetonten Silben** (Hebungen und Senkungen): Bei betonten Silben verwendet der Sprecher mehr Luft und spricht daher etwas lauter (sogenannter **iktierender Rhythmus**; Fachwort: Iktus – lat. *ictus* – Schlag, Symbol: /).

BEISPIEL

/ / / / / / / /
Hat der alte Hexenmeister/sich doch einmal wegbegeben!
(Goethe, „Der Zauberlehrling")

Im Gegensatz dazu besteht ein **lateinischer Vers** aus einer geregelten Abfolge von **kurzen und langen Silben** (sogenannter **quantitierender Rhythmus**). Alle lateinischen Versarten unterscheiden sich also in der Hinsicht auf die Frage, wann jeweils eine kurze Silbe (Symbol: v) oder lange Silbe (Symbol: –) stehen muss oder darf.

Den heutigen Hörer würde die reine Abfolge von kurz und lang gelesenen Silben befremden. Deshalb ist es etwa seit dem 16. Jahrhundert üblich, auf bestimmte Silben den Iktus, also die Betonung, zu legen (Symbol: /), auch wenn dies sprachhistorisch eigentlich nicht korrekt ist. Meist liegt der Iktus auf der ersten langen Silbe einer Verseinheit. In unserem Beispiel für einen lateinischen Hexameter (↗ S. 99), dem Beginn von Vergils „Aeneis", sind über dem Text die lateinischen Längen und Kürzen notiert, darüber die deutschen Betonungszeichen.

BEISPIEL

/ / / / / /
– ∪ ∪|– ∪ ∪|– –|– –|– ∪ ∪|– –
arma virumque cano Troiae qui primus ab oris

Bei der Analyse eines lateinischen Verses kommt es nun darauf an, zu erkennen, welche Silben als lang und welche als kurz zu notieren sind. Man legt dabei das Versschema wie ein Raster über jeden Vers, indem man die Längen und Kürzen regelgerecht verteilt – wie im Beispiel oben zu erkennen.

LERNTIPP Reines Lesen nach dem Versschema kann nur eine Vorstufe sein: Gutes Lesen bedeutet immer einen Kompromiss zwischen der Betonung nach dem Versschema, der „natürlichen" (Prosa-)Betonung und der sinngemäßen (interpretierenden) Betonung.

Längen und Kürzen (Prosodie)

Welche Silben im lateinischen Vers gelten nun als lang, welche als kurz? **Merke: Die Silben eines lateinischen Wortes gelten grundsätzlich als kurz, außer in folgenden Fällen!**

Naturlänge

- Eine Silbe gilt als lang, wenn ihr Vokal von Natur aus lang ist. Hier hilft oft nur der Blick in das Wörterbuch, welches natürliche Längen durch Längenstriche anzeigt.

BEISPIELE *nātūra, nōmen, nōn, frūctus*

- Eine natürliche Länge weisen auch Stammvokale sowie einige Dehnungsvokale, Personal- und Kasusendungen auf.

BEISPIELE *amāre* (Stammvokal); *legēbam* (Dehnungsvokal); *legō* (Personalendung); *forō, legēs* (Kasusendungen)

Diphthonge (Umlaute)

- Eine Silbe gilt auch dann als lang, wenn sie einen Diphthong (Umlaut) enthält.

BEISPIELE *sa̅e̅culum, ca̅u̅sa*

BEACHTE Es gibt Ausnahmen, bei denen zwei nebeneinander stehende Vokale **nicht** als Diphthong gelten: „i" zählt am Silbenanfang meist als „j"; *iam* ist einsilbig, *aër* ist zweisilbig: im

Wörterbuch steht deshalb bei diesem ursprünglich griechischen Wort über dem „e" ein Doppelpunkt (Trema).

BEACHTE Bilden zwei Vokale **keinen** Diphthong, etwa weil der erste zum Wortstamm gehört, so wird dieser fast immer kurz gesprochen *(vocalis ante vocalem corripitur)*.

BEISPIEL *mĕus*

Positionslänge

- Eine Silbe gilt als lang, wenn auf einen Vokal zwei oder mehr Konsonanten folgen.

BEISPIELE *ārma, fērt, fōrma, fenēstra*

BEACHTE Auch wenn eine Silbe als positionslang gilt, wird ein in ihr enthaltener kurzer Vokal nach wie vor kurz gesprochen.

Wichtig: Wenn einer der Konsonanten b, p, d, t, g, c *(mutae)* oder s bzw. f vor l, r, m, n *(liquidae)* steht, **kann** die Silbe als lang gelten, muss aber nicht („*Muta cum liquida*-Regel"). Falls also ein Vers bei der Analyse nicht „aufgeht", wurde möglicherweise eine solche Buchstabenfolge übersehen.

BEISPIEL *lācrima* oder *lăcrima*

BEACHTE „h" am Wortanfang und „m" am Wortende gelten nicht als Konsonanten, da sie nur sehr schwach gesprochen wurden.

BEACHTE Auch „x" (als k+s) und (selten) „z" (als t+s) bewirken eine Länge der Silbe.

BEISPIEL *nōx*

BEACHTE „qu" bewirkt keine Längung, weil es nicht als k+w, sondern nur als einfaches „k" gesprochen wurde.

BEISPIEL *nĕque*

Vermeidung des Hiats

Ein Hiat (lat. *hiatus* – Öffnung, Kluft) ist das Zusammentreffen eines Vokals am Wortende mit einem Vokal am folgenden Wortanfang. Die römischen Dichter nach Catull vermeiden den Hiat möglichst; tritt er dennoch auf, werden die beiden Silben meist zu einer einzigen Silbe zusammengezogen. Hier gibt es verschiedene Möglichkeiten:

- **Elision** (lat. Ausstoßung)

Der häufigste Fall: Der auslautende Vokal wird unterdrückt und nur der anlautende Vokal des nächsten Wortes gesprochen: *regere imperio* → *reger(e) imperio* (sprich: „regerimperio“)

2

BEACHTE Da „h“ am Wortanfang und „m“ am Wortende nicht als Konsonanten zählen (s. o.), wird auch bei einer Wortfolge wie *monstrum horrendum* elidiert: → *monstr(um) (h)orrendum* (sprich: „monstrorrendum“).

- **Aphärese** (griech. Wegnahme)

Wenn das zweite Wort *es* oder *est* ist, wird ausnahmsweise das „e“ dieses zweiten Wortes unterdrückt: *sata est* → *sata (e)st* (sprich: „satast“).

- **Sonderfall Synizese** (griech. Zusammensinken)

Treten im Wortinnern zwei Vokale nebeneinander auf, die keinen Umlaut bilden, so können diese verschliffen werden: *deinde* = *d͡einde* (zweisilbig).

Metrik

Die kleinste Einheit eines Verses ist der **Versfuß**, d. h. eine Einheit von Silben mit festgelegten Längen und Kürzen. Die wichtigsten Versfüße:

Versfuß	Notierung	Beispiel
Jambus	∪ –	*amāns*
Trochäus	– ∪	*fōrma*
Daktylus	– ∪ ∪	*cōrpora*
Spondeus	– –	*fōrmās*

Zwei Versfüße zählen als ein **Metrum** (griech. metron – Einheit), nur Daktylus und Spondeus zählen bereits allein als ein Metrum. Je nach Anzahl der Metren unterscheidet man folgende **Versarten: Dimeter** (2), **Trimeter** (3), **Tetrameter** (4), **Pentameter** (5), **Hexameter** (6).

BEISPIEL Ein Vers wie der **jambische Trimeter** (↗ S. 102) besteht aus zwölf Silben (2*2*3): zwei (pro Jambus) mal zwei (pro Metrum) mal drei (Trimeter = drei Metren).

BEACHTE Der daktylische Hexameter (↗ S. 99) besteht aus sechs Daktylen (und nicht etwa zwölf), da ein Daktylus (s. o.) als ein Metrum zählt.

Zäsuren: Längere Verse weisen oft Einschnitte auf, die Gelegenheit zu einer kurzen Sprechpause geben (nach einem Wortende oder Sinnabschnitt). Liegt ein solcher Einschnitt mitten **im Versfuß**, spricht man von einer **Zäsur** (lat. Einschnitt), liegt er **nach einem Versfuß**, heißt er **Dihärese** (griech. Trennung). Beispiele ↗ S. 100 ff.

Verse, bei denen der letzte Versfuß unvollständig sein kann, nennt man **katalektisch** (griech.: aufhörend, nämlich vorzeitig). Bei einigen Versmaßen ist die letzte Silbe **anceps** (lat. schwankend), d. h., sie kann kurz oder lang sein.

Wichtige Versmaße

Wir beschränken uns aus Platzgründen auf die Darstellung der wichtigsten Versmaße. Weitere Metren werden in den jeweiligen Schulausgaben der einzelnen Autoren im Anhang erklärt oder sind speziellen Werken zur Verslehre (Metrik) zu entnehmen.

Der Hexameter

Der Hexameter ist *der* Erzählvers der Antike. Er findet bereits im griechischen Epos Verwendung (Homer ↗ S. 17) und wurde in Rom von Ennius (↗ S. 41) eingeführt. Mit Vergil (↗ S. 62) erreicht seine Gestaltung ihren Höhepunkt, bei Ovid (↗ S. 73) erhält er noch mehr Glätte und Geschmeidigkeit.

Werke wichtiger Autoren in Hexametern

Ennius: Annalen

Lukrez: De rerum natura

Catull: carmen 64

Vergil: Bucolica, Georgica, Aeneis

Horaz: Satiren, Episteln

Ovid: Metamorphosen

Lukan: Pharsalia

Der Hexameter (griech. hex – sechs) besteht aus sechs Metren (↗ S. 98). Diese können aus einem Daktylus (↗ S. 98) oder einem Spondeus (↗ S. 98) bestehen.

Schema des Hexameters (mit Alternativen):

```
´    ___    ´  ___    ´  ___    ´  ___    ´(___)   ´   _
– ◡ ◡ | – ◡ ◡ | – ◡ ◡ | – ◡ ◡ | – ◡ ◡ | – ◡
  1       2       3       4       5      6
```

Weitere Merkmale des Hexameters

- Der Hexameter ist katalektisch (↗ S. 98): Nach der ersten Länge des sechsten Versfußes ist die letzte Silbe lang oder kurz.
- Im fünften Metrum steht selten ein Spondeus. Man spricht dann von einem *Versus spondiacus*. Bei der Versanalyse ist es daher oft hilfreich, am Ende des Verses zu beginnen: Den sechsten Fuß bilden immer zwei, den fünften fast immer drei Silben.
- Der Versbau kann vom Dichter als formales Gestaltungsmittel eingesetzt werden: So wirkt ein Vers mit vielen Daktylen „schnell“ (z. B. bei der Beschreibung galoppierender Pferde), mit vielen Spondeen „langsam“ (z. B. bei der Beschreibung einer feierlichen Prozession).

Sprechpausen: Die wichtigste **Zäsur** (↗ S. 98) ist die Hauptzäsur (**Penthemimeres** – griech. fünf halbe Teile). Sie findet sich nach der ersten Länge des dritten Fußes (also nach 2+2+1 halben Versfüßen) und kommt besonders häufig vor.

Fehlt die Hauptzäsur, so tritt mit einiger Sicherheit zumindest eine der beiden **Nebenzäsuren** auf, die **Trithemimeres** (nach der ersten Länge des zweiten Fußes) oder die **Hephthemimeres** (nach der ersten Länge des vierten Fußes).

Fallen Fußende und Wortende nach dem vierten Fuß zusammen, so spricht man von der **bukolischen Dihärese** (↗ S. 98), da diese besonders häufig in der griechischen Hirtendichtung (Bukolik) auftritt.

BEISPIEL für einen Hexameter mit allen möglichen Sprechpausen (Ovid, Met. XI 153; T = Trithemimeres usw.):

–́ ◡◡ | –́ ◡◡ | –́ – | –́ ◡◡ | –́ ◡◡ | –́ –

1 2 3 4 5 6

Pan ibi dum teneris iactat sua sibila nymphis

↑T ↑P ↑H ↑B

Das elegische Distichon (Hexameter und Pentameter)

Das elegische Distichon (griech. Doppelvers) ist eine Kombination von Hexameter (↗ S. 99) und Pentameter.

Werke wichtiger Autoren in elegischen Distichen
Catull: carmina 65–116
Tibull: Liebeselegien
Properz: Liebeselegien
Ovid: Amores, Ars amatoria, Heroides, Fasti, Tristia, Epistulae ex Ponto
Martial: Epigramme

Pentameter: Obwohl es metrisch nicht ganz korrekt ist, kann man sich „für den Hausgebrauch" merken, dass der Pentameter aus 2 x 2,5 Daktylen besteht (griech. pente – fünf). Die beiden „Hälften" sind immer durch eine Zäsur (↗ S. 98) getrennt. Nur in der ersten Hälfte des Pentameters können die Daktylen (↗ S. 98) durch Spondeen (↗ S. 98) ersetzt werden. Die letzte Silbe kann kurz oder lang sein.
Schema des Pentameters mit Alternativen und Betonung (Iktus: /) beim Lesen:

´– ⏖ | ´– ⏖ | ´– || ´– ∪∪ | ´– ∪∪ | ´⏓

BEISPIEL für ein Distichon (Tibull II 10,1 f., ↗ S. 70):

´– ∪∪ | ´– – | ´– – | ´– – | ´– ∪∪ | ´– – Hexameter

Quis fuit, horrendos primus qui protulit enses?

´– ∪∪ | ´– – | ´– || ´– ∪∪ | ´– ∪ ∪ | ´∪ Pentameter

Quam ferus et vere ferreus ille fuit!

Weitere Merkmale des Pentameters und des Distichons

- In allen Textausgaben werden die Pentameter nach den Hexametern immer etwas eingerückt gedruckt.
- Die **Zäsur** im Pentameter muss immer beachtet werden, d. h., nach der ersten Länge des dritten Fußes steht in jedem Fall mindestens ein Wortende. Oft ist der Sinneinschnitt aber noch stärker (Satzende, Frage).
- Fast immer bilden Hexameter und Pentameter eine Einheit, sowohl sprachlich als auch inhaltlich. Dabei wird im Hexameter eine Spannung aufgebaut, die erst der Pentameter auflöst. Besonders gilt dies für das pointierte Epigramm (↗ S. 19). Friedrich Schiller hat dieses Strukturmerkmal besonders anschaulich beschrieben (natürlich in Form eines Distichons):

Im Hexameter steigt des Springquells flüssige Säule,

Im Pentameter drauf fällt sie melodisch herab.

Jambischer Trimeter und jambischer Senar

Der jambische Trimeter besteht aus drei jambischen Metren. Ein Metrum (↗ S. 98) besteht aus zwei Jamben (↗ S. 98). Das Grundschema weist also insgesamt 12 Silben auf. Während die griechische Bezeichnung „jambischer Trimeter" die **Metren** zählt, geht die römische Bezeichnung „jambischer Senar" dagegen von den **Versfüßen** (↗ S. 98) aus, also den sechs Jamben (lat. *seni* – je sechs).

Werke wichtiger Autoren
(Jambischer Trimeter/Jambischer Senar)

Plautus: Komödien (Sprechpartien)

Terenz: Komödien (Sprechpartien)

Phädrus: Fabeln

Seneca: Tragödien (Sprechpartien)

Grundform des jambischen Senars:

⏓ –́ ⏓ –́ | ⏓ ‖ –́ ⏓ ‖ –́ | ⏓ –́ ⏑ –́

In allen Füßen kann die Kürze durch eine Länge ersetzt werden, was auch sehr häufig geschieht. Die Zäsuren (↗ S. 98) liegen innerhalb des dritten oder vierten Versfußes.

BEISPIEL für einen jambischen Senar (Phädrus, Prolog I 3, ↗ S. 85).

⏑ –́ ⏑ –́|– ‖ –́ – ‖ –́ | – –́ ⏑ ⏑́
Duplex libelli dos est: quod risum movet

Recht unübersichtlich (und damit schwer analysierbar) können die Verhältnisse im Vers werden, wenn die für eine Kürze „eingetauschten" Längen ihrerseits wiederum in zwei Kürzen aufgelöst werden. Besonders bei **Plautus** (↗ S. 41) findet man dies oft. **Seneca** dagegen gebraucht in den Sprechpartien seiner Tragödien (↗ S. 78) die strengere Variante des Versbaus: Hier dürfen nur die erste, dritte und fünfte Kürze durch eine Länge ersetzt werden.

Ausblick: Im **Mittellatein** ändern sich Prosodie und Metrik der lateinischen Sprache. Vor allem die Diphthonge *ae* und *oe* werden zu *e* monophthongiert *(aestas → estas)*. Die quantitierende Metrik wird von der akzentuierenden abgelöst (↗ S. 98). Der Reim wird zum wesentlichen Merkmal des Verses.

2.6 Sprachliche Besonderheiten

In vielen lateinischen Texten (Prosa und vor allem Poesie) weichen einige Formen von der „normalen“ Formenbildung und Wortverwendung ab, wie die Grammatik und das Schulbuch sie lehren. Die Gründe können u.a. klanglicher Natur oder auch metrische Zwänge sein.

Prosa und Dichtung

- Akkusativ Plural mit Endung ***īs*** statt ***ēs***

BEISPIELE ***dulcīs natos*** (statt *dulcēs*), ***ante omnīs*** (statt *omnēs*)

- Archaismus: Verwendung altertümlicher Formen

BEISPIELE ***existumo*** (statt *existimo*), ***olli*** (statt *illi*), ***honos*** (statt *honor*), ***volnus*** (statt *vulnus*)

- Perfekt 3. Person Plural: ***-ēre*** statt ***-ērunt***

BEISPIELE ***fuēre*** (statt *fuērunt*), ***flexēre*** (statt *flexērunt*)

- Nichtassimilierte Schreibung von Verben

BEISPIELE ***adferunt*** (statt *afferunt*), ***conlocat*** (statt *collocat*)

- Kontraktion

BEISPIELE ***dī*** (statt *dei*), ***īsti*** (statt *iisti*), ***imperī*** (statt *imperii*), ***Appī*** (statt *Appii*), ***Tatī*** (statt *Tatii*)

- Auslassung von Buchstaben (Synkopierung)

BEISPIELE ***spectāsse*** (statt *spectavisse*), ***audierat*** (statt *audiverat*), ***repostum*** (statt *repositum*), ***vinclis*** (statt *vinculis*), ***novis*** (statt *noveris*)

Besonderheiten der Dichtersprache

- Dichterischer Plural

BEISPIEL *Ditis inania regna* – Plutos riesiges Reich

- Griechische Wörter mit griechischen Endungen, besonders bei Namen

BEISPIELE ***aer*** (Akk. ***aera***), ***Minos***, ***Aeneas*** (Akk. ***Aenean***), ***Eurydice*** (Akk. ***Eurydicen***)

- Verkürzung des Genitivs Plural

BEISPIELE ***deum*** (statt *deorum*), ***virum*** (statt *virorum*)

- Verkürzung der 2. Pers. Sing. Pass. (oft bei Deponentien)

BEISPIEL ***exoriare*** (statt *exoriaris*)

- Akkusativus Graecus (der Beziehung, Frage: „In welcher Hinsicht?“)

BEISPIEL *flava **comas*** – mit blonden Haaren

- Formelhaftes doppeltes -***que*** (besonders im Epos)

BEISPIEL *pater deumque hominumque*

2.7 Rhetorik: Die Kunst der Rede

Die Römer haben eine Begabung und Vorliebe für die öffentliche Rede. Wie schon in Griechenland die Polis mit der Versammlung aller Bürger eine Mitbestimmung und Beschlussfassung auf der Grundlage vorhergehender Diskussionen vorsah, so war es in Rom entscheidend, wie gut sich ein Bürger in der Volksversammlung *(contio)*, vor dem Senat, aber auch bei vielen anderen Gelegenheiten (z. B. der Ansprache beim Begräbnis, *laudatio funebris*) äußern konnte. Spätestens im ersten Jh. v. Chr. wurde die freie Rede zur Waffe im politischen Kampf. Nach einer Blüte der römischen Beredsamkeit – an ihrer Spitze Cicero – nahm die Bedeutung der freien politischen Rede in der Kaiserzeit ab.

Griechische Rhetorik in Rom

Die Grundlagen dieser *ars oratoria* hatten die Griechen mit dem hochgradig verfeinerten System der Rhetorik gelegt. Der wirkungsmächtigste Text in diesem Zusammenhang, die „Rhetorik" des Aristoteles (↗ S. 123), bot einen bis zu diesem Zeitpunkt nie da gewesenen Grad der Systematisierung. Dieses Werk war den Römern ebenso vertraut wie die grundsätzliche Auseinandersetzung um die Rolle von Rhetorik und Philosophie, die zwischen den Sophisten (↗ S. 121) einerseits und Sokrates und Platon andererseits geführt worden war (↗ S. 122).
Dabei ist das Verhältnis der Römer zum übermächtigen griechischen Vorbild vom gleichen Zwiespalt geprägt wie im Fall der Philosophie: Einerseits bewundern sie die Leistung der Griechen, andererseits ist ihre betonte Geringschätzung allem Griechischen gegenüber auch bezüglich der Rhetorik festzustellen. Catos berühmte Definition des Redners als *„vir bonus dicendi peritus"* (in etwa: „ein tüchtiger Kerl, der des Sprechens kundig ist") trifft den Kern des römischen Verständnisses von Rhetorik, und seine Maxime *„rem tene, verba sequentur"* (etwa: „Behalte die Sache im Blick, die Worte werden dann schon folgen") zeigt eine recht bodenständige Sicht des Redners.

Die **Terminologie** der Redekunst in *lateinischer* Sprache verdanken die Römer im Wesentlichen den rhetorischen Werken **Ciceros** (↗ S. 51). Auch **Quintilian** (↗ S. 90) hat als erster „besoldeter" Lehrer der Rhetorik im ersten Jh. n. Chr. mit seiner **„Institutio oratoria"** ein bedeutendes Werk über die Ausbildung des Redners geschaffen. Dennoch blieb die römische *ars oratoria* bis in die Spätantike **zweisprachig**.

Ausbildung des Redners

Im Rahmen der Ausbildung der jungen Männer in Rom (↗ S. 159) wurde die Fähigkeit vermittelt, sich in der Öffentlichkeit inhaltlich fundiert wie sprachlich klar äußern zu können. Prinzipiell gründet sich der Erfolg des Redners auf Begabung, Unterweisung und praktische Erfahrung. Das Talent, die natürliche Veranlagung zu einem tüchtigen Redner *(ingenium)*, bringt ein guter Redner mit. Dies ermöglicht es ihm erst, sich mittels Theorie fortzubilden und die erworbenen Kenntnisse in der Praxis *(usus)* zu erproben und fortzuentwickeln. Die Römer legten auch hier besonders großen Wert auf das persönliche Vorbild *(exemplum)*.

Grundsätzlich wurden Reden nicht abgelesen. Die *memoria* gehörte zu den *officia oratoris*, ebenso ein lebendig gestalteter Vortrag *(actio)*. Für eine Veröffentlichung in schriftlicher Form wurden die Reden häufig noch einmal überarbeitet.

Wichtige Begriffe der Rhetorik

Voraussetzungen für den Redner	
Naturanlage (Veranlagung, Talent)	*natura, ingenium*
Ausbildung (Technik)	*doctrina, scientia, ars*
Erfahrung (Praxis)	*usus, exercitatio*

Methode des Erwerbs rednerischer Fähigkeiten	
Unterricht	*ars*
Nachahmung	*imitatio*
Übung	*exercitatio*

Arten der Rede	
Gerichtsrede **Beispiel:** Ciceros Reden „In Verrem“	*genus iudiciale*
Staatsrede (politische Rede) **Beispiel:** Ciceros Rede „De imperio Gn. Pompeii“ vor dem Senat	*genus deliberativum*
Gelegenheitsrede/Festrede **Beispiel:** Plinius’ Panegyricus auf Trajan	*genus demonstrativum*

Arbeitsstadien ***(officia oratoris)***	
Auffinden der Hauptgesichtspunkte	*inventio*
Stoffgliederung	*dispositio*
Ausformulierung (Gestaltung inklusive Stilqualitäten und Stilarten)	*elocutio*
Auswendiglernen des Redetextes	*memoria*
Vortrag	*pronuntiatio/actio*

Struktur einer Rede *(partes orationis)* (mit Abweichungen je nach Redeanlass und Gegenstand)	
Einleitung	*exordium*
Erzählung (des Hergangs)	*narratio*
Präzisierung des Sachverhalts	*divisio/partitio*
Beweisführung positiv negativ	*argumentatio* *confirmatio/probatio* *confutatio/refutatio*
Schluss	*peroratio/conclusio*

Stilqualitäten *(virtutes dicendi)*	
Sprachrichtigkeit	*latinitas/puritas*
Deutlichkeit	*perspicuitas*
Angemessenheit	*aptum*
Redeschmuck	*ornatus*
Kürze	*brevitas*

Stilarten *(genera elocutionis)*	
schlichter Stil: nahe an der Alltagssprache, Schilderung von Tatsachen, kaum Redeschmuck	*genus tenue/humile*
mittlerer (gemischter) Stil: maßvoller Einsatz von Rede- schmuck, Vergleichen und Metaphern	*genus medium/mixtum*
hoher (erhabener) Stil: viel Redeschmuck, reicher Einsatz von Vergleichen und Metaphern, Erweckung von Emotionen/ Pathos	*genus grande*

2.8 Die wichtigsten Stilmittel

Teil der Rhetorik war spätestens seit dem Sophisten Gorgias (↗ S. 121) die Lehre von den Stilmitteln. Diese bewusst eingesetzten sprachlichen Darstellungsmittel blieben nicht auf das gesprochene Wort beschränkt. Sie wurden von allen Autoren mit literarischem (= ästhetischem) Anspruch genutzt und finden sich – teils in Auswahl, teils exklusiv – in sämtlichen literarischen Genera wieder. Im System der Rhetorik werden sie unter dem Begriff „*ornatus*" (Schmuck) abgehandelt (↗ S. 109).
Je nach Kontext können mit dem Einsatz stilistischer Mittel verschiedene Wirkungsabsichten verfolgt werden: Besondere Aufmerksamkeit des Lesers, Verdeutlichung eines Sachverhalts oder Zusammenhangs, Anregung zum Nachdenken.
Oft finden sich auf engem Raum mehrere Stilmittel zugleich. Die Wendung „*Veni, vidi, vici*" enthält eine Alliteration, ist aber zugleich ein Asyndeton und eine Klimax.

Grundsätzlich unterscheidet man seit der Antike zwischen **Tropen** („Wendungen") und **Figuren**.

Tropen: Ein Wort wird durch ein anderes **ersetzt**, um so eine eindringlichere Wirkung zu erzielen.
BEISPIEL **Metapher:** Die Formulierung „Achill, der Turm in der Schlacht" verdeutlicht Achills Stärke und Standfestigkeit durch die Gleichsetzung mit einem Turm.

Figuren: Hier wird durch eine besondere **Anordnung** der Worte eine besondere Wirkung erzeugt.
BEISPIEL **Alliteration**: Durch die Reihung von Wörtern mit gleichen Anfangslauten „*Portae patent; proficiscere*" (p = „Plosivlaut") kann Cicero Catilina durch besondere Betonung jedes Wort „entgegenschleudern".

Bereits Quintilian (↗ S. 90) stellt jedoch fest, dass die Unterscheidung zwischen Tropen und Figuren nicht immer eindeutig ist (IX 1,3). Da außerdem eine Darstellung nach Gruppen das schnelle Nachschlagen erschweren würde, haben wir die Stilmittel in alphabetischer Reihenfolge aufgeführt.

■ **Alliteration**
Wiederholung der Anfangslaute mehrerer beieinander stehender Wörter

BEISPIEL *Portae patent: proficiscere!* – Die Tore stehen offen: Mach dich auf! (Cicero zu Catilina, ↗ S. 51)

■ **Anápher**
Mehrere Wortgruppen oder Sätze beginnen mit demselben Wort.

BEISPIEL ***Nunc*** *est bibendum,* ***nunc*** *pede libero pulsanda tellus!* – **Jetzt** wollen wir trinken, **jetzt** mit freiem Fuß die Erde stampfen! (Horaz)

■ **Antithese** (Gegensatz)

BEISPIEL *Non* ***vitae****, sed* ***scholae*** *discimus* – Nicht für das **Leben**, sondern für die **Schule** lernen wir. (Seneca)

■ **Asýndeton** (unverbundene Aufzählung)

BEISPIEL *Veni, vidi, vici* – Ich kam, ich sah, ich siegte. (Caesar)

■ **Chiásmus** (Überkreuzstellung)
Wiederholung ähnlicher Wörter nach dem Schema a-b-b-a. Dabei stellte man sich die Elemente a-b und b-a in zwei Zeilen geschrieben vor. Die korrespondierenden Elemente lassen sich durch ein Kreuz, den griech. Buchstaben Chi (X), verbinden.

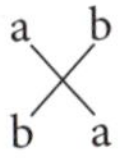

BEISPIEL ***Ducunt volentem*** *fata,* ***nolentem trahunt*** – Es **führt** das Schicksal den **Willigen**, den **Unwilligen zieht es mit**. (Seneca)

■ **Correctio** (Verbesserung)

BEISPIEL *... dominus saevus, qui servisse patrem suum parum, **immo nimium** meminisset.* – ... ein grausamer Herr, der sich zu wenig **oder vielmehr zu sehr** daran erinnerte, dass sein eigener Vater Sklave gewesen war. (Plinius)

■ **Ellipse** (Auslassung)

Auslassung eines Wortes oder mehrerer Wörter, die man sinngemäß leicht ergänzen kann (oft eine Form von *esse*)

BEISPIEL *In dubio pro reo!* – Im Zweifel (soll) für den Angeklagten (geurteilt werden)! (Römischer Rechtsgrundsatz)

■ **Enallagé** (Vertauschung)

Grammatische Zuordnung eines Wortes (meist eines Adjektivs: *Enallage adiectivi*) zu einem anderen Wort als dem sinngemäß passenden

BEISPIEL *Nequiquam **duras** temptasset Caesaris **aures*** – Vergeblich hätte sie (Kleopatra) Caesars **harte Ohren** umgarnt (Lukan). Natürlich ist *Caesar* hart und scheinbar unerbittlich.

■ **Epípher**

Mehrere Wortgruppen, Sätze oder Teilsätze enden mit demselben Wort

BEISPIEL *Bis **dat**, qui cito **dat**.* – Doppelt gibt, wer schnell gibt. (Sprichwort)

■ **Euphemismus** (Beschönigung)

BEISPIEL *vita cedere* – aus dem Leben scheiden

■ **Exclamatio** (Ausruf)

BEISPIEL *O tempora, o mores!* – Was für Zeiten, was für Sitten! (Cicero)

■ Figura etymologica (Stammwiederholung)
Spiel mit stammverwandten Wörtern
BEISPIEL *basia basiare* – Küsse küssen (Catull)

■ Hendiadyóin („Eins durch zwei")
Umschreibung eines Begriffs durch zwei ähnliche Ausdrücke
BEISPIEL *commotus perturbatusque* – aufgeregt und verwirrt (Cicero)

2

■ Hypérbaton (Sperrstellung)
Trennung syntaktisch zusammengehöriger Wörter
BEISPIEL *In **nova** fert animus **mutatas** dicere **formas**/ **corpora**.* – Es drängt mich, von in **neue Körper verwandelten** Gestalten zu singen. (Ovid, Proömium der „Metamorphosen" ↗ S. 73)

■ Hyperbel (Übertreibung)
BEISPIEL *procella/velum adversa ferit **fluctusque ad sidera tollit*** – Der Sturmwind wütet gegen das Segel **und türmt die Fluten bis hoch zu den Sternen**. (Vergil)

■ Interrogatio (rhetorische Frage)
Aussage oder Aufforderung in Form einer Frage, deren Beantwortung nicht erwartet wird
BEISPIEL *Patere tua consilia non sentis?* – Merkst du nicht, dass deine Pläne offenliegen? (Cicero zu Catilina ↗ S. 51)

■ Ironie (Verstellung)
Behauptung des Gegenteils anstelle des eigentlich Gemeinten
BEISPIEL *Quid ais, **bone custos defensorque provinciae**?* – Was sagst du jetzt, du wackerer Wächter und Verteidiger der Provinz? (Cicero zu Verres ↗ S. 51)

- **Klimax** (Steigerung)

BEISPIEL *Tenuerunt illum locum* ***servi, fugitivi, barbari, hostes.*** – Diesen Ort hielten Sklaven, Flüchtige, Barbaren und Staatsfeinde besetzt. (Cicero)

- **Litótes** (Schlichtheit)

Mit der Umschreibung durch eine Verneinung wird die Aussage scheinbar abgeschwächt, in Wirklichkeit aber verstärkt.

BEISPIEL ***Non deest*** *rei publicae consilium neque auctoritas huius ordinis* … – **Es fehlt** dem Staat **nicht** an Rat oder Autorität dieses Standes … (Cicero)

- **Metapher** (Übertragung)

Bildliches Sprechen: Vergleich ohne „wie"

BEISPIEL … *mihi quae me carior ipso est,/****mea lux*** – … die mir lieber ist als ich selbst, **mein Licht** (Catull)

- **Metonymie** (Umbenennung)

Bezeichnung durch einen inhaltlich nahestehenden Begriff

BEISPIELE *sub Iove* – unter freiem Himmel, *ferro pugnare* – mit dem Eisen (= Schwert) kämpfen, *in Santones venire* – in das Gebiet der Santonen kommen

- **Onomatopoiie** (Lautmalerei)

BEISPIEL ***Quamvis*** *sint sub* ***aqua,*** *sub* ***aqua*** *maledicere temptant.* – Obwohl sie unter Wasser sind, versuchen sie unter Wasser zu schmähen. (Ovid über die in Frösche verwandelten lykischen Bauern)

- **Oxýmoron** („scharfsinniger Unsinn")

BEISPIEL *Cum* ***tacent, clamant*** – Indem sie schweigen, schreien sie. (Cicero)

■ **Parádoxon** (Scheinwiderspruch)
BEISPIEL *Si pace frui volumus, bellum gerendum est* – Wenn wir in Frieden leben wollen, müssen wir Krieg führen. (Cicero)

■ **Parallelismus**
BEISPIEL ***parcere subiectis*** *et* ***debellare superbos*** – die **Unterworfenen schonen**, die **Aufrührer niederkämpfen** (Vergil)

■ **Parenthese** (Einschub)
BEISPIEL *Di, coeptis* – ***nam vos mutastis et illas*** *–/adspirate meis!* – Götter – ihr habt jene ja auch verwandelt – unterstützt mein Vorhaben! (Ovid, „Metamorphosen" ↗ S. 73)

■ **Pars pro toto** (ein Teil für das Ganze)
BEISPIEL *tectum* (Dach) für Haus

■ **Personifikation**
BEISPIEL ***„Invide"*** *dicebant* ***„paries,*** *quid amantibus obstas?"* – **„Neidische Wand"**, sagten sie, „was stehst du den Liebenden im Weg?" (Ovid)

■ **Polysýndeton** (mehrfache Verbindung)
BEISPIEL *sermone uti* ***vel*** *modesto* ***vel*** *molli* ***vel*** *procaci* – (Sie konnte) bescheiden oder charmant oder auch anzüglich reden (Sallust über Sempronia ↗ S. 56)

■ **Praeteritio** (Auslassung)
Durch die Erklärung, bestimmte Dinge nicht erwähnen zu wollen, kommen diese gerade doch zur Sprache.
BEISPIEL *Ergo, ut omittam tuos peculatos, …* – Also, um von deinen Unterschlagungen gar nicht zu reden, … (Cicero zu Verres ↗ S. 51)

■ **Tetrákolon** (viergliedrige Aufzählung)

BEISPIEL *Tenuerunt illum locum* ***servi, fugitivi, barbari, hostes****.* – Diesen Ort hielten Sklaven, Flüchtige, Barbaren und Staatsfeinde besetzt. (Cicero)

■ **Tríkolon** (dreigliedrige Aufzählung)

BEISPIEL *Hi omnes* ***lingua, institutis, legibus*** *inter se differunt.* – Diese alle unterscheiden sich durch Sprache, Einrichtungen und Gesetze. (Caesar über die Bewohner Galliens)

■ **Zeugma** (Zusammenfügung)

Bezug eines Verbs auf zwei oder mehr Substantive, obwohl es nur zu einem genau passt.

BEISPIEL … **mores**que viris et **moenia** ponet – … und wird den Männern **Sitten** und **Mauern** errichten (Vergil)

Römische Philosophie

3.1 Römische Philosophie als Kunst der Vermittlung

Generell waren die Römer gelehrige Schüler der Griechen, so auch auf dem Gebiet der Philosophie. Leicht überspitzt könnte man behaupten, dass es zwar Philosophie in Rom, aber keine römische Philosophie gebe. Ihre Leistung besteht vor allem darin, das philosophische Denken der Griechen in lateinischer Sprache zugänglich zu machen, der griechischen Philosophie in Rom Anerkennung zu verschaffen und ihr Nachwirken in Spätantike und Mittelalter auf diese Weise zu sichern.

Wie die von griechischen Vorbildern geprägte Literatur wurde auch die Philosophie in Rom zunächst eher zögernd aufgenommen und erst nach und nach „eingebürgert". Die Begegnung mit der griechischen Welt im Zuge der Eroberung von Süditalien (Magna Graecia) und Sizilien (zur Zeit der Punischen Kriege) sowie die spätere Unterwerfung von Makedonien und Griechenland selbst brachten in ungewohntem Ausmaß die Errungenschaften der griechischen Welt nach Rom, wo sie die Führungsschicht (Nobilität) mit großer Begeisterung aufnahm. Man sprach Griechisch. Griechische Kunst, Literatur und Philosophie wurden Mode und führten gleichzeitig zu ersten Abwehrreaktionen konservativer Köpfe, beispielsweise durch Cato den Älteren (↗ S. 44). Bezeichnend für diese Reaktion ist die Ausweisung der „Philosophengesandtschaft" aus Rom im Jahr 155 v. Chr., die der Senat beschloss, um den als schädlich empfundenen griechischen Einfluss zu bannen.

Anfangs blieb die Philosophie einer kleinen Gruppe von interessierten Spezialisten vorbehalten und wurde zunächst in griechischer Sprache aufgenommen. Später fand sie zunehmend größere Anerkennung und gelangte sogar zu Popularität in literarischen Kreisen. In der Kaiserzeit trug sie vor allem in Form der Stoa zum Widerstand gegen die politischen Verhältnisse bei. Sie bestand schließlich nach einer Phase der Auseinandersetzung mit dem Christentum in der Spätantike in neuer Form im Mittelalter fort.

Kennzeichnend für die Philosophie bei den Römern bleiben dabei die folgenden **Merkmale**:

- eine gewisse Bodenständigkeit, d.h. eine gesunde Skepsis gegenüber reiner Theorie im Sinne der philosophischen Abstraktion
- Vorliebe für pragmatisches Denken, das die Anwendbarkeit bzw. den Nutzen philosophischen Denkens nicht aus den Augen verliert
- Bevorzugung von Staatsphilosophie und Ethik
- Fähigkeit zur Anpassung an die römischen Rahmenbedingungen *(interpretatio Romana)*. Dadurch Abmilderung dogmatischer Positionen (Seneca)
- Bereitschaft, auszuwählen und sich die Vorzüge der jeweiligen philosophischen Strömungen zunutze zu machen, was mit dem Begriff „Eklektizismus" bezeichnet wird (deutlich vor allem bei Cicero)
- ein starkes Selbstbewusstsein; wie schon in der Literatur wird der Ehrgeiz spürbar, es mit den Leistungen der Griechen aufnehmen zu können, ja sie sogar zu übertreffen

3.2 Die griechischen Vorbilder

Um die Entwicklung und die Bedeutung der Philosophie in Rom zu verstehen, muss man sich zunächst einen Überblick über die philosophischen Strömungen („Schulen“) verschaffen, mit denen sich die Römer konfrontiert sahen.

PHILOSOPHEN und Philosophenschulen	Zeit (ca.)
1 Vorphilosophische Zeit	8./7 Jh.
2 Vorsokratiker	6. Jh.
3 SOKRATES 4 Sophisten	5. Jh.
5 PLATON Akademie 6 Skeptiker 7 ARISTOTELES/Peripatos	4. Jh.
8 Stoá und EPIKUR	3. Jh.

1 Die vorphilosophische Zeit

In einer ersten, vorphilosophischen Epoche geben **Mythen** der menschlichen Existenz inmitten der Zufälle des Lebens einen Sinn und Orientierung. Sie ermöglichen es, das Dasein durch das Denken zu ordnen. Bereits in den Epen **Homers** (↗ S. 17), insbesondere in der Gestalt des Odysseus („des Listenreichen“ ↗ S. 144), sind erste Ansätze philosophischen Denkens zu erkennen. Auch in den legendenartigen Berichten über die sieben Weisen (unter ihnen **Thales von Milet**) lässt sich der Ursprung philosophischen Denkens nachvollziehen.

2 Die Vorsokratiker

Im Mittelpunkt des Denkens vor Sokrates steht die Frage nach der Beschaffenheit der irdischen Welt und des Kosmos (Kosmologie). Zunehmend rationale Erklärungsversuche treten an die

Stelle mythischer Welterklärung. Man versucht, grundlegende Bausteine der Materie zu finden (vier Elemente), die Welt (Himmel und Erde) zu erklären, entweder durch eine materialistische oder idealistische Sicht auf das Sein. **Heraklit** (der Vater des dialektischen Denkens: Einheit der Gegensätze; Gedanke des Urfeuers) und **Parmenides** (das Sein ist unbeweglich und ewig) sind dafür typische Denker.
Viele Ansätze der Vorsokratiker (darunter **Anaximander**, **Anaximenes**, **Empedokles**) wirken dabei aus heutiger Sicht äußerst spekulativ. So dachte sich etwa **Thales** das Wasser als Ursprung aller Dinge. **Demokrits** Atommodell hat eine ebenso starke Nachwirkung entfaltet wie die Seinslehre (Ontologie) des Parmenides, die Auffassung des **Pythagoras** von der Welt als Zahl, **Heraklits** Gedanke vom Weltenbrand (Ekpyrosis), vom ewigen Kampf der Gegensätze (Dialektik) und der Vergänglichkeit allen Seins (*panta rhei* – alles fließt). Einer Aussage Ciceros zufolge soll es Pythagoras gewesen sein, der den Begriff „Philosophie" zum ersten Mal verwendet habe.

3 Sokrates (ca. 470–399 v. Chr.)

Mit Sokrates änderte sich die Zielrichtung der Philosophie grundlegend. Cicero formuliert dies folgendermaßen: „*Socrates autem primus philosophiam devocavit e caelo et in urbibus conlocavit et in domus etiam introduxit et coegit de vita et moribus rebusque bonis et malis quaerere*" – „Sokrates hat als Erster die Philosophie vom Himmel herabgeholt und in den Häusern angesiedelt und dazu angehalten, über das Leben, die Sitten sowie gute und schlechte Dinge nachzudenken" (Tusc. disp. V 10).
Entscheidend an der „sokratischen Wende" ist die Ausrichtung auf die Ethik („praktische" Philosophie mit der Fragestellung: Wie soll der Mensch handeln?). Der Mensch und sein Leben in der Gemeinschaft sind von größerem Interesse als die Fragen nach dem Kosmos und nach der Beschaffenheit der Welt. Sokrates' Denken ist im Gegensatz zu der materialistischen Sichtweise vieler Vorsokratiker von dem Dualismus (Geist/

Seele – Körper) geprägt. Es setzt zwar die prinzipielle Fähigkeit des Menschen zur Erkenntnis voraus, ihr sind jedoch Grenzen gesetzt (*scio me nihil scire* – „ich weiß, dass ich nichts weiß“). Seine „Mäeutik“, die Kunst des Fragens, die er mit der Hebammenkunst vergleicht, weil sie dazu führt, Einsichten zu gewinnen, hat Platon und durch ihn eine große Zahl philosophischer Denker geprägt. Die produktiven **Paradoxien** (offenkundige Widersprüche) und **Aporien** (scheinbare Ausweglosigkeiten), die aus den von Platon wiedergegebenen Dialogen ersichtlich werden, sind ein Kennzeichen sokratischen Philosophierens. Darüber hinaus blieb für spätere Generationen die unerschütterliche Haltung, mit der er den **Schierlingsbecher** trank, nachdem ihn die Athener wegen angeblicher Missachtung der Götter und Verführung der Jugend zum Tode verurteilt hatten, ein Vorbild. Sokrates' Haltung, seine unerschütterliche Willenskraft, hat insbesondere die **Stoiker** beeinflusst. **Seneca** (↗ S. 78, 130) hat seinen eigenen Tod nach dem Muster des Sokrates gestaltet (bei Tacitus, Annalen ↗ S. 82). Da er selbst keine Lehre in schriftlicher Form hinterlassen hat, kann nur aus dem, was sein Schüler **Platon** (↗ S. 122) aufgezeichnet hat, ein Bild über das Denken des Sokrates gewonnen werden.

4 Die Sophisten

Sokrates' Gegner, die „Sophisten“, nahmen im Gegensatz zu ihm in Anspruch, Weisheit (griech. *sophía*) zu besitzen und sie vermitteln zu können. Diese „Weisheitslehrer“ fanden in Athen großen Zulauf. Mit ihrem relativistischen Anspruch, durch Argumentation „die schwächere Sache zur stärkeren zu machen“ (Protagoras), stießen sie auf den Widerspruch des Sokrates und Platons. Für den „normalen“ athenischen Bürger jedoch galten diese Debatten als Streit um nutzlose Spitzfindigkeiten. Viele platonische Dialoge, in denen sich Sokrates mit seinen Gegnern auseinandersetzt, tragen die Namen bekannter Sophisten (Timaios, Protagoras, Gorgias u. a.). **Gorgias** (↗ S. 26) hat sich zudem als Redelehrer einen Namen gemacht.

5 Platon (427–347 v. Chr.) und die Akademie

Platon greift die sokratischen Konzepte auf und erweitert und systematisiert sie zu einem umfassenden philosophischen Gedankengebäude. Mit seiner **Ideenlehre** versucht er, eine Grundlage für sicheres Wissen zu schaffen. Ideen können nach Platon als Ur- und Vorbilder dessen gelten, was den Menschen über die Sinne und das Denken erkennbar ist. Im Höhlengleichnis der **„Politeia"** („der Staat") illustriert er dieses Konzept mit dem mühsamen Aufstieg des Philosophen zur Schau der Ideen. In dieser Schrift verknüpft er Überlegungen zur Frage der **Lebensführung** (praktische/theoretische Lebensweise, *vita activa/contemplativa*) mit der **Güterlehre** (Streben nach Ruhm, Geld, Erkenntnis) und verbindet sie mit dem Entwurf einer **Staatsphilosophie**. Die Aufgabe des Staates besteht nach Platon darin, den Bürgern eine Gemeinschaft zu ermöglichen, in der Gerechtigkeit für alle möglich wird. Ihn beschäftigt die Frage, wie die Verfassung eines Idealstaates diesem Ziel gerecht werden kann. Sein Versuch, diese Theorie auf Sizilien in der Praxis anzuwenden, scheiterte allerdings.

Platons Lehre wird von den Nachfolgern (den Vertretern der von ihm gegründeten **„Akademie"**, aber auch von eigenständigen Philosophen wie **Aristoteles** ↗ S. 123) weitergegeben. In Rom fällt sie vor allem bei **Cicero** (u. a. in seiner Schrift „De re publica" ↗ S. 127) auf fruchtbaren Boden.

6 Skeptiker

In der Nachfolge Platons (↗ oben) und seiner „Schule", der Akademie, finden sich verschiedene Denker, die davon überzeugt sind, dass der Mensch nicht *per se* zur Wahrheit zu gelangen vermag, dass daher Erkenntnis für ihn prinzipiell nicht möglich sei (Skepsis). Antiochos von Askalon, ein Lehrer Ciceros (↗ S. 126), formulierte: Als für die menschliche Erkenntnis erreichbar gilt das *verisimile* (das Wahrscheinliche), nicht dagegen das *verum* (die Wahrheit). Die „Enthaltung" *(epoché)* verzichtet auf ein endgültiges Urteil.

7 Aristoteles (384–322 v. Chr.)

Aristoteles war bereits mit 17 Jahren Schüler der Platonischen Akademie, die er nach dem Tod Platons (↗ S. 122) verließ. Nach Aristoteles entfaltet jedes Lebewesen die in ihm enthaltenen Anlagen (**Entelechie**, von *telos* – Ziel). Der Mensch ist ein *zoon politikón*, ein zu einem Leben in Gemeinschaft mit anderen veranlagtes Lebewesen. Wichtig ist es, nichts im Übermaß zu tun und *areté* (lat. *virtus*) zu erlangen, worauf die **Eudaimonie** (eine glückliche Lebensführung) beruht. Aristoteles berücksichtigt sämtliche Teilbereiche der Philosophie – Physik, Metaphysik, Ethik – und hat viele Disziplinen – Wissenschaftstheorie, Logik, Biologie, Psychologie, Physik, Ethik, Dichtungstheorie und Staatslehre – entweder selbst begründet oder maßgeblich beeinflusst. Von den literaturtheoretischen Werken (Poetik) ist die **Theorie der Tragödie** erhalten, ebenfalls die Schrift zur **Rhetorik** (↗ S. 106). Der **„Protreptikos"**, eine Werbeschrift für die Philosophie, die Cicero (↗ S. 126) zu einer ähnlichen Schrift („Hortensius") anregte, ist fragmentarisch überliefert.

3

8 Die Stoá und Epikur (342–270 v. Chr.)

Als Reaktion auf die gesellschaftlichen Veränderungen, die sich aus dem Niedergang der Vorherrschaft Athens und Spartas nach deren selbstzerstörerischen Machtkämpfen ergeben, bilden sich zwei Denkrichtungen heraus, die für die Römer von prägender Bedeutung sind: die Schule der Stoá sowie die Epikurs. Kennzeichnend für diese beiden philosophischen Schulen ist der Versuch, durch die Lehren der Philosophie eine Orientierung in politisch unsicheren Zeiten zu gewinnen und somit eine **Lebensführung** zu ermöglichen, die dem Menschen zum Erlangen des Glücks (Eudaimonie/*vita beata*) verhilft. Dem entspricht die – mehr oder minder radikale – Abwendung vom Engagement im Staat (für die Anhänger der Stoá, sofern die Umstände es erlauben, für diejenigen Epikurs ohne Einschränkung.) Die Schule der Stoá wirkte bis in die Kaiserzeit; hier sind **Seneca** und **Marc Aurel** wichtige Vertreter (↗ S. 130 ff.).

<table>
<tr><th>Stoá</th><th>Epikur</th></tr>
<tr><td>Alte Stoá: Zenon, Kleanthes, Chrysipp (3./2. Jh. v. Chr.)
„Mittlere“ Stoá: Panaitios, Poseidonios (2./1. Jh. v. Chr.)
Stoá der Kaiserzeit: Seneca, Marc Aurel (1./2. Jh. n. Chr)</td><td>Epikur (342-270 v. Chr.)
Gründete den „Garten“ (griech. kepos) in Athen und lebte seinen Grundsätzen entsprechend „im Verborgenen“. Seine Lehre wurde später kaum noch verändert.</td></tr>
<tr><td colspan="2">Physik/Kosmologie</td></tr>
<tr><td colspan="2">Alles Seiende ist materiell und determiniert.</td></tr>
<tr><td>deus = ratio = natura (Pantheismus: das Göttliche zeigt sich in Allem). Die Welt wird von Pneuma (feuriger Hauch) durchflutet und von göttlicher Vernunft geleitet. Die Seelen kehren nach dem Tod zurück ins All. Die Welt wird zyklisch nach ihrem Untergang (Ekpyrosis) erneut geschaffen (Heraklit ↗ S. 120)</td><td>Atomismus (Demokrit ↗ S. 120). Die Welt entsteht durch Zusammenballungen von Atomen (Determinismus), deren zufällige Abweichung die Freiheit des menschlichen Willens ermöglicht. Die Götter kümmern sich weder um die Welt noch um die Menschen.</td></tr>
<tr><td colspan="2">Ethik</td></tr>
<tr><td colspan="2">Eudaimonie (vita beata) als Zielvorstellung, Beschränkung der Bedürfnisse auf das absolut Notwendige. Überwindung falscher Vorstellungen, der Angst vor Tod, Göttern, Schicksal. Wertschätzung der Freundschaft.</td></tr>
<tr><td>Ideal des Weisen. Durch Vermeidung von Affekten (metus, libidines, dolores, voluptates) gelangt man zu absoluter Unerschütterlichkeit (griech. apátheia).
Ziel: Leben im Einklang mit dem Schicksal (fatum) und gemäß der Natur (secundum naturam vivere Seneca ↗ S. 130)
summum malum: vitia/turpe – summum bonum: virtus/honestum (darunter prudentia, fortitudo, iustitia, temperantia)
Gleichgültig (indifferentia = adiáphora) sind valetudo, gloria, divitiae, libertas, paupertas, servitus, exilium, dolores, morbus
Mensch als Gemeinschaftswesen und vernunftbegabtes Wesen. Verpflichtung zu Ehe und Familie.</td><td>Schmerz (dolor) ist höchstes Übel (summum malum)
Lust (voluptas) als Abwesenheit von Schmerz ist summum bonum
Ziel: Ataraxie (griech.: ataraxía – „unerschütterliche Ruhe“, lat. tranquillitas animi)
Unerheblich sind sapientia, fortitudo, iustitia, temperantia.
Ablehnung eines Lebens in der Öffentlichkeit (griech. láthe biósas: „Lebe im Verborgenen!“)
Ablehnung von staatlichen Bindungen, von Ehe und Familie.
Positiver Wert der Freundschaft.</td></tr>
</table>

3.3 Die Anfänge der Philosophie in Rom

Die Führungsschicht der römischen Gesellschaft stand der Vielfalt und Reichhaltigkeit des griechischen Denkens lange Zeit skeptisch gegenüber (ein Beispiel: Cato der Ältere ↗ S. 44). Philosophie blieb zunächst ein „Privatvergnügen" bestimmter, dem Denken der Griechen gegenüber aufgeschlossener Kreise. Auch blieb sie an die Kenntnis der griechischen Sprache gebunden.

▶ Lukrez

Es ist die besondere Leistung des **T. Lucretius Carus** (zu Leben und Werk auch ↗ S. 48), die Philosophie der hellenistischen Zeit in seinem Werk aufgegriffen und in lateinischer Sprache dargeboten zu haben. In seinem Lehrgedicht (↗ S. 18) **„De rerum natura"** wird die **Naturlehre Epikurs** (↗ S. 123 f.) dargestellt. Epikur hatte von Demokrit das Konzept einer Welt aus leerem Raum und Atomen übernommen. Da der Mensch – Körper und Seele – nach seinem Tod in Atome zerfällt, gibt es keinen Grund, sich vor dem Tod zu fürchten (Textbeispiel ↗ S. 48). Kein Schmerz dauert unendlich lange. Die Götter existieren unabhängig in Zwischenwelten (Intermundien) und kümmern sich nicht um das Schicksal der Menschen.
Diese Themen entwickelt Lukrez in sechs Büchern, die er mit Proömien einleitet. In diesen preist er den von ihm als nahezu gottgleich verehrten Philosophen Epikur. In den Büchern 1 und 2 werden die Grundlagen seiner Theorie erläutert (die Atome sind unvergänglich, nichts entsteht oder kann vergehen). Buch 3 behandelt das Wesen der Seele und die Überwindung der Todesfurcht, Buch 4 das Wesen der Sinneswahrnehmungen. In Buch 5 befasst sich Lukrez mit dem Wesen der Götter, der Entstehung von Fauna und Flora sowie der menschlichen Zivilisation, in Buch 6 spricht er über meteorologische Phänomene.
Der von Epikur entlehnte materialistische Ansatz war nur für wenige Römer attraktiv. Die individualistische Auffassung, derzufolge ein Engagement in der Gesellschaft (von Freundeskrei-

sen abgesehen) nicht sinnvoll sei, widerspricht grundlegenden **römischen Vorstellungen**, die verlangen, dass der Einzelne sich unter allen Umständen für die Gemeinschaft einsetzt. Einige augusteische Dichter (**Vergil** in seiner Jugend ↗ S. 62, **Horaz** ↗ S. 66) zeigten sich dem von Lukrez tradierten epikureischen Gedankengut gegenüber aufgeschlossen.

3.4 Einbürgerung der Philosophie

Zur selben Zeit wie Lukrez entwickelt **Cicero**, Anwalt und Politiker, glänzender Redner und Verfasser von Schriften zur Redekunst, eine ausgeprägte Vorliebe für die griechische Philosophie. Sein umfangreiches Werk bezieht nahezu alle ihre Teilgebiete ein und ist von entscheidender Bedeutung für das Fortwirken der antiken Philosophie überhaupt. Zwar hat Cicero den Primat des Politischen (der *vita activa* mit ihrem Postulat, sich in der *res publica* zu engagieren) nie infrage gestellt, doch hat er ebenso unmissverständlich die Bedeutung philosophischer Reflexion unterstrichen. Die Philosophie wurde von ihm gewissermaßen in Rom eingebürgert.

▶ Cicero

M. Tullius Cicero (zu Leben und Werk ↗ S. 51) widmete schon in seiner Jugend der Philosophie einen beträchtlichen Teil seiner Studien. In Athen und auf Rhodos hörte er u. a. Antiochos von Askalon (↗ S. 122) und den Stoiker Panaitios (Stoá ↗ S. 123). In mehreren Schriften zur Rhetorik äußert er die Überzeugung, dass zur Ausbildung des Redners in jedem Fall auch die Kenntnis der Philosophie gehört, das heißt, dass die Weisheit mit der Beredsamkeit zu verbinden sei (*prudentiam cum eloquentia iungere*, Tusc. disp. IV 7.). Auch in seiner Werbeschrift (Protreptikus) für die Philosophie, dem **„Hortensius"**, fordert Cicero dazu auf, dass der Redner sich im Sinne der Allgemeinbildung mit philosophischem Gedankengut vertraut macht.

Während der **ersten Phase** seiner erzwungenen politischen Abstinenz (von 58 v. Chr. an) entsteht u. a. **„De re publica"** („Über den Staat", 54–51 v. Chr.), das heute wohl berühmteste Werk, dessen (allerdings unvollständige) Überlieferung als Palimpsest (↗ S. 33) wir dem Zufall verdanken. Darin formuliert Cicero die Konzeption des besten Staatswesens in Anlehnung an **Platons „Politeia"** (↗ S. 122). Seine Definition des Staates *„res publica est res populi"* entspricht der römischen Vorstellung vom Gemeinwesen. Die *civitas* ist das Gemeinwesen freier Bürger und beruht auf Gerechtigkeit. Hierin liegen Cicero zufolge auch die Überlegenheit und der Herrschaftsanspruch der Römer begründet. Vor allem die Tatsache, dass die Römer sich in einer Mischverfassung (*aequatum et temperatum ex tribus … rerum publicarum*/ausgewogen und maßvoll gemischt aus drei … Staatsformen) die Vorteile dreier unterschiedlicher Verfassungsformen – Königtum, Aristokratie, Demokratie – zu eigen gemacht haben, trägt laut Cicero zu dieser Überlegenheit bei. In der abschließenden Passage, dem „Traum Scipios" *(Somnium Scipionis)*, wird eine Vision des Schicksals verdienter Staatsmänner nach ihrem Tod geschildert. Sie entspricht platonischen Vorstellungen vom Fortleben der Seele nach dem Tode.

In der **zweiten Phase** (in den Jahren 47 bis 44 v. Chr., politisch machtlos unter Caesars Alleinherrschaft) ist Ciceros literarische und philosophische Produktivität noch umfangreicher. In **„De finibus bonorum et malorum"** („Von den Grenzen des Guten und Bösen"), einer Schrift zur Ethik, unternimmt es Cicero, die grundlegenden Konzepte der hellenistischen Philosophen (vor allem der Stoá und Epikurs ↗ S. 123 f.) in einem Dialog darzulegen, der sich formal an den platonischen Dialogen orientiert. Er erörtert darin in drei Gesprächen die Frage nach einem „geglückten" Leben *(vita beata)* aus der Sicht der griechischen Philosophie, ohne jedoch eine verbindliche Antwort darauf geben zu wollen. Die Schrift ist auch wegen der **fachspezifischen Terminologie** von Bedeutung, die Cicero im Lateinischen erst neu schaffen musste. Im ersten Buch wird die epikureische Phi-

losophie dargelegt, im zweiten erfolgt eine Gegenrede. Im dritten Buch wird die stoische Lehre, im vierten die Lehre der Akademie abgehandelt. Buch 5 hat hauptsächlich die akademische und peripatetische Lehre zum Gegenstand.
In den Werken **„De divinatione“** („Über die Weissagung“) und **„De fato“** („Über das Schicksal“) behandelt Cicero Fragen eher fachphilosophischer Bedeutung, für die vor allem stoisches Gedankengut grundlegend ist.
Die **„Tusculanae disputationes“** („Tusculanische Gespräche“ in 5 Büchern, nahe Tusculum besaß Cicero ein Landgut) sind Erörterungen über existenzielle Fragen (Tod, Schmerz, Leidenschaften) sowie Zweck und Aufgabe der Philosophie. Buch 1 beschäftigt sich mit der Verachtung des Todes, 2 mit dem Ertragen von Schmerz, 3 mit der Linderung von Krankheit, 4 mit sonstigen Affekten, 5 mit der Selbstgenügsamkeit der Tugend. Vor allem im 5. Buch dieser Schrift versucht Cicero, einen Konsens in wesentlichen Punkten zu formulieren. Berühmt ist hier die Passage, in der er seine Auffassung von der Bedeutung der Philosophie darlegt (der sogenannte **„Hymnus an die Philosophie“**).
Die **„Academica“** (fragmentarisch überliefert) beschäftigen sich mit erkenntnistheoretischen Fragestellungen. Von Bedeutung ist diese Schrift vor allem für die philosophische Terminologie in lateinischer Sprache.

INFO-BOX **SKEPSIS BEI CICERO**

Kennzeichnend für sämtliche Schriften Ciceros ist die sogenannte „akademische Skepsis“ (↗ S. 122), die von der Begrenztheit menschlicher Erkenntnisfähigkeit ausgeht und sich daher mit dem Wahrscheinlichen begnügt (griech. Fachbegriff: *epoché* – Enthaltung im Urteil ↗ S. 122). Cicero urteilt nicht dogmatisch; er nimmt unterschiedliche Positionen zur Kenntnis und lässt sie als gleichrangig zur Geltung kommen. Allerdings wählt er aus ihnen manchmal auch das seiner Meinung nach plausibel Erscheinende aus (philosophischer Eklektizismus).

In **„De officiis“** („Über die Pflichten“) stellt Cicero in Form einer Lehrschrift (drei Bücher) einen Teilbereich der Ethik, die Pflichtenlehre der Stoá *(kathékonta)* dar. Buch 1 behandelt das *honestum*, Buch 2 das *utile*, Buch 3 den (scheinbaren) Konflikt zwischen beiden. Es sind Anweisungen zu einer sittlichen (d.h. der *virtus* entsprechenden) Lebensweise, die er seinem Sohn Marcus widmet. Vor allem ihr Einfluss auf christliche Schriftsteller, z.B. Ambrosius (↗ S. 91 f.), ist von Bedeutung. Ähnlich wirkungsmächtig war Ciceros Schrift **„De natura deorum“** („Über das Wesen der Götter“), weil sie in ihrer stoischen Ausprägung des Gottesbegriffs christlichem Gedankengut am ehesten entsprach.

Nachleben: Verschiedentlich werfen kritische Stimmen im 19. und 20. Jahrhundert Cicero mangelnde Eigenständigkeit („Originalität“) vor. Demgegenüber muss betont werden, dass sein philosophisches Werk nicht nur vom Umfang, sondern auch von seinem Nachwirken her unvergleichlich ist. Ihm verdanken wir eine Gesamtdarstellung griechischer Philosophie in lateinischer Sprache. Dazu musste er zunächst die griechische Fachterminologie ins Lateinische übertragen und zu diesem Zweck viele Begriffe „erfinden“. Die Spätantike und vor allem die christlichen Schriftsteller, insbesondere Augustinus (↗ S. 91, 132) und Hieronymus (↗ S. 132), profitieren von ihm.

3.5 Popularisierung

Der Erfolg eines Schriftstellers wie **Cicero** (↗ S. 126) trägt zur Breitenwirkung des philosophischen Denkens bei. Dies zeigt sich etwa bei Sallust und bei den augusteischen Klassikern. Bei **Sallust** (↗ S. 56) sind vor allem die Proömien von der Reflexion über den Menschen und Sinn und Zweck seines Daseins gekennzeichnet; dieses Menschenbild ist entscheidend für seine Geschichtsauffassung. Auch **Horaz** (↗ S. 66) integriert philosophisches Gedankengut in sein Werk; sich selbst bezeichnet er in den „Satiren“ einmal als „Schwein aus der Herde Epikurs“.

Obwohl Horaz kein philosophisches Werk im eigentlichen Sinn verfasst hat, kann man seine Weltanschauung *(carpe diem)* insbesondere aus seinen „Oden“ und „Satiren“ ableiten; hier zeigt sich, wie stark philosophisches Gedankengut die Literatur der Zeit geprägt hat: Offenbar wird Philosophie in allgemein verständlicher Form zur Lebenskunst in der römischen Oberschicht. Das Weltbild **Vergils** (↗ S. 62) ist in allen Phasen seines Schaffens von philosophischem Gedankengut beeinflusst. Auch die „Metamorphosen“ des **Ovid** (↗ S. 73) weisen u. a. mit der Rede des Pythagoras (populär-)philosophische Passagen auf.

3.6 Philosophie als Heilmittel

Schon bei Cicero hatte die Beschäftigung mit Philosophie eine therapeutische Zielsetzung. In politisch höchst unsicheren Zeiten stellte sie für viele eine Zuflucht dar. So ist es nicht verwunderlich, dass insbesondere die hellenistischen Strömungen der Philosophie Anklang fanden, die ja in Griechenland ebenfalls in einer Zeit krisenhafter Entwicklungen und tiefer Verunsicherung entstanden waren. Eine „unerschütterliche“ Grundhaltung wie die von der Stoá (↗ S. 123 f.) geforderte „Ataraxie“ und die von Epikur (↗ S. 123 f.) propagierte „Autarkie“ bot gegenüber den Unwägbarkeiten des Lebens eine Form der Zuflucht.

▶ Seneca

L. Annaeus Seneca (zu Leben und Werk ↗ auch S. 78), eine vielschichtige und schillernde Gestalt der Kaiserzeit, ist einer der bedeutendsten Vertreter der stoischen Philosophie (Stoá ↗ S. 123). In einer Reihe von Dialogen, deren Titel über die in ihnen behandelte Thematik informieren (**„De tranquillitate animi“**, **„De providentia“**, **„De brevitate vitae“**, **„De vita beata“**, **„De otio“**), befasst Seneca sich mit zentralen Themen der Philosophie, wie schon Cicero (↗ S. 126) und Lukrez (↗ S. 125). Den Schwerpunkt bildet dabei die **Ethik**.

Sein Hauptwerk bilden die Briefe an Lucilius (**„Epistulae morales ad Lucilium“**), eine Sammlung von Kunstbriefen, die lehrhaften, predigtartigen und essayistischen Charakter aufweist. Aus Sicht der Stoá kann das Leben des Einzelnen nur dann gelingen, wenn die Vernunft (griech. *lógos*/lat. *ratio*) als Kompass fungiert. Der göttliche Wille (die Vorsehung, das *fatum*) lenkt das menschliche Leben. Folglich besteht das „Rezept“ zu einem glücklichen Leben vor allem darin, diesen göttlichen Willen zu erkennen und das persönliche Schicksal zu akzeptieren (*„ducunt volentem fata, nolentem trahunt“*, sinngemäß etwa: „Denjenigen, der einverstanden ist, führt das Schicksal – wer sich aber sträubt, den reißt es mit sich“).

In der sogenannten **„Güterlehre“** *(bona)* zeigt sich Seneca ebenso als Stoiker: Außer der *virtus* existiert nichts Wesentliches, der Verzicht auf Luxus muss jederzeit ohne Bedauern erfolgen, denn materielle Güter sind bestenfalls gleichgültige Dinge (griech. *adiáphora*/lat. *indifferentia*), im ungünstigsten Fall ein Hindernis für denjenigen, der auf dem Weg zu einem qualitativ besseren, da gemäß der Natur geführten Leben ist *(secundum naturam vivere)*. Der Mensch ist ein „Voranschreitender“ (griech. *prokópton*/lat. *procedens*). Doch mildert Seneca die rigorosen Vorstellungen der alten und mittleren Stoá deutlich ab. Hinzu kommt eine aufgeschlossene Haltung gegenüber den Lehren Epikurs (↗ S. 123). Die insgesamt **pragmatische Haltung Senecas** führt dazu, dass die stoische Lehre eine deutlich höhere Akzeptanz in Kreisen der philosophisch Interessierten erfährt. Seine Auffassungen ähneln außerdem einigen Postulaten des **Christentums**; die wegweisende „humane“ Einstellung gegenüber den Sklaven und seine Vorstellungen kosmopolitischer Prägung sind dafür kennzeichnend. Diese Nähe zu christlichem Gedankengut führt bis hin zur Erfindung eines Briefwechsels zwischen Seneca und dem Apostel Paulus.

Nachleben: In direkter Nachfolge Senecas stehen die Stoiker **Epiktet**, der seine Gedanken in griechischer Sprache aufzeichnet, und Kaiser **Marc Aurel** mit dem zwischen 171 und 175 n. Chr.

entstandenen Werk **„Selbstbetrachtungen"**. Im Mittelalter ist Seneca zeitweise sehr populär und gilt als Autorität in ethischen Fragen. **Montaigne** (16. Jh.) zeigt sich in seinen „Confessions" (autobiografischen Essays) stark von Seneca beeinflusst. Auch heute bleibt eine Auseinandersetzung mit seiner Lehre, insbesondere den Thesen zu Grundfragen der menschlichen Existenz (Zeit, Tod), lohnenswert.

3.7 Ausklang und Übergang zum Mittelalter

In der Antike gab es zu allen Zeiten Lehren, die einen Hang zu okkulten und mit religiösen Vorstellungen verbundenen Konzepten aufweisen. Zum Beispiel trägt die pythagoreische Zahlenmystik irrationale Züge. Die Astrologie spielt in Rom insbesondere in der Kaiserzeit eine bedeutende Rolle. Die Bedeutung von Kulten mit Erlösungsanspruch und Initiationsriten (Mithras, Kybele, Magna Mater) nimmt ebenfalls zu. Die Verunsicherung weiter gesellschaftlicher Schichten führt zu einer Abkehr von intellektuell eher anspruchsvollen philosophischen Lehren und mehr und mehr zu einer Hinwendung zum Christentum mit seinem Heilsversprechen. Christliche Vorstellungen können sich zunehmend durchsetzen; das Christentum wird somit zur Rivalin der paganen (d. h. heidnischen) griechisch-lateinischen Philosophie. Unter Konstantin gelangt es schließlich 313 n. Chr. zur Gleichberechtigung (Toleranzedikt von Mailand); 391 n. Chr. unter Theodosius wird es Staatsreligion. Nun verfolgte das Christentum seinerseits alle Andersgläubigen, aber auch die kritische Stimme der Philosophie mit unnachgiebiger Strenge.
Die Schriften der Kirchenväter (unter ihnen Augustinus und Hieronymus) dokumentieren in eindrucksvoller Weise, wie sich das Christentum mit den „heidnischen" Philosophen auseinandersetzt. Gemäß der christlichen Dogmatik kann für andere gedankliche Konzepte kein Raum bleiben. Offenbarung entzieht sich naturgemäß jeder kritischen Überprüfung.

Aurelius Augustinus (zu Leben und Werk ↗ auch S. 91) versucht, den Vorrang christlicher Heilsgewissheit und Dogmatik erkenntnistheoretisch abzusichern. **„De civitate dei“** schreibt er unter dem Eindruck der Eroberung Roms durch Alarich (410). In seinen **„Confessiones“** ist die Orientierung an Ciceros philosophischen Schriften mit ihrem sprachlichen Ausdrucksreichtum unverkennbar, aber auch das Vorbild der biblischen Texte, z. B. der Psalmen. Die Nachwirkung des Augustinus geht über den spezifisch christlichen Aspekt seiner Schriften weit hinaus (Montaigne, Rousseau). Als Vertreter des **„Neuplatonismus“** (die Bezeichnung wird erst ab dem 18. Jh. n. Chr. üblich) fügt in der Spätantike **Plotin** (204 in Ägypten geboren) die Ansätze der griechischen Philosophie zu einem einheitlichen Gedankengebäude zusammen. Seine Anhänger (unter ihnen vor allem Porphyrios) sind im 3. Jh. n. Chr. die letzten Vertreter der paganen (d. h. nichtchristlichen) Philosophie. Die Schließung der athenischen **Akademie** (↗ S. 122) im Jahr 529 unter Kaiser Justinian kennzeichnet das **Ende der griechisch-römischen Philosophie** im eigentlichen Sinn.

In der **Spätantike** von Bedeutung ist weiterhin die **„Consolatio philosophiae“** („Trost der Philosophie“) des **Boethius** (↗ S. 93), die unter der Herrschaft des Ostgotenkönigs Theoderich, also bereits nach dem Ende des Weströmischen Reichs, entsteht (↗ S. 14). Sie ist insofern außergewöhnlich, als sich der Autor in diesem philosophischen Werk angesichts seiner bevorstehenden Hinrichtung klassischen philosophischen Gedankengutes bedient. Im **Mittelalter** bedient sich die **Scholastik** mit **Thomas von Aquin** der heidnischen Philosophie (mit Aristoteles als wichtigstem Repräsentanten) zur Formulierung der christlich-theologischen Weltsicht. Erste Ansätze, die diese christliche Dogmatik infrage stellen, werden erst gegen Ende des Mittelalters erkennbar (**Bacon**). Die **Humanisten** (**Beatus Rhenanus, Erasmus, Petrarca**) wenden sich von der aristotelisch geprägten Rationalität innerhalb des christlichen Denkens ab und der neuplatonischen Philosophie (s. o.) zu.

4 Der Mythos

4.1 Was ist ein Mythos?

Der griechische Begriff *mythos* bedeutet zunächst einmal nur „Wort“ oder „Geschichte“. Mythen sind Erzählungen, die lange Zeit nur mündlich überliefert wurden und deren Anfänge nicht mehr auszumachen sind. Sie besitzen ein festes Handlungsmuster, das aber im Detail variiert werden kann. Sie „wollen Gültiges aussagen über die Entstehung der Welt, der Gesellschaft und ihrer Institutionen, über die Götter und ihr Verhältnis zu den Menschen, kurz über alles, was die menschliche Existenz bestimmt“ (F. Graf). Die griechische Kultur ist an Erzählungen dieser Art besonders reich. Noch heute gehören Geschichten wie die von Ödipus oder dem Trojanischen Krieg zur Allgemeinbildung.

4.2 Griechischer Mythos in Rom

Da die Römer nur wenige eigene bedeutende Mythen besaßen, übernahmen ihre Autoren viel aus der reichen griechischen Tradition. Die Abhängigkeit der Römer von den Griechen zeigt sich auch in der „Übernahme“ griechischer Götter. Oft glichen die Römer ihre eigenen Götter den griechischen an. Eine Vielzahl griechischer Mythen wird in Ovids Hauptwerk, den „Metamorphosen“ (↗ S. 74), dargestellt. Spätestens seit der ausgehenden Republik war die gebildete römische Oberschicht ohnehin zweisprachig (lateinisch/griechisch) und gut mit dem griechischen Mythos vertraut. In Pompeji etwa ließen reiche Bürger die Wände ihrer Villen mit mythologischen Motiven dekorieren.

Später haben Autoren wie Hygin (↗ S. 90) ganze Nachschlagewerke mit Kurzdarstellungen griechischer Mythen für die interessierte römische Oberschicht verfasst.

Die zwölf olympischen Götter

Wie Hesiod in seiner „Theogonie" (↗ S. 18), berichtet, hatten nach **Uranos** sein Sohn **Kronos** und die Titanen die Weltherrschaft übernommen. Auf Kronos wiederum folgte sein Sohn **Zeus**, der zusammen mit seinen Geschwistern seinen Vater Kronos und die Titanen in einer gewaltigen Schlacht besiegte. So herrschten nun die zwölf olympischen Götter (Zeus mit seinen Geschwistern und Kindern) auf dem **Olymp**. Mit der Zeit setzten die Römer die griechischen Götter mit ihren eigenen gleich.

▶ Zeus, lat. Jupiter, Gen. Iovis

Sohn des Kronos und der Rhea

Bereiche: Oberster Gott („Göttervater"), Wettergott, Verwalter des Fatums, Weissagung, Gastfreundschaft

Attribute: Bart, Zepter, Blitz, Adler

Wichtige Mythen: Zeus entführt Europa in Gestalt eines Stiers nach Kreta. Er „erobert" die Nymphe Callisto aus dem Gefolge der Diana in deren Gestalt, woraufhin Callisto von Diana wegen ihrer Schwangerschaft verstoßen wird. Als goldener Regen „verführt" Jupiter die Königstochter Danae, in Gestalt eines Schwans die Königstochter Leda. Er entführt den Jüngling Ganymed von der Erde und macht ihn zu seinem „himmlischen Mundschenk". – Neben diesen und zahlreichen anderen erotischen Abenteuern ist Zeus der „Verwalter" des Schicksals (lat. *fatum*), d. h., er kennt den Lauf des Schicksals, ohne es ändern zu können. So verheißt er im ersten Buch von Vergils „Aeneis" (↗ S. 64) der besorgten Venus eine erfolgreiche Fahrt des Aeneas und die ewige Größe Roms. In der Folgezeit sorgt er dafür, dass Juno ihre feindseligen Absichten gegen Aeneas und die Trojaner aufgeben muss.

▶ Hera, lat. Juno

Tochter des Kronos und der Rhea, Schwester und Gattin des Zeus
Bereiche: Schutzgöttin der heranwachsenden und verheirateten Frauen, Geburt (als Juno Lucina), Hochzeit
Attribute: Diadem, Szepter, Pfau
Wichtige Mythen: Hera zeigt sich oft als zürnende und strafende Gottheit – und als eifersüchtige Ehefrau. Nach der Niederlage beim Urteil des Paris (↗ S. 141 f.) war Hera lange Zeit die Feindin Trojas und dann des Aeneas. Die Stadt Theben strafte sie mit der Sphinx (Ödipus ↗ S. 147).

▶ Pallas Athene, lat. Minerva

Tochter des Zeus und der Metis
Bereiche: Wissenschaften, (Verteidigungs-)Krieg, Beschützerin der Städte, z. B. Troja, Athen, Rom (Kapitolinische Trias ↗ S. 173), Webkunst und Handwerk allgemein
Attribute: Rüstung, Lanze, Aigis (Ziegenfell mit dem Kopf der Gorgo, deren Blick versteinert), Ölbaum (Olive), Eule
Wichtige Mythen: Athene ist eine „Kopfgeburt“: Nachdem Zeus die schwangere Titanin Metis verschlungen hatte, entstieg Athene seinem Kopf – in voller Rüstung. Später war Athene die Schutzgöttin des Odysseus auf seinen Irrfahrten (↗ S. 144). Die Weberin Arachne, die Athene zum Wettkampf herausfordert und auf einem Teppich moralische Fehltritte der Götter darstellt, wurde von Athene in eine Spinne verwandelt (Arachne – griechisch: Spinne).

▶ Aphrodite, lat. Venus

Tochter des Zeus und der Dione
Bereiche: Schönheit, Erotik, (körperliche) Liebe, Schutzgöttin der Seefahrer
Attribute: Die Göttin wird meist nur spärlich bekleidet und oft zusammen mit ihrem Sohn Eros (lat. Amor, ↗ S. 140) dargestellt; Tauben ziehen ihren Wagen.

Wichtige Mythen: Gattin des Hephaistos, Geliebte des Ares (↗ S. 138); sie besitzt Kultstätten auf Zypern und der Insel Cythera.
Beim **Urteil des Paris** (↗ S. 141 f.) ist sie Siegerin über Hera und Pallas Athene. Sie ist Mutter und Schutzgöttin des Aeneas und über dessen Sohn Ascanius-Iulus Ahnherrin der *gens Iulia* (↗ S. 152). Sie liebt den schönen Adonis; als dieser bei einem Jagdunfall stirbt, verwandelt sie ihn in eine Blume.

▶ Demeter, lat. Ceres

Tochter des Kronos und der Rhea, Schwester des Zeus
Bereiche: Ackerbau (besonders Getreide), Fruchtbarkeit, Schutzgöttin der verheirateten Frauen, Schutzgöttin der Mysterien in Eleusis.
Attribute: Ährenbündel, Füllhorn, Fackel
Wichtige Mythen: Nachdem Hades (↗ S. 141) ihre Tochter Persephone (lat. Proserpina) in die Unterwelt entführt hatte, suchte Demeter diese vergeblich auf der ganzen Erde (auch nachts, daher wird Demeter oft mit einer Fackel dargestellt). Hades machte Persephone, die als Tochter der Demeter ursprünglich eine Vegetationsgottheit war, zu seiner Frau und Totengöttin. Doch Demeter erreichte, dass ihre Tochter einen Teil des Jahres an die Oberwelt durfte. So erklärte man den jährlichen Beginn der Vegetation.

4

▶ Poseidon, lat. Neptun

Sohn des Kronos und der Rhea, Bruder des Zeus
Bereiche: Meer, Pferde
Attribute: Fisch, Dreizack (für den Fischfang)
Wichtige Mythen: Da Odysseus (↗ S. 144) seinen Sohn, den Kyklopen Polyphem, blendete, verfolgte Poseidon ihn mit seinem Hass und sorgte für eine lange Irrfahrt über das Mittelmeer.

▶ Ares, lat. Mars

Sohn des Zeus und der Hera, Vater von Romulus und Remus (↗ S. 152)
Bereich: Krieg, nach Mars wurde das Marsfeld in Rom benannt *(Campus Martius)*
Attribute: Rüstung, Waffen, (in Italien auch: Specht, Wolf)
Wichtige Mythen: Geliebter der Aphrodite. Beide werden von deren Mann Hephaistos *in flagranti* ertappt.

▶ Hermes, lat. Mercur

Sohn des Zeus und der Maia
Bereiche: Götterbote, Führer der Seelen in die Unterwelt, Gott der Reisenden, Händler und Diebe
Attribute: Flügelschuhe, Flügelhut, Botenstab mit Schlangen, Geldbeutel
Wichtige Mythen: Oft ist Hermes im Auftrag seines Vaters Zeus unterwegs, mitunter auch in zweifelhafter Mission. Zur Vorbereitung der Entführung Europas etwa treibt er für Zeus (↗ S. 135) eine Rinderherde an den Strand. Gemeinsam mit Zeus ist Hermes *incognito* bei dem alten Paar Philemon und Baucis zu Gast, deren Frömmigkeit und Gastfreundschaft die beiden Götter reich belohnen.

▶ Artemis, lat. Diana

Tochter des Zeus und der Leto, Schwester des Apoll
Bereiche: Jagd, Schutzgöttin der Jugend (Mädchen), wird mit der Mondgöttin Selene identifiziert
Attribute: Kurzes Jagdgewand, Köcher, Pfeile, Bogen, Jagdhunde, Zeichen des Halbmondes auf dem Stirnreif, oft in Begleitung von Nymphen dargestellt
Wichtige Mythen: Artemis tritt oft als strafende Gottheit auf: Sie tötet mit ihrem Bruder Apoll die 14 Kinder der Niobe, die ihre Mutter Leto verspottet hatte.

▶ Apollon, lat. Apollo

Sohn des Zeus und der Leto, Bruder der Artemis

Bereiche: Musik und Dichtkunst, Künste allgemein, Wahrsagung, Heilkunst, Bogenschuss, mit dem Sonnengott (Helios/Phoebus) gleichgesetzt, in Rom Schutzpatron des Augustus

Attribute: Leier, Pfeil und Bogen, lockiges Haar

Wichtige Mythen: Apolls Orakel in Delphi wurde von vielen Ratsuchenden konsultiert: Gegen Gebühr befragten Priester die Pythia. Diese saß auf einem Dreifuß über einer Erdspalte, aus der berauschende Dämpfe aufstiegen. Ihre Laute wurden dann von den Priestern in einen Spruch gefasst.

Neben Delphi ist die Insel Delos sein Hauptkultort, da ihn dort seine Mutter Leto gebar. Auch die Sibylle von Cumae, die Aeneas (↗ S. 150) in Ekstase die Zukunft kündet und ihn dann durch die Unterwelt führt, ist eine Priesterin Appolls. – Der Gott verfolgt die Nymphe Daphne, die sich ihm durch Verwandlung in einen Lorbeerbaum (griech. *daphne*) entzieht. Er besiegt den Satyr Marsyas im musischen Wettkampf und zieht ihm bei lebendigem Leib die Haut ab. Als Gott der Künste steht Apoll den neun Musen (↗ S. 140) vor.

▶ Hephaistos, lat. Vulcanus

Sohn des Zeus und der Hera, Gatte der Venus

Bereich: Gott des Feuers und der Schmiedekunst

Attribute: Schmiedewerkzeuge, oft zusammen mit seinen Gehilfen, den Kyklopen, dargestellt, hinkend

Wichtige Mythen: Jeweils im Auftrag seiner Gattin Aphrodite schmiedet Hephaistos in Homers „Ilias“ (↗ S. 17) den Schild des Achill, in Vergils „Aeneis“ (↗ S. 62, 150) die Waffen und die Rüstung für Aeneas. Er ertappt Aphrodite bei einem Seitensprung mit Ares (↗ S. 138). Von den herbeigerufenen Göttern kommen nur die männlichen. Diese sind jedoch nur amüsiert und stimmen das berühmte homerische Gelächter an, das dem Hephaistos kaum weniger gilt als dem Ares.

▶ Dionysos, lat. Bacchus/Liber

Sohn des Zeus und der Semele

Bereiche: Gott des Weines, des Rausches und der Ekstase, in Athen Schutzpatron der Großen Dionysien (Tragödie ↗ S. 22)

Attribute: Weinlaub, Efeu, Thyrsosstab, Panther; in seinem Gefolge oft Silene und Satyrn sowie die Mänaden/Bacchantinnen (berauschte Frauen)

Wichtige Mythen: Zeus hatte die Königstochter Semele in Menschengestalt verführt. Eines Nachts bat sie ihn, sich in seiner wahren Gestalt zu zeigen, doch Zeus' strahlende Erscheinung vernichtete sie. Zeus nähte sich das Kind, mit dem Semele bereits schwanger gewesen war, in die Hüfte ein – und „gebar" so nach drei Monaten den Dionysos. Später rettete Dionysos die von Theseus verlassene Ariadne. Dem König Midas stellte Dionysos einen Wunsch frei. Midas wünschte sich, dass alles, was er berührte, zu Gold werde. Bald aber merkte er, wie unüberlegt dies war: Gold kann man nicht essen. Großzügig machte Dionysos den Wunsch rückgängig.

▶ Weitere Gottheiten

Eros, lat. Amor/ Cupido	Sohn der Aphrodite/Venus; sein Pfeilschuss lässt bei Göttern und Menschen die Liebe entstehen; fast immer als kleiner geflügelter Junge dargestellt, oft zusammen mit seiner Mutter Aphrodite
Die Musen	Göttinnen der Künste und Wissenschaften, Töchter des Zeus und der Mnemosyne. Ihre Heimat ist der Berg Helikon in Böotien (Griechenland). Oft werden die Musen von den Dichtern zu Beginn ihrer Werke um Beistand gebeten. Ihre Zuweisung zu einzelnen Bereichen erfolgte recht spät und variiert teilweise. **Kallíope:** Epische Dichtung, Wissenschaft; **Klio:** Geschichtsschreibung; **Euterpe:** Flötenspiel; **Terpsíchore:** Tanz, Chordichtung; **Eráto:** Gesang und Tanz, Liebesdichtung; **Melpómene:** Tragödie; **Thalía:**

	Komödie; **Polyhymnia:** Pantomime, Gesang, Hymnendichtung; **Urania:** Astronomie
Hades/Pluto, lat. Dis/ Orcus	Sohn des Kronos und der Rhea, Gott der Unterwelt (↗ S. 147)
Hestia, lat. Vesta	Tochter der Kronos und der Rhea, Göttin des Herdes und des Herdfeuers. Wie die Göttin mussten auch ihre Priesterinnen in Rom, die Vestalinnen, keusch und kinderlos bleiben.
Iris	Als Götterbotin ist Iris das weibliche Gegenstück zu Hermes. Sie ist eng mit der Göttin Hera verbunden; sie steigt auf dem Regenbogen zur Erde herab.
Die Moiren, lat. Parzen	Die drei Schicksalsgöttinnen, die man sich als alte Frauen vorstellte: **Clotho** spinnt den Lebensfaden, **Lachesis** misst ihn ab, **Atropos** schneidet ihn ab.
Prometheus	Der Titan Prometheus (griech. der Vorausdenker) überlistete Zeus mehrfach. Er erschuf nicht nur den Menschen (aus Ton, Pallas Athene hauchte ihnen dann Leben ein), sondern zeigte sich auch später mehrfach als Wohltäter der Menschheit. Als er gegen Zeus' Willen den Menschen das Feuer brachte, ließ Zeus ihn an einen Felsen des Kaukasus schmieden. Der Adler des Zeus fraß täglich von seiner Leber, die nachts wieder nachwuchs. Herakles (↗ S. 145) befreite Prometheus schließlich.

4

Wichtige Mythen und Sagen

BEACHTE Wir führen hier nur einige zentrale und von römischen Autoren häufig aufgegriffene Mythen und Sagen an. Ausführliche Darstellungen unter den Literaturtipps (↗ S. 231).

▶ Der Trojanische Krieg

Vorgeschichte: Als Eris, die Göttin der Zwietracht, nicht zur Hochzeitsfeier von Peleus und Thetis eingeladen worden war, warf sie von der Türschwelle einen Apfel mit der Aufschrift „Der Schönsten" unter die versammelten olympischen Götter. Sogleich entbrannte ein Streit zwischen Hera, Pallas Athene und Aphrodite, wer die Schönste sei. Der Trojaner Páris wurde von Zeus zum Richter bestimmt und erklärte Aphrodite zur Siegerin. Dies hatte Folgen: Aphrodite löste ihr „Wahlversprechen" ein und ermöglichte Páris die Entführung der Helena, die als schönste Frau der antiken Welt galt. Unglücklicherweise war diese bereits mit dem Spartanerkönig Menelaos verheiratet. Daraufhin sammelte sich in der Stadt Aulis ein großes Griechenheer unter Führung des mykenischen Königs Agamemnon, Menelaos' Bruder, um Helena zurückzuholen. Da Agamemnon die Göttin Artemis beleidigt hatte, verlangte diese für günstigen Fahrtwind die Opferung seiner Tochter Iphigenie. Auf dem Altar wurde Iphigenie von Artemis in Nebel gehüllt und durch eine Hirschkuh ersetzt.

Der Kriegsverlauf: Die Belagerung Trojas dauerte schon neun Jahre, mit wechselndem Kriegsglück und unter reger Beteiligung der Götter. Als Agamemnon aber einem Priester des Apollon seine Tochter raubte und zur Dienerin machte, schickte der Gott eine Pest in das Griechenlager. Agamemnon gab das Mädchen nur unter der Bedingung heraus, dass auch Achill auf seine Lieblingssklavin Briseis verzichten sollte. Da zog sich Achill beleidigt aus dem Kampf zurück. So neigte sich das Kampfglück zugunsten der Trojaner, die sogar in das griechische Lager eindringen und bei den Schiffen Feuer legen konnten. Erst als Achills Freund Patroklos von Hektor getötet wurde, griff Achill wieder in den Kampf ein. Seine Mutter Thetis ließ ihm von Hephaistos eine neue Rüstung anfertigen, und Achill richtete ein großes Blutbad unter den Trojanern an. Schließlich kam es zum Zweikampf zwischen Achill und Hektor: Der Trojaner fiel, und Achill schleifte ihn an seinem Streitwagen um die Stadt. Mit Hermes' Hilfe konnte der alte König Priamos unbemerkt in das Lager der Griechen gelangen und bei Achill den Leichnam seines toten Sohnes auslösen. – Neue Hilfe und Hoffnung erhielten die Trojaner durch die Amazonenkönigin Penthesilea und den Äthioperkönig Memnon, doch auch sie beide fallen durch Achills Hand. Schließlich gelang es Páris mit der Hilfe Apolls, Achill durch einen Pfeilschuss in die rechte Ferse zu töten. Páris seinerseits starb bald darauf durch einen Pfeilschuss des Philoktet.

Das hölzerne Pferd: Auf Anraten des listenreichen Odysseus zimmerten die Griechen schließlich ein hölzernes Pferd, in dem sich die tapfersten Krieger verbargen. Sie stellten es vor den Mauern Trojas auf und zogen sich auf die Insel Tenedos zurück. Die Trojaner glaubten nun, die Griechen seien abgezogen, und holten – trotz der Warnungen des Priesters Laokoon und der Seherin Kassandra – das Pferd voll Freude in die Stadt in den Tempel der Athene. Der vermeintliche Sieg wurde ausgelassen und sorglos gefeiert. Nachts jedoch kletterten die Griechen aus dem Pferd und öffneten ihrem heimlich zurückgekehrten Heer die Stadttore. In einem gewaltigen Blutbad wurde Troja zerstört. Dem Trojaner Aeneas gelang es, mit einigen Getreuen aus der Stadt zu fliehen; die Heimfahrt des Griechen Odysseus sollte sich über zehn Jahre hinziehen.

Lernbox „Kampf um Troja": Wer gegen wen?

	Griechen	Trojaner
Wichtige Kämpfer	**Agamemnon** (Heerführer), **Achill**, **Patroklos**, **Odysseus**, **Diomedes**, **Menelaos**, **Ajax**, **Philoktet**	**Hektor** (Heerführer), **Paris**, **Aeneas**, **Penthesilea** (Amazone, Tochter des Ares)
Weitere Personen	**Kalchas** (Seher), **Nestor** (weiser alter Ratgeber)	**König Priamos**, **Anchises** (dessen Bruder, Vater des Aeneas), **Kassandra** (Seherin), **Laokoon** (Priester), **Helena**
Helfende Götter	**Athene**, **Hera**, **Poseidon**, **Hephaistos**, **Hermes**, **Thetis** (Mutter des Achill)	**Aphrodite**, **Apollon**, **Ares**, **Artemis**

Odysseus (lat. Ulixes)

Nach dem Sieg über Troja trat Odysseus mit seinen Gefährten die Heimreise nach Ithaka an (eine kleine Insel nordöstlich des Peloponnes), wo er als König herrschte. Die Heimreise dauerte noch einmal 10 Jahre und ist Thema der „Odyssee". Sie verlief kreuz und quer durch das westliche Mittelmeer; ihre Stationen sind nur teilweise lokalisierbar.
Die ganze Zeit über wurde Odysseus' Haus auf Ithaka von einer großen Schar von Männern besetzt gehalten, die um seine Frau Penélope warben und die Vorräte des Hauses aufzehrten. Sie werden nach der berühmten Übersetzung von J. H. Voss (1793) als die „Freier" bezeichnet. Odysseus' Sohn Telemach machte sich auf die Suche nach dem Vater. Sieben Jahre wurde Odysseus auf der Insel der Atlas-Tochter Kalypso festgehalten, bis Zeus ihr auf Bitten der Athene befahl, Odysseus ziehen zu lassen. Poseidon zerstörte jedoch durch einen Seesturm sein Floß. Mit letzter Kraft gelangte Odysseus auf die Insel der Phäaken unter dem König Alkinoos, wo er gastlich aufgenommen wurde und rückblickend von seinen Abenteuern und Irrfahrten von Troja bis zur Insel der Kalypso erzählte.
In einer Rückblende erzählt Odysseus, wie er und seine Gefährten durch eine List aus der Höhle des einäugigen Zyklopen Polyphem entkamen. Weil sie dabei dem Riesen das Augenlicht raubten, wurde dessen Vater Poseidon der Feind des Odysseus. Stets hilfreich dagegen stand ihrem Liebling Odysseus die Göttin Athene zur Seite. Die Zauberin Kirke verwandelte Odysseus' Gefährten in Schweine, und nur mithilfe des Hermes konnte Odysseus ihre Rückverwandlung erzwingen. Nach einer Liebesnacht mit Odysseus gab Kirke dem Helden wertvolle Tipps: Auf ihren Rat gelang es Odysseus, im Totenreich mit der Seele des Sehers Teresias zu sprechen, der ihm die Zukunft wies. Dem verlockenden Gesang der Sirenen entging Odysseus nur, weil er sich auf Anraten der Kirke am Schiffsmast festbinden und die Gefährten mit Wachs in den Ohren an der Insel der tödlichen Vogelfrauen vorbeifahren ließ. Es gelang Odysseus, seine Schif-

fe zwischen den Ungeheuern Skylla und Charybdis hindurchzusteuern. Da seine Leute die Herden des Sonnengottes schlachteten, verlor er die übrigen Gefährten in einem Seesturm und erreichte schließlich die Insel der Kalypso.
Nachdem er seine Abenteuer erzählt und sich gestärkt hatte, wurde Odysseus von einem Schiff der Phäaken in seine Heimat gebracht. Er gab sich dort nicht gleich zu erkennen, sondern suchte als Bettler verkleidet beim Schweinehirten Eumaios Unterschlupf. Auf Anraten von Athene gab er sich seinem zurückgekehrten Sohn Telemach zu erkennen, und gemeinsam nahmen sie grausame Rache an den Freiern.

▶ Herakles, lat. Hercules

Sohn des Zeus und der Alkmene. Seine Kräfte stellte Herakles erstmalig unter Beweis, als er die Schlangen würgte, welche die grollende Hera in seine Wiege gelegt hatte (Herakles war ja das Ergebnis einer der vielen Seitensprünge des Zeus). Später versetzte Hera ihn in Wahnsinn, sodass er seine Frau und Kinder umbrachte. Zur Sühne riet ihm das Orakel von Delphi, sich in den Dienst des Königs Eurystheus zu begeben; dafür sollte er Unsterblichkeit erlangen. Eurysteus hasste Herakles, und um ihn in den Tod zu treiben, stellte er ihm zwölf kaum lösbare Aufgaben. Herakles bewältigte sie alle.

Die zwölf Taten des Herakles: 1. Er tötete den Löwen von Nemea. Der Löwenkopf samt Fell diente ihm seitdem als „Helm", der neben der Keule sein Markenzeichen wurde. 2. Er bezwang die Lernäische Hydra, eine Wasserschlange. Schlug man ihr einen Kopf ab, wuchsen zwei neue nach. 3. Er fing die schnelle Hirschkuh von Kernyeia (nach einjähriger Verfolgung). 4. Er fing den erymantischen Eber. 5. Er tötete die stymphalischen Vögel mit vergifteten Pfeilen. 6. Er mistete die riesigen Rinderställe des Augias an einem Tag aus, indem er zwei Flüsse umleitete. 7. Er bändigte den Stier von Kreta, der die Insel verwüstet hatte. 8. Er bändigte die menschenfressenden Rosse des Diomedes. 9. Er errang den Gürtel der Amazone Hippolyte. 10. Er überwältigte den dreiköpfigen Geryon und raubte dessen Rinderherden. Auf der Fahrt dorthin errichtete er an der Meerenge von Gibraltar die „Säulen des Herakles". 11. Er holte die goldenen Äpfel der Hesperiden. 12. Er entführte den Kerberus aus der Unterwelt.

Weitere Taten: Herakles werden zahlreiche weitere Abenteuer und Heldentaten zugeschrieben, was auch daran liegt, dass viele lokale Heroen mit ihm gleichgesetzt wurden. Bei einem Aufenthalt in Olympia soll Herakles die Olympischen Spiele eingerichtet haben. Er brachte den olympischen Göttern entscheidende Hilfe im Kampf gegen die Giganten und befreite Prometheus von seinem Felsen. Noch vor der Ankunft des Aeneas in Latium soll Herakles mit den Rindern des Geryon (10. Heldentat, s. o.) am Tiber gerastet haben, als der riesenhafte Cacus ihm die schönsten Rinder raubte und dabei rückwärts in seine Höhle zog, um die Spuren zu verwischen; nur ihr Muhen verriet sie. Herakles überwältigte Cacus und tötete ihn. Dies ist die Ursprungssage für den Herkules-Kult in Rom (*Ara maxima* am Rindermarkt).

Tod und Apotheose: Der Kentaur Nessos war von Herakles getötet worden, als er dessen Frau Deianeira Gewalt antun wollte. Dieser gab ihr sterbend etwas von seinem Blut, angeblich einen Liebeszauber, tatsächlich aber war es Gift. Deianeira, die an der Treue ihres Mannes zweifelte, schickte Herakles ein Gewand, das sie damit getränkt hatte. Dieses verbrannte ihm die Haut und ließ sich nicht mehr ablegen. Zum Sterben bereit, ließ Herakles sich auf den Berg Oeta tragen und dort auf einem Scheiterhaufen verbrennen. Er wurde unter die Götter aufgenommen (Apotheose), wie es das Orakel verkündet hatte, und erhielt die Göttin Hebe zur Frau. – Als Wohltäter, „Kraftmensch" und Dulder war Herakles äußerst populär und eine Art griechischer Nationalheld.

Ödipus

Ein Orakel hatte König Laios von Theben gewarnt, dass sein Sohn ihn umbringen werde. So ließ er das Kind mit durchstochenen Fersen aussetzen (Ödipus = „Schwellfuß“), doch Schäfer fanden es und brachten es zu König Polybos von Korinth, der es aufzog. Später begegnete Ödipus auf einer Reise seinem Vater Laios: Ohne ihn zu erkennen, tötete er ihn im Streit. Er gelangte nach Theben und konnte das Rätsel der Sphinx lösen. Dafür wurde er König von Theben und heiratete so die verwitwete Königin Iokaste – also seine Mutter! Als eine Pest die Stadt heimsuchte, erfuhr sein Schwager Kreon vom Orakel in Delphi, dass die Pest nur enden würde, wenn der Mörder des Laios gefunden werde. Als Ödipus schließlich nach langen Nachforschungen klar wurde, dass er selbst der Mörder war, blendete er sich. Seine Tochter Antigone führte ihn in den heiligen Hain von Kolonos bei Athen, wo er den Rest seines Lebens verbrachte.

Die Unterwelt

Herrscher der Unterwelt und Gott der Toten ist Hades (auch Pluto, lat. Dis, Orcus), Sohn des Kronos und der Rhea und damit auch Bruder des Zeus und des Poseidon. Bei der Aufteilung der Welt war Jupiter der Himmel zugefallen, Poseidon das Meer und Pluto die Unterwelt, in der er unerbittlich herrschte. Seine Gemahlin ist Persephone (lat. Proserpina), die Tochter seiner Schwester Demeter (lat. Ceres). Die Toten stellte man sich als körperlose Schatten vor, die nach dem Tode in der Unterwelt ein freudloses Dasein fristeten. Der Eingang wurde vom dreiköpfigen Hund Kerberus bewacht, wobei das Ungeheuer vor allem die Rückkehr der Seelen an die Oberwelt verhindern sollte. Der Gott Hermes geleitete die Seelen in die Unterwelt. Vom Fährmann Charon wurden sie über den Unterweltfluss Styx gebracht. Bei der Styx schworen sogar die Götter. Wer unbestattet geblieben war, hatte lange auf die ersehnte Überfahrt zu warten. Es war ein verbreiteter Brauch, als „Fahrgeld“ für Charon den Toten eine Münze unter die Zunge zu legen (den Obolus). Als weitere Flüsse werden der wilde Acheron und die Lethe genannt, aus der die Seelen tranken, um ihr früheres Leben zu vergessen. Die Lethe umfließt das Elysium, den Tartarus ein Feuerstrom.

Elysium und Tartarus: Die drei Totenrichter Minos, Rhadamanthys und Aiakos bestimmten den weiteren Weg der Schattenseelen: Einer kleinen Gruppe besonders verdienter Menschen (wie z. B. Aeneas' Vater Anchises ↗ S. 150) war es vergönnt, das Elysium zu bewohnen, einen abgegrenzten, paradiesartigen Bezirk (lat. *sedes beatae*). Große Sünder dagegen, die Verwandtenmord begangen hatten oder die Götter betrügen wollten, mussten im Tartarus, einem besonders schrecklichen und finsteren Bereich, ewige Qualen erdulden.

Einige große Sünder
Sisyphus musste einen Stein den Berg hinaufwälzen, der immer wieder herunterrollte. **Tantalus** litt ewigen Hunger und Durst. **Ixion** war auf ein sich drehendes Rad gebunden. Die **Danaiden** mussten Wasser in ein Fass ohne Boden schöpfen.

Besucher der Unterwelt: Einen der Eingänge zur Unterwelt dachte man sich am Averner See bei Cumae, den Aeneas unter der Führung der Apollo-Priesterin Sibylle zum Besuch seines Vaters im Elysium benutzte. Herakles holte den Kerberus an die Oberwelt und überwältigte zuvor sogar Hades im Kampf. Odysseus erfuhr durch die Seele des Teresias von seinem weiteren Schicksal. Ein Sonderfall war der Sänger Orpheus, der seine früh verstorbene Gattin Eurydike aus der Unterwelt zurückholen wollte. Mit seinem Gesang beeindruckte er Hades und Persephone so sehr, dass sie ihm erlaubten, Eurydike wieder an die Oberwelt zu führen – aber nur unter der Bedingung, sich dabei nicht umzudrehen. Als Orpheus dies voll sorgender Liebe dennoch tat, führte Hermes Eurydike wieder zu den Schatten zurück.

4.3 Römische Mythen

Die Römer übernahmen die griechischen Mythen in großem Umfang in ihren Bildungskanon, ihr eigener Mythenschatz war bescheiden. Zwar gab es auch in Rom und Latium eine Vielzahl lokaler Sagen, doch ihre literarische Verbreitung, etwa durch Ovids „Fasten“ (↗ S. 75), blieb begrenzt. Vollendet ausgestaltet und reich überliefert standen die griechischen Mythen zur Verfügung, mit großer Symbolkraft und menschlicher Allgemeingültigkeit. Anders als die griechischen sind römische Mythen meist Kultgeschichten oder Nationalmythos. Dieser besteht im Wesentlichen aus:

- der **Sage von Aeneas** (S. 150) und seinen Nachkommen, die Vergil in seiner „Aeneis“ (↗ S. 64) ausgestaltet hat,
- der **Gründungssage Roms** (Romulus ↗ S. 152), die in irgendeiner Weise fast alle römischen Autoren thematisieren, und
- einer Reihe von **„Heldengeschichten“** aus frührömischer Zeit (↗ S. 155). Diese sind uns vor allem durch das Werk des Livius (↗ S. 61) überliefert.

All diesen Stoffen gemeinsam und zugleich typisch römisch ist, dass ihre Akteure mit ihrem vorbildlichen Verhalten *exempla* für ein tugendhaftes und der *res publica* dienliches Verhalten bieten. Hier steht also nicht – wie im griechischen Mythos – der Aspekt des Allgemein-Menschlichen, sondern der des Gemeinwohls (also Roms) im Vordergrund: Für das spätere *Rom* verlässt Aeneas seine geliebte Dido; quasi programmatisch für die künftige Wehrhaftigkeit *Roms* tötet Romulus seinen Bruder, für den Fortbestand *Roms* setzen Horatius Cocles, Marcius Curtius und andere ihr Leben aufs Spiel. Auch Frauen können *virtus* zeigen und leuchtende Beispiele der *pudicitia*, also des sittenstrengen Lebens, sein (Lucretia ↗ S. 156, Verginia ↗ S. 157). Auf die Gesamtheit der Werte, welche dieser nationale Mythenschatz repräsentiert und propagiert, gründete sich für viele Jahrhunderte das Selbstverständnis und die Identität Roms.

Der damalige römische Leser hielt die Überlieferung aus der Frühzeit – mindestens ab der Stadtgründung – für historisch wahr. Gezweifelt wurde höchstens an allzu phantastischen Details. So errechnete Varro (↗ S. 58) als Gründungsjahr Roms 753 v. Chr. und datierte den Untergang Trojas auf 1184. Aus heutiger Sicht sind ein Romulus oder eine Verginia keine historischen Gestalten, man vermutet allenfalls einen historischen Kern oder deutet die Geschichten symbolisch.

▶ Aeneas

Was wir von Aeneas, dem Sohn der Venus (↗ S. 136) und des Anchises, wissen, stammt überwiegend aus Vergils „Aeneis“ (↗ S. 62). Dessen Ausgestaltung des sehr alten Stoffes verdrängte frühere Darstellungen fast gänzlich und wurde für alle Zeiten kanonisch.

Im Trojanischen Krieg (↗ S. 141) verteidigt Aeneas die Stadt gegen die Griechen und ist nach Hektor der tapferste Trojaner. Aeneas spielt in Homers „Ilias“ (↗ S. 17) jedoch nur eine untergeordnete Rolle. Auf Befehl seiner Mutter Venus flieht Aeneas mit dem Vater Anchises auf dem Rücken aus Troja. Vergil lässt Aeneas den gefallenen Hektor im Traum erscheinen: Auch er mahnt zur Flucht. Dass Aeneas auf dieser Flucht seine Frau Creusa verloren hat, merkt er erst spät. Er findet sie nicht wieder, doch als Erscheinung rät sie ihm, Italien als neue Heimat für die fliehenden Trojaner zu suchen. Erst nach langen Irrfahrten gelangt Aeneas nach Latium, um dort die Stadt Lavinium zu gründen. Zwischenstationen dorthin sind u. a. Delos, Kreta, Sizilien und Karthago, wohin die Trojaner ein Seesturm verschlägt.

In Karthago werden die Trojaner von der Königin Dido, die sich in Aeneas verliebt, herzlich aufgenommen. Erst auf die Mahnung Jupiters, die Merkur ihm überbringt, erinnert sich Aeneas an seinen Auftrag, Italien aufzusuchen. Dido bringt sich beim Weggang des Aeneas aus Verzweiflung um. Daher stammt – nach Vergil, vielleicht schon nach Naevius (↗ S. 39) – die alte Feindschaft zwischen Rom und Karthago. Endlich in Italien angekommen, haben die Trojaner noch eine Reihe schwerer Kämpfe zu bestehen.

Exakt in der Mitte des ersten Buches stellt Aeneas sich Dido vor: „*Sum pius Aeneas*". *Pietas* (mit „Frömmigkeit" nur unzureichend übersetzt) ist die Haupteigenschaft des Aeneas: Liebe und Pflichtgefühl gegenüber der Familie (Kindern und Vorfahren) und den Göttern, in seinem Falle ganz konkret der von Jupiter und dem *fatum* gegebenen Bestimmung, für die Trojaner eine neue Heimat in Italien zu finden. Innerhalb der „Aeneis" ist eine gewisse Entwicklung seines Charakters feststellbar: Noch völlig verzagt, beneidet Aeneas im Seesturm vor Karthago die gefallenen Trojaner. Am Strand vor Karthago aber hält er bereits eine aufmunternde Rede an die Gefährten (Buch I). In Karthago entscheidet er sich gegen das persönliche Glück (Dido) und für den gottgewollten Auftrag. So mahnt ihn Jupiter (durch Merkur), das Glück und die Bestimmung seines Sohnes Iulus, das in Italien liegt, nicht preiszugeben (Buch IV). Gestärkt durch die Begegnung mit dem Schatten des Vaters Anchises und dessen Prophezeiungen in der Unterwelt (Buch VI), wird Aeneas zum entschlossenen Führer der Trojaner in Latium (Buch VII–XII). Doch macht Vergil, der psychologisch differenziert denkt, Aeneas nicht im Schwarz-Weiß-Schema zum „Super-Helden": Aeneas ermordet den von ihm im Zweikampf besiegten und um Gnade bittenden Turnus, als er sich erinnert, wie Turnus einen seiner engsten Gefährten (Pallas) ermordet hat. So bleibt Aeneas bis zum Ende eine ambivalente (und damit menschliche) Figur. Die Gründung der Stadt Lavinium durch Aeneas ist in der „Aeneis" nicht mehr dargestellt, sie wird nur angekündigt. Dies gilt auch für die folgende Gründung der Stadt Alba Longa durch Aeneas' Sohn Ascanius-Iulus.

Die Gründungssage Roms

Stammgötter Roms: Venus und Mars

Anchises ∞ **VENUS**
↓
Aeneas ∞ Creusa
↓
Ascanius (= Iulus)
|
Könige von Alba Longa
|
Numitor und Amulius
↓
Rea Silvia ∞ **MARS**
↓
Romulus und Remus

Göttliche Herkunft als Propaganda: Da Julius Caesar seine Familie, die *gens Iulia*, von Ascanius-Iulus herleitete, konnte sein Adoptivsohn Octavian vor der Schlacht bei Actium (↗ S. 12) Münzen prägen lassen, die Venus mit den Waffen des Mars zeigen.
Die Aufschrift auf den Münzen lautete: CAESAR DIVI F(ilius).

▶ Die Könige von Alba Longa

Namen und Abfolge der Könige von Alba Longa sind in unterschiedlicher Reihenfolge überliefert. Livius (↗ S. 61) nennt: Silvius (Ascanius-Iulus' Sohn), Aeneas Silvius, Latinus Silvius, Alba, Atys, Capys, Capetus, Tiberinus, Agrippa, Romulus Silvius, Aventinus, zuletzt Proca mit den Söhnen Numitor und Amulius. Beide sind eng mit der Romulus-Sage verbunden (s. u.). Das Interessanteste an den Königen von Alba Longa ist, dass es sie mit Sicherheit nie gab: Um die Aeneas-Sage (mit Ascanius-Iulus: etwa 1150 v. Chr.) mit der viel späteren Romulus-Sage (Stadtgründung: 753 v. Chr.) zu verbinden, „erfand" man die Könige von Alba Longa. Doch dies erst spät: Bei Ennius (↗ S. 40) und Naevius (↗ S. 39) ist Romulus noch ein Enkel des Aeneas.

▶ **Romulus (nach Livius,** ↗ S. 61**)**

Kindheit: In Alba Longa regierte Amulius, der seinen Bruder, den rechtmäßigen König Numitor, vertrieben hatte. Amulius machte Numitors Tochter Rea Silvia zur Vestalin (↗ S. 173), damit sie keine Kinder und damit Thronfolger bekommen konnte. Dennoch wurde Rea Silvia schwanger (vergewaltigt oder, wie sie selbst angab, von Mars im Traum „übermannt"). Amulius jedoch ließ die so geborenen Zwillinge Romulus und Remus in einem Korb auf dem Tiber aussetzen. Doch sein Mordplan ging nicht auf: Der Hirte Faustulus fand die Jungen, wie sie, ans Ufer getrieben, von einer Wölfin gesäugt wurden, und übergab sie seiner Frau zur Erziehung.

Die kapitolinische Wölfin

Die Gründung Roms: Die Jungen wuchsen heran und entdeckten eines Tage ihre wahre Herkunft. Amulius wurde unter Romulus' Führung getötet, Numitor zum König gemacht. – Mit 18 Jahren zogen Romulus und Remus aus, um am Tiber, in der Nähe ihres einstigen Fundortes, eine eigene Stadt zu gründen. Den Streit um die Oberaufsicht wollten sie mit einer Vogelschau *(augurium)* entscheiden: Romulus bestieg dazu den Hügel Palatin, Remus den Aventin. Remus erblickte bald 6 Geier, darauf

Romulus etwas später 12. Es entbrannte ein Streit, ob Zahl oder Zeitpunkt entscheidend wäre. Schließlich setzte Romulus sich durch und zog auf dem Palatin mit einem Pflug den Verlauf der künftigen Stadtmauer. Der gekränkte Remus sprang spöttisch darüber hinweg, worauf ihn Romulus mit den Worten erschlug: „*Sic deinde, quicumque alius transiliet moenia mea!*" („So soll es auch jedem anderen ergehen, der meine Mauern überschreitet"). Die Stadt benennt er nach seinem Namen. Romulus wird daraufhin zum ersten der sieben sagenhaften Könige Roms.

Die Herrschaft des Romulus: Um seiner neu gegründeten Stadt einen Bevölkerungszuwachs zu verschaffen, gründete Romulus ein *asylum*, d.h. einen Ort, an dem jeder ohne Ansehen seiner Vergangenheit leben durfte. Das führte dazu, dass sich allerlei fragwürdiges Volk einfand – Verbrecher, entlaufene Sklaven usw. –; es führte aber auch zu einem Frauenmangel. Um dem abzuhelfen, ließ Romulus feierliche Spiele zu Ehren des Neptun veranstalten und lud auch die benachbarten Sabiner dazu ein. Als die Spiele in vollem Gange waren, fielen die römischen Männer über die jungen sabinischen Frauen her („Raub der Sabinerinnen") und trugen ihnen die Ehe an. Dies gelang nach einiger Überzeugungsarbeit offenbar. Zwar wollten die sabinischen Verwandten dies nicht hinnehmen – doch nach mehreren militärischen Auseinandersetzungen (Sabinerkriege) waren Römer und Sabiner vereint. Romulus und ihr König Titus Tatius führten eine Doppelherrschaft, bis Tatius starb. Nach weiteren Kriegen gegen die Bewohner von Fidenae und Veji soll Romulus während einer Heeresmusterung in einem plötzlichen Unwetter verschwunden sein. Als erster Römer erfuhr er eine Vergöttlichung (Apotheose) und wurde fortan als Quirinus verehrt.

▶ Die sieben sagenhaften Könige Roms (753–510 v. Chr.)

In der Überlieferung der Königszeit, der ersten Phase römischer Geschichte (↗ S. 7), steht noch viel Sage und Legende um einen vielleicht historischen Kern. Die Königszeit wird ausführlich bei Livius („Ab urbe condita“ ↗ S. 61) und in der „Verfassungsgeschichte“ des zweiten Buches von Ciceros „De re publica“ (↗ S. 51) dargestellt.

Auffällig ist, dass alle Könige (außer Nr. 7) jeweils auf ihre Art zum Aufbau des römischen Staates beitragen.

1 **Romulus** (Stadtgründung)
Stadtgründung, Raub der Sabinerinnen, Kriegführung; Apotheose

2 **Numa Pompilius** (Religion)
Einführung religiöser Kulte, Weihung von Tempeln (Vesta, Janus)

3 **Tullus Hostilius** (Kriegsführung)
Krieg gegen Alba Longa

4 **Ancus Martius** (Bautätigkeit)

5 **Tarquinius Priscus** (Kultur, Zivilisation)
Einführung etruskischer Kultur und Sitten, Begründung des Forums und des Circus Maximus

6 **Servius Tullius** (urbane Strukturen und Organisation)
Einteilung in Stadtviertel (Tribus), Klassifizierung der Bürger, Erweiterung der Stadtmauer („Servianische Mauer“)

7 **Tarquinius Superbus** (moralischer Niedergang)
Kriege (Latiner), Tarquinius wird mit seiner Familie aus Rom verjagt

▶ Sagen der römischen Frühzeit

Die Trennlinie zwischen Legende und Historie bleibt auch bei einer Reihe von Ereignissen und Personen unscharf, die vor allem Livius (↗ S. 61) ausführlich als *exempla* der moralisch „unverdorbenen“ römischen Frühzeit anführt. Diese Stoffe, die sich auch bei Valerius Maximus (↗ S. 77) und anderen Autoren finden, sind für die europäische Geistes- und Kunstgeschichte von großer Bedeutung. Sie wurden in zahlreichen Werken (Dramen, Gedichten, Opern, Gemälden) bis in die Neuzeit rezipiert. Im Folgenden bieten wir eine Auswahl.

Die Horatier (1. Hälfte 7. Jh. v. Chr.)

Unter dem König Tullus Hostilius drohte Rom ein Krieg gegen Alba Longa. Da beide Städte zudem von den Etruskern bedroht wurden und auf beiden Seiten Drillingsbrüder im Heer standen (aufseiten Roms: die Horatier), kam man überein, dass diese in Zweikämpfen die Sache entscheiden sollten. Im folgenden Kampf wurden zunächst zwei Römer getötet, aber alle drei Albaner verwundet. Der verbliebene Römer floh und machte alle Albaner, die ihm aufgrund ihrer Verletzungen unterschiedlich schnell folgten, einzeln nieder.

Doch die Schwester des Siegers war mit einem der Albaner verlobt gewesen: Im Zorn über ihre Klage erstach daraufhin der Bruder die Schwester. Wegen seiner Verdienste um Rom wurde er jedoch nicht verurteilt.

Lucretia (510 v. Chr.)

Die Frau des Tarquinius Collatinus wurde von Sextus Tarquinius, dem Sohn des amtierenden Königs Tarquinius Superbus, nachts überfallen und vergewaltigt. Nachdem Lucretia ihrem Ehemann und dem Vater das Versprechen abgenommen hatte, sie zu rächen, beging sie Selbstmord. Dies führte letztendlich zur Vertreibung der königlichen Familie aus Rom. Collatinus und Brutus wurden Roms erste Konsuln.

Horatius Cocles (507 v. Chr.)

Nach der Vertreibung des Tarquinius Superbus unterstützte Porsenna, König von Clusium und somit ebenfalls Etrusker, die Wiedereinsetzung des römischen Königs. Er zog deshalb gegen Rom. Die Stadt war gut befestigt; nur eine hölzerne Tiberbrücke bot dem Feind noch einen Zugang. Horatius Cocles, der Befehlshaber der Brücke, verteidigte diese solange gegen die andrängenden Feinde, bis die römischen Soldaten sie zum Einsturz brachten. Horatius Cocles selbst entkam daraufhin nach einem Gebet an „Vater Tiber" schwimmend dem Geschosshagel der Feinde.

Mucius Scaevola (507 v. Chr.)

Als König Porsenna Rom belagerte (s. o.), kleidete sich Scaevola als Etrusker und drang in das feindliche Lager ein, um Porsenna zu töten. Aufgrund einer Verwechslung misslang der Anschlag, Scaevola wurde vor den König geschleppt. Um seine Unerschrockenheit zu beweisen, hielt er die rechte Hand lange in das Feuer eines nahen Altars und sagte, dass so wie er selbst 300 junge Römer zur Ermordung Porsennas bereitständen. Dieser war beeindruckt: Er gab dank des „Linkshänders" Scaevola (*scaevus* – links) die Belagerung Roms auf.

Coriolanus (um 485 v. Chr.)

Für die Einnahme der volskischen Stadt Corioli erhielt der Feldherr Gnaeus Marcius den Beinamen Coriolanus. Nach schweren innenpolitischen Streitigkeiten musste er jedoch in der volskischen Stadt Antium Zuflucht suchen. Er machte sich dort schnell beliebt, stieg zum Feldherrn auf und marschierte voll von Rachegelüsten gegen Rom. Keine der römischen Gesandtschaften konnte ihn zum Umkehren bewegen. Da machte sich ein großer Zug römischer Frauen zum Bittgang ins feindliche Lager auf, unter ihnen seine Frau, seine beiden Kinder und seine alte Mutter Veturia. Erst als diese ihrem Sohn ins Gewissen geredet hatte, ließ Coriolanus von der Belagerung ab. Mit den Volskern hatte er es sich damit natürlich verscherzt: Einige Quellen berichten, dass er von ihnen getötet wurde.

Verginia (um 450 v. Chr.)

Appius Claudius, als Decemvir Mitverfasser der Zwölftafelgesetze (↗ S. 168), begehrte Verginia, die Tochter des Centurio Verginius, der sich im Krieg befand. Nun ließ Claudius einen seiner Getreuen behaupten, Verginia sei die Tochter einer seiner (des Getreuen) Sklavinnen und gehöre deshalb ihm. Die Sache kam vor den Decemvirn Claudius. Als Verginia nach dessen Richterspruch abgeführt wurde, eilte ihr Vater herbei, den sie aus dem Heerlager zu Hilfe gerufen hatte: Er erstach seine Tochter, um ihr die Schande zu ersparen, in die Hände des Appius Claudius zu gelangen. Der Fall hatte, wie der ähnliche der Lucretia (s. o.), auch politische Folgen: Das Amt der Decemvirn wurde abgeschafft, die durch sie beschnittene Amtsgewalt der Volkstribunen wiederhergestellt. Appius Claudius nahm sich in der „Untersuchungshaft" das Leben.

Camillus (394 v. Chr.)

Als die Römer unter dem Feldherrn Camillus die Stadt Falerii lange erfolglos belagert hatten, bot ein Lehrer aus der Stadt seine Schüler – es waren die Söhne führender Bürger – als Geiseln an. Camillus lehnte dies nicht nur ab, sondern ließ die Kinder ihren treulosen Lehrer nackt und mit gefesselten Händen in die Stadt zurücktreiben. Dazu gab er ihnen Ruten. Die Einwohner von Falerii waren durch diese Geste so beeindruckt, dass sie Rom Friedensverhandlungen anboten. Später ging Camillus freiwillig ins Exil, da er angeblich die Beute aus der Stadt Veji unangemessen verteilt hatte. Beim Galliersturm (↗ S. 7) einige Jahre später konnte aber erst der nach Rom zurückgerufene Camillus der Gefahr ein Ende machen.

Die kapitolinischen Gänse (387 v. Chr.)

Nach dem Galliersturm war Rom bis auf das Kapitol erobert worden. Als die Gallier dieses in der Nacht einnehmen wollten, erhoben die der Juno heiligen Gänse ein lautes Geschnatter, sodass die Römer gewarnt wurden und den Angriff gerade noch abwehren konnten.

Marcus Curtius (362 v. Chr.)

Auf dem Forum Romanum hatte sich eine Erdspalte aufgetan. Die Seher verkündeten, dass diese sich nur schließen und das Gemeinwesen weiter bestehen könnte, wenn die Römer ihr größtes Gut opferten. Daraufhin sprang M. Curtius, der das höchste Gut als *arma virtusque* deutete, zu Pferd und in voller Rüstung in die Erdspalte, die sich daraufhin schloss.

Öffentliches Leben

5.1 Erziehung und Ausbildung

Das gesellschaftlich anerkannte Erziehungsideal bestand letztlich darin, sich erfolgreich für das Gemeinwesen, den Staat *(res publica, civitas)*, einzusetzen. Der Struktur der römischen Gesellschaft entsprechend waren die Möglichkeiten und Perspektiven, die sich einem jungen Menschen in Rom boten, sehr unterschiedlich. Männliche Jugendliche wurden nach anderen Prinzipien erzogen und gefördert als Mädchen und junge Frauen, die ganz dem väterlichen Willen *(patria potestas)* unterstanden. Außerdem entschied – deutlicher als in heutiger Zeit – die Zugehörigkeit zu einer bestimmten gesellschaftlichen Schicht darüber, welche Chancen sich dem Einzelnen eröffneten. Während jedoch in den Anfängen die wenigen *gentes* des Adels dafür sorgten, dass ihre Nachkommen an die Schaltstellen des Staates gelangten, erhöhte sich die gesellschaftliche Durchlässigkeit bis zur Kaiserzeit zunehmend.

Grundsätzlich wurden **Mädchen und junge Frauen** gemäß des herrschenden Rollenverständnisses zu künftigen *matronae* bzw. *matres familias* erzogen. Sie erhielten auch in wohlhabenden Kreisen selten mehr als eine Grundausbildung im Rechnen und Schreiben. In einfachen Familien wuchsen sie durch die Übernahme praktischer Verrichtungen in eine vertraute berufliche Tätigkeit hinein. Töchter aus angesehenen gesellschaftlichen Kreisen erhielten eine etwas umfassendere Bildung. Als angemessen galten Kenntnisse im Weben, in Literatur und Gesang In Einzelfällen wird von Frauen berichtet, die ähnlich gebildet wie ihre männlichen Altersgenossen waren; dies wird jedoch stets als etwas Besonderes hervorgehoben, manchmal auch getadelt.

Junge Männer dagegen erhielten größtenteils eine Grundausbildung im Schreiben und elementaren Rechnen bei einem *magister ludi*. Das Wort *ludus* bedeutet „Schule“, aber auch „Spiel“: Bildung galt ursprünglich als Teil der Muße, d.h. der freien Zeit. Darauf folgte der Unterricht beim *grammaticus* – eine Art Literaturunterricht, bei dem es vor allem um die Kenntnis der (griechischen und römischen) Klassiker ging. Auswendiglernen spielte eine große Rolle. Die Lehrer, gesellschaftlich nicht sehr angesehen (teilweise auch Sklaven), führten ein strenges Regiment über die ihnen anvertrauten Schüler. Wenige Familien konnten sich einen eigenen Hauslehrer leisten.
Die einfachen Leute „erbten“ den **Beruf des Vaters**. Als Handwerker oder Händler waren sie in der Lage, für sich und ihre Familie den Lebensunterhalt zu verdienen. Ein anderer häufig gewählter Weg war die militärische Karriere als Berufssoldat (↗ S. 179 f.).
Die höhere Ausbildung der Oberschicht vermittelte fachspezifische Kenntnisse in der **Jurisprudenz** und der **Rhetorik** (*ars oratoria* ↗ S. 106). Rednerische Fähigkeiten galten als Schlüsselqualifikation, die für die häufig gewählte Tätigkeit des Anwalts unbedingt erforderlich war. Die Ausbildung zum Juristen erfolgte nicht oder kaum in Form einer theoretischen Aneignung der Gesetze. Ein künftiger Anwalt begleitete einen befreundeten oder ihm familiär verbundenen Juristen auf das Forum und nahm an seinem beruflichen Alltag teil. In der täglichen Praxis wurde er auf diese Weise mit Gerichtsverfahren vertraut und eignete sich alle wichtigen Kenntnisse des Rechtswesens (↗ S. 168) an.
Zur Abrundung dieser praxisbezogenen Ausbildung wurden junge Römer der Oberschicht oft zu einem **Studienaufenthalt** (meist nach Griechenland, Athen oder Rhodos) geschickt, wo sie ihre Kenntnisse erweitern und vertiefen konnten (z. B. Cicero ↗ S. 51).

5.2 Die römische Gesellschaft

Die römische Gesellschaft, deren Führungsschicht im Bewusstsein erzogen wurde, dass es ihre Aufgabe sei, Ehre und Ruhm der eigenen *gens* (Großfamilie, Sippe) zu mehren, steckte kulturell und politisch noch in den Kinderschuhen, als Griechenland bereits in voller Blüte stand. Ein deutliches Beispiel dafür ist die Zwölftafelgesetzgebung (*leges XII tabularum* ↗ S. 168), bei deren Konzeption die Gesetzgebung des Atheners Solon (5. Jh. v. Chr.) Pate gestanden haben soll.

Aus einer **Monarchie** mit Romulus (↗ S. 152) als erstem König und einer auch zu dieser Zeit schon einflussreichen Adelsschicht entstand nach der Vertreibung des letzten Königs, Tarquinius Superbus, die **römische Republik** (römische Geschichte ↗ S. 7 ff.). In ihr teilte sich eine „Aristokratie" die Macht: Eine Adelsclique – repräsentiert von Patriziern *(patricii)*, die den Senat bildeten –, hielt das Heft des Handelns in der Hand. Das einfache Volk *(plebs)* emanzipierte sich politisch in den Ständekämpfen zunehmend. Roms Aufstieg zur beherrschenden Macht im Mittelmeerraum gelang nicht zuletzt auch dank der Einheit von Führungsschicht und Volk *(SPQR = senatus populusque Romanus)*.

Es folgte ein von Krisen erschüttertes erstes Jahrhundert v. Chr., dessen Machtkämpfe erst mit der Rückkehr zur Alleinherrschaft in Form des **Prinzipats** von C. Iulius Caesar Octavianus (Augustus) endeten. Damit befand sich die Macht erneut in der Hand eines Einzelnen. In der **Kaiserzeit** verfestigte sich die hierarchische Struktur der römischen Gesellschaft. Sie dauerte bis zum Untergang des weströmischen Reiches 476 nach Chr. (römische Geschichte ↗ S. 7 ff.).

Modell der römischen Gesellschaft

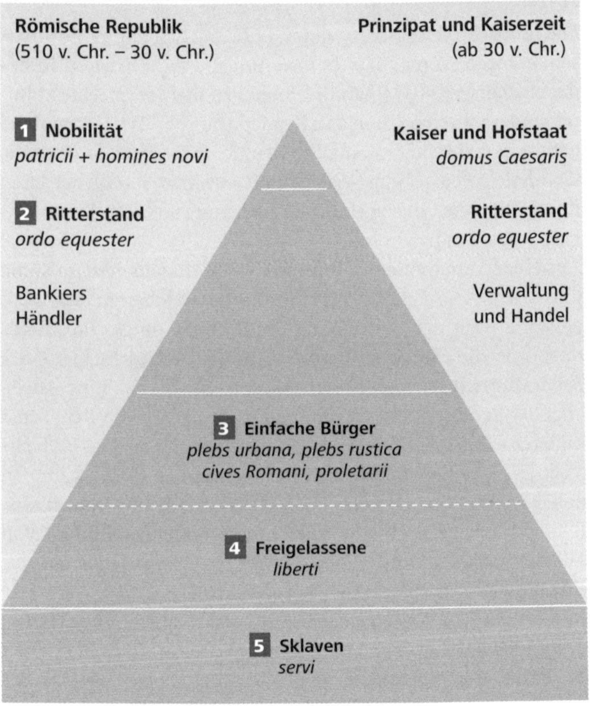

1 Die **Nobilität** bestand lange Zeit aus einer begrenzten Anzahl aristokratischer Familien *(gentes)*, die als **Patrizier** *(patricii)* bis zum Ende der Republik den Großteil der öffentlichen Ämter innehatten (Ausnahme: das Volkstribunat). Zu ihnen gehörten etwa die *gens Iulia* und die *gens Cornelia*. Erst mit den Ständekämpfen erwarben die Plebejer das Recht, ebenfalls öffentliche Ämter zu besetzen (ab 367 v. Chr.). Diese *homines novi* zählten seitdem ebenfalls zur Nobilität (z. B. Cicero).

Patron und Klient
Das sogenannte Klientelwesen spielte für die Organisation der römischen Gesellschaft eine zentrale Rolle: Ärmere Bürger (meist aus der *plebs*) begaben sich als *clientes* in die Abhängigkeit eines *patronus* (meist aus der Nobilität). Dieser sorgte für ihren Lebensunterhalt und vertrat ihre Interessen vor Gericht und anderen Behörden. Dafür mussten die Klienten dem Patron jeden Morgen ihre Aufwartung machen *(salutatio)* und ihm bei Wahlen und Volksversammlungen ihre Stimme geben.

2 Der wohlhabende römische **Ritterstand** *(ordo equester)* hatte ursprünglich im Kriegsfall aufgrund seines Vermögens ein Pferd *(equus)* zu stellen. Da es den Senatoren verboten war, Handel zu treiben, waren die *equites* als Händler und Bankiers in diesem Bereich tätig. Für die Zugehörigkeit zum *ordo equester* lag die Mindestgrenze des privaten Vermögens bei 400 000 Sesterzen.

3 Die **einfachen Bürger** bildeten die **plebs**. Sie waren Kleinbauern, Handwerker und Dienstleister mit wenig Vermögen, besaßen als *cives Romani* aber das römische Bürgerrecht (d.h. politisches Stimmrecht, Recht auf alle Ämter, auf Eigentum u. a.). Die große Menge der Besitzlosen bildeten (vor allem in den großen Städten) die *proletarii*, die oft von ihrem *patronus* (siehe Kasten) und öffentlichen Getreidespenden abhängig waren.

4 Die **Freigelassenen** (***libérti***) waren ehemalige Sklaven mit eingeschränkten Rechten, die von ihren Herren in die Freiheit entlassen worden waren oder sich diese erkauft hatten. Ab dem Beginn der Kaiserzeit spielte diese Schicht eine immer größere Rolle, wurde teilweise vermögend und politisch einflussreich.

5 **Sklaven** (*servi*) waren meist Kriegsgefangene, aber auch von Menschenjägern, Seeräubern und anderen auf Sklavenmärkten verkaufte Unglückliche. Auch Überschuldung konnte den Verkauf als Sklaven zur Folge haben. Sklaven wurden nicht als Men-

als Sache *(res)* betrachtet. Der Herr konnte einen …s töten lassen. In der Regel jedoch behandelte man …man", schon um ihren Wert zu erhalten. Im Haus …Kinder galten ebenfalls als Sklaven *(vernae)*. Die …dingungen der Sklaven waren höchst unterschiedlich: …rte etwa ein griechischer Hauslehrer in Rom fast „zur …e" (im heutigen Sinne). Dagegen wurden Sklaven auf …eren oder in den Bergwerken gnadenlos geschunden und …en eine geringe Lebenserwartung. Um die Zeitenwende …stand etwa ein Drittel der Bevölkerung aus Sklaven. In der Kaiserzeit nahm ihre Zahl ab, vor allem weil weniger Kriege geführt wurden.

5.3 Karriere: *Cursus honorum*

Amt (Mindestalter)	**Aufgabenbereiche**
Konsul (43 Jahre)	Führung der Amtsgeschäfte, Oberbefehl über die Streitkräfte; Amtsbereich *domi* (in Rom) oder *militiae* (außerhalb); der militärische Oberbefehl (das *imperium*) wurde zusätzlich verliehen
Prätor (40 Jahre)	Justiz, Aufsicht über die Rechtsprechung; mit dem Amt des Prätors erlangte auch ein bislang nicht dem Adel angehörender Bürger *(homo novus)* die Zugehörigkeit zur Nobilität und gehörte in der Folge dem Senat an (dies galt auch für seine männlichen Nachkommen)
Aedil (37 Jahre)	Bauwesen, Infrastruktur, Marktaufsicht, Spiele
Quaestor (31 Jahre)	Finanzwesen

▶ Ämter

Die Abfolge der Ämter, wie sie durch die *lex Villia annalis* (180 v. Chr.) festgelegt worden war, bestimmte den Ablauf der politischen Karriere. Durch die jeweils erforderliche Bewerbung *(in toga candida/ambitio)* und die zwischen den Ämtern liegenden Promagistraturen konnte man (legal) nicht an die Spitze des Staates gelangen, bevor man nicht 43 Jahre alt war. Die Amtsausübung wurde prinzipiell nicht bezahlt (daher *cursus honorum* – „Laufbahn der Ehrenämter").

▶ Prinzipien der Ämterausübung

- **Annuität:** jährlicher Wechsel, nur in Ausnahmefällen Verlängerung *(prorogatio/iteratio)* möglich
- **Kollegialität:** Jeder Beamte hatte mindestens einen gleichberechtigten Kollegen, mit dem er sich die Amtsführung teilte.
- **Promagistraturen**, z. B. Proconsul: im Anschluss an das Konsulat zur Verwaltung der Provinzen, Befristung durch den Senat; oft machten die Bewerber im Wahlkampf hohe Schulden, die sie später bei der Provinzverwaltung auszugleichen hofften.

▶ Weitere Ämter/Funktionen

Amt	Aufgabenbereiche
Zensor	Einteilung der Bürgerschaft in *classes (recensio)* je nach militärischer und finanzieller Leistungsfähigkeit, *Censores* wurden für 5 Jahre (ein *lustrum*) gewählt; dieses sehr angesehene Amt konnte nur von ehemaligen Konsuln bekleidet werden
Volkstribun	Vertretung der Partikularinteressen der *plebs, tribuni plebis (sakrosankt)*, Vetorecht *(intercessio)*

Amt	Aufgabenbereiche
Diktator	In besonderer politischer Notsituation konnte ein Mitbürger zum Diktator (bezeichnet auch als *magister populi*) für 6 Monate ernannt werden; er erhielt sämtliche Machtbefugnisse, wählte sich einen „Reiteroberst" *(magister equitum)* und übernahm die Regierungsverantwortung, bis beispielsweise die neu gewählten Konsuln ihr Amt antreten konnten (als Caesar versuchte, seine Machtposition mit diesem Amt ohne zeitliche Beschränkung als *dictatura in perpetuum* zu festigen, wurde er ermordet)

▶ Wahlen

Die Wahlen *(suffragia)* erfolgten in Wahlversammlungen *(comitia)*, geordnet nach gesellschaftlichem Rang *(classes)* oder Stimmbezirken *(tribus)*. Die Wahl der *candidati (in toga candida)* erfolgte ungleich verteilt je nach Vermögensklassen *(classes)* in den unterschiedlichen Komitien. So wählten die Zenturiatskomitien die höheren Beamten (Konsuln, Prätoren, Zensoren), die Tributkomitien die niederen Beamten, die Volksversammlungen *(concilia plebis)* die Volkstribunen.
Für die Teilnahme an der politischen Meinungsbildung war das Vermögen eines Bürgers – festgestellt durch den Zensor – ausschlaggebend. Es handelte sich eindeutig um ein Klassenwahlrecht, bei dem die zahlenmäßig stärkste Gruppe (der Kleinbauern, Handwerker, Proletarier als *capite censi*) politisch kaum ins Gewicht fiel. Von einer Demokratie nach athenischem Vorbild oder gar im modernen Sinn kann also in Rom zu keiner Zeit die Rede sein. Eine „Briefwahl" gab es nicht: Voraussetzung für die Teilnahme an Wahlen war die persönliche Anwesenheit in Rom.

▶ Senat und Volksversammlung

Der **Senat**, ein Ältestenrat mit ursprünglich 300, später 600 und unter Caesar 900 Mitgliedern, tagte als beratendes und Beschlüsse fassendes Organ nach einer präzise vorgeschriebenen Geschäftsordnung. Er hatte – nach heutigem Verständnis – eine

Richtlinienkompetenz; die Exekutive (**Magistrate**) folgte in der Regel seinen Empfehlungen.
Der Senat wurde von den Konsuln einberufen. Diese leiteten die Sitzung und bestimmten die Tagesordnung. Senatsbeschlüsse hatten eine derart hohe Autorität *(auctoritas)*, dass sich die Magistrate daran gebunden fühlten. An ein „SC" (Senatsbeschluss, *senatus consultum*) war ein Magistrat zwar nicht gebunden, er setzte ihn jedoch fast immer um. Das „SCU" *(senatus consultum ultimum)* hatte die Bedeutung einer Notstandsgesetzgebung. In der ausgehenden römischen Republik wurde der Senat zur Bühne für die Auseinandersetzung zwischen den Popularen, die dem einfachen Volk näherstanden, und den konservativen Optimaten, die der Nobilität verpflichtet waren.
Auch die Beschlüsse der **Volksversammlungen** *(concilia plebis)* waren ab 287 v. Chr. *(lex Hortensia)* für das Gemeinwesen bindend. In unterschiedlicher Zusammensetzung wurden sie als *comitia* zu den Wahlen einberufen.

▶ Entwicklung unter Augustus und in der Kaiserzeit

Augustus gelang es, unter Wahrung der äußeren Form seine unumschränkte Macht zu festigen, und zwar durch ein zeitlich nicht beschränktes Tribunat *(tribunicia potestas)* für die innenpolitische Herrschaft und das Imperium *(imperium maius)* für den außenpolitischen Bereich. Ihm genügten diese Vollmachten, um alle wichtigen Angelegenheiten regeln zu können.
In der **Kaiserzeit** verlor der Senat weiter an Macht. Die Magistrate (↗ S. 167) wurden vom Kaiser ernannt statt von den Volksversammlungen (↗ S. 166) gewählt. Sie blieben mehrere Jahre im Amt. Der entscheidende politische Machtfaktor blieb die Armee. Die Konsuln dagegen bekleideten ihr Amt nur noch kurz (2–4 Monate), danach folgten die *consules suffecti* („Ersatzkonsuln"). Das Konsulat war häufig nur noch eine Auszeichnung des Kaisers. Das Mindestalter für alle Ämter wurde herabgesetzt (Konsulat: 33 Jahre). Die Volkstribunen verloren zunehmend an Einfluss, die Volksversammlungen ihre gesetzgebende Gewalt.

5.4 Rechtsprechung und Gerichtsbarkeit

Zu den unbestritten größten Leistungen der Römer zählt, im Lauf der Jahrhunderte ein umfassendes und beispielhaftes Rechtswesen hervorgebracht zu haben. Was anfangs als Schutz vor der Willkür eines privilegierten Adelsstandes in Form der Zwölftafelgesetzgebung entstanden war, entwickelte sich bis in die Spätantike zu einem einzigartigen Konstrukt mehrerer *Corpora* des Rechts, das in Europa vielfältig nachwirkte.

▶ Die Anfänge

Ursprünglich erfolgte die Gesetzgebung nach der Vertreibung des letzten Königs Tarquinius Superbus (↗ S. 7) durch die neu geschaffenen Prätoren und später auch Konsuln. Sie hatten kraft ihrer umfassenden Befehlsgewalt *(imperium)* das Recht, das Volk zu befragen *(rogatio)*. Die Beschlüsse, die daraufhin in den Volksversammlungen *(comitia)* gefasst wurden, erlangten Gesetzeskraft. Daher heißt es bei Gaius, einem Rechtsgelehrten des 2. Jh.s n. Chr.: *„Lex est quod populus iubet atque constituit"* („Gesetz ist, was das Volk anordnet und beschlossen hat"). Die Pontifices waren damit beauftragt, diese Gesetze zu bewahren. Im Zuge der Ständekämpfe forderte das Volk um 450 v. Chr., dass dieses Recht in geeigneter Form für alle nachprüfbar festgehalten werden sollte: So entstanden die *leges XII tabularum* (**„Zwölftafelgesetze"**), die von einem Gremium von 10 Männern *(decemviri legibus scribundis)* verfasst und zunächst auf hölzernen Tafeln *(tabulae dealbatae)* schriftlich festgehalten wurden. Noch zur Zeit Ciceros lernten die römischen Schüler diese in altertümlichem Latein verfassten Gesetze auswendig.

Ergänzend galten aber auch die Urteile der Prätoren *(edicta)* als *ius honorarium* (Amtsrecht). Auf diese Weise gelangte das relativ starre Strafrecht zu einer Urteilsfindung, die dem *„aequum"* (dem Angemessenen) gerecht wurde. So hat sich das römische Zivilrecht aus der Praxis heraus entwickelt. Erst ab dem Beginn der Kaiserzeit wurde es systematisiert und vertieft.

Rechtsinstanzen und Prozessverlauf

Neben dem **Zivilrecht**, das sich mit individuellen Rechtsfällen befasste, existierte ein **Kriminalrecht**, das sich auf den staatlichen Bereich und auf mit ihm zusammenhängende öffentliche Rechtsfragen bezog. Eine Trennung von Justiz und Verwaltung gab es in Rom nicht, somit auch keine eigene Verwaltungsgerichtsbarkeit. Den Ausgangspunkt eines Prozesses bildete die Anklage. Ein Beklagter hatte vor Gericht zu erscheinen, andernfalls konnte er zwangsweise herbeizitiert werden.

Im **Zivilprozess** erfolgte eine Vorverhandlung beim **Prätor**, bei der vom Kläger vorgebracht wurde, weshalb er Klage erhoben hatte. Der Beklagte stellte dem seine Sicht der Dinge entgegen. Anschließend einigten sich diese drei Beteiligten auf einen Richter, den man einem Verzeichnis entnahm. Der Prätor hielt dies in einem Protokoll fest. In der Verhandlung vor dem **Richter** *(iudex)* wurden beide Parteien gehört. Nach der anschließenden Aussprache beriet der Richter mit seinem Beirat, bevor er das (unanfechtbare) Urteil verkündete.

5

In **Kriminalprozessen** entschied in der Königszeit der König, seit der frühen Republik oblag dies den Prätoren. Letzte Instanz war anfangs die Volksversammlung. Vom 2. Jh. v. Chr. an wurden **Geschworenengerichtshöfe** *(quaestiones perpetuae)* eingerichtet, denen zunächst nur Senatoren angehörten. C. Gracchus besetzte sie dann mit Rittern. In der Folge wurde ihre Zusammensetzung Teil des Konflikts zwischen Optimaten und Popularen.

Ein **Kriminalprozess** begann mit einer Vorverhandlung vor dem Prätor, der zunächst entschied, wer die Anklage zu vertreten hatte *(divinatio)*. Durch den Eintrag der Anklage in seine Prozessliste wurde der Beschuldigte zum Angeklagten *(reus)*. War die Lage eindeutig, entschied der Prätor allein. In allen anderen Fällen überwies er den Fall an ein Geschworenengericht, im Fall einer drohenden Todesstrafe an die Volksversammlung.

Vor den *quaestiones perpetuae* hielten zunächst der Ankläger, dann der Angeklagte eine Rede. Nach diesen Plädoyers folgte eine Beweisaufnahme unter Hinzuziehung von Zeugen und Urkunden. Nach Schluss der Untersuchung wurden die Richter vereidigt und fällten ihr Urteil. Nach der Urteilsverkündung durch den Prätor wurde das Strafmaß bekanntgegeben, z. B. die Höhe der verhängten Geldstrafe *(multa)* bzw. die Ächtung, der man sich meist dadurch entziehen konnte, dass man ins Exil ging. Die Verbannung *(exilium* oder *relegatio)* kam in der ausgehenden Republik ebenfalls als Strafe vor.

▶ Vollzug der Strafe und Recht auf Einspruch

Die Todesstrafe wurde durch das Beil oder Erdrosselung vollzogen (in Rom im *Carcer Mamertinus*). Nur bei Personen, die nicht das römische Bürgerrecht besaßen, konnte die Todesstrafe durch Kreuzigung vollzogen werden. In den Provinzen durfte ein römischer Bürger nicht verurteilt oder bestraft werden. Sein Privileg war es, sich vor einem Gericht in Rom zu verantworten *(provocatio)*.

▶ Entwicklung in der Kaiserzeit

Die einflussreiche Stellung, die es dem Senat erlaubt hatte, mittels eines SCU (↗ S. 167) quasi gesetzgeberische Funktionen auszuüben, ging bereits im Verlauf des Prinzipats des Augustus auf den Prinzeps über. Die kaiserlichen Bestimmungen *(constitutiones principis)* erlangten *de facto* Gesetzeskraft, auch wenn sie erst im 2. bis 3. Jh. offiziell diesen Rang erlangten.
Unterschieden wurden sechs Arten von *constitutiones*:

- ***edicta*** (öffentlich bekanntgemachte Erlasse)
- ***mandata*** (Anweisungen an Beamte)
- ***decreta*** (richterliche Entscheidungen des Kaisers in Rechtsfällen)
- ***epistulae*** (Antworten des Kaisers auf Nachfragen seiner Beamten)
- ***subscriptiones*** (Rechtsbescheide auf Bittschriften von Privatleuten hin, die vom kaiserlichen Büro notiert wurden)
- ***interlocutiones*** (informelle Anordnungen)

Seit Augustus hatten hervorragende Rechtsgelehrte die Befugnis, Rechtsauskünfte zu erteilen *(ius respondendi)*. Die Verbindlichkeit dieser Bescheide nahm dergestalt zu, dass sie schließlich seit Hadrian als rechtsverbindlich angesehen wurden. In der späten Kaiserzeit gelangten angesehene Juristen in hohe und höchste staatliche Ämter.

▶ Römisches Recht in der Spätantike

Das Fortwirken des römischen Rechts in den folgenden Jahrhunderten war umfassend. So gehört das monumentale Gebäude römischer Rechtsprechung, wie es im ***Corpus Iuris*** bzw. den ***Corpora Iuris*** der Spätantike (Gaius, Papinianus, Ulpianus, Iulius Paulus sind bekannte Juristen ihrer Zeit – des 3. Jh. n. Chr.) entstand, zweifellos zu den wichtigsten zivilisatorischen Leistungen der Römer. Die Summe dieser fundamentalen Werke wurde erst nach dem Untergang des Weströmischen Reiches unter **Kaiser Iustinian** im 5. Jh. n. Chr. in Byzanz/Konstantinopel zum ***Corpus Iuris Civilis*** zusammengefasst. Es bestand aus den ***Institutiones*** (Lehrbuch des Privatrechts), dem ***Codex Iustinianus*** (einer Sammlung von kaiserlichen Gesetzen und Erlassen), den ***Digesten*** (einer Sammlung von Arbeiten vorhergehender Juristen, dem ***Ius vetus***) sowie den ***Novellae*** (Verordnungen neueren Datums). Das Studium der Jurisprudenz gehörte im Mittelalter wie in der Neuzeit zum Kernbestand der möglichen Studien, mit Hochburgen in Bologna und Paris.

Bis in die Gegenwart ist die **Kenntnis römischer Rechtsgrundsätze** ein Kennzeichen nicht allein von Spezialisten, sondern Teil der Allgemeinbildung. „*In dubio pro reo*" (im Zweifel für den Angeklagten) oder „*Audiatur et altera pars*" (auch die andere Seite muss angehört werden) gelten auch heute noch und sind geradezu sprichwörtlich geworden.

5

5.5 Religion

Die altrömische Religion

Die Vorstellungen der Römer von den Göttern waren im Lauf der Jahrhunderte starken Veränderungen unterworfen. Sie entwickelten sich aus frühzeitlichen Ritualen, die magischem und animistischem Denken entsprangen. Der Römer fühlte sein ganzes Leben vom Wirken der Gottheiten bestimmt. Deren Wesen, Wirken und Kult zeigten eine starke Verbundenheit mit der Natur, denn die Römer waren in erster Linie Bauern. Anfangs schienen die Götter allein durch ihr Wirken *(numen)* ausreichend kenntlich; erst unter etruskischem Einfluss errichtete man ihnen Tempel und Kultbilder.

Die Furcht vor den Göttern ist ein wesentliches Merkmal der römischen Religion in der Frühzeit. Der Grundsatz „*Do, ut des*" (sinngemäß: „ich gebe [ein Opfer], damit du [die Gottheit] dich erkenntlich zeigst") galt uneingeschränkt. Ein weiterer Charakterzug ist der hohe Grad an Ritualisierung. Jedes Wort einer Kulthandlung zählte, jede Abweichung konnte dazu führen, dass sie ihre Wirksamkeit verlor. Die *religio* des Römers äußerte sich in seiner *pietas*, der Pflichterfüllung gegenüber der Gemeinschaft, den Verwandten und eben den Göttern.

Einige altrömische Götter und ihre „Zuständigkeit"			
Faunus	Tiere	Mars	Krieg
Flora	Blüte, Blumen	Ops	Ernte
Janus	Türen und Durchgänge	Pomona	Obst
		Saturn	Aussaat
Jupiter	Himmel, Wetter	Silvanus	Wald
Laren + Penaten	Schutzgötter des Hauses	Vesta	Opfervorräte
		Volcanus	Feuer

Der kriegerische Grundzug der Römer zeigte sich in ihrer Verehrung des Gottes **Mars**, der auch als Vater des Romulus (↗ S. 152) galt.
Die Götter **Jupiter**, **Mars** und **Quirinus** bildeten eine Dreizahl. Bekannter jedoch war die sogenannte **kapitolinische Trias** aus Jupiter, Juno und Minerva.
Der Übergang von privaten, individuellen Riten *(Laren, Penaten)* zum **Staatskult** ist an der Entwicklung einzelner Gottesvorstellungen ablesbar: Janus, ursprünglich ein Gott, der Unheil vom Eingang des Hauses fernhalten soll, wurde in späteren Zeiten mit einem Tempel in der Nähe des Forum Romanum verehrt, dessen Tor nur in Friedenszeiten geschlossen war. Vesta, ursprünglich für die Opfervorräte und das Herdfeuer zuständig, erhielt einen Rundtempel auf dem Forum Romanum. Den Vesta-Priesterinnen (Vestalinnen) war die Bewachung des „Staatsherdes" anvertraut.
Trotz aller restaurativen Bemühungen des Augustus verlor die Verehrung der Staatsgötter in der Kaiserzeit zunehmend an Bedeutung. An ihre Stelle traten der **Kaiserkult** und die Religiosität im privaten Lebensbereich.

▶ Priester

Priesterschaften für die staatlichen Rituale:

- Das **Collegium pontificum** mit dem **Pontifex maximus** an der Spitze (noch heute nennt sich der Papst als oberster Priester der katholischen Kirche „Pontifex Maximus".)
- die **Flamines** (darunter der *flamen Dialis*, Opferpriester des Jupiter)
- das Kollegium der **Auguren**, zuständig für die *auguria* und *auspicia* (Interpretation der Himmelszeichen wie Blitz und Donner, aber auch des Vogelflugs). Dazu maß der Augur mit verhülltem Hinterkopf *(capite velato,* ↗ S. 176*)* ein Stück Himmel ab.

Priesterschaften für die öffentlichen Feste:

- 24 **Salier** („Waffentänzer", von *salire* – springen, tanzen) als Priester des Mars und Quirinus
- 20 **Fetiales**, die bei der Bekräftigung von Bündnissen der Römer tätig wurden
- die **Luperci** (etwa: Wolfsabwehrer) mit ihren Fruchtbarkeitsritualen
- die **fratres Arvales** (Flurbrüder, ↗ S. 38 *carmen Arvale*).

▶ *Fasti* (Festkalender)

Bestimmte Tage des Kalenders waren der Ehrung der Götter vorbehalten. Der Festkalender regelte die Zeiten, an denen das bürgerliche Leben ruhte *(dies nefas)*. Festopfer *(sacrificia)* mit Festessen *(epulae)* und Spielen *(ludi)* fanden sich über das Jahr verteilt. Die ca. 45 staatlichen Feste *(feriae publicae)* lagen alle auf ungeraden, d. h. glückbringenden Tagen – auch hier zeigt sich wieder der Aspekt des Aberglaubens. Sie blieben bis zu Caesar weitgehend unverändert. Hinzu kam eine hohe Zahl weiterer Feste privaten Charakters. Ovid beschreibt in seinen „Fasti" ausführlich den römischen Festkalender sowie die Ursprünge der Feste (↗ S. 73).

▶ Opfer und Feste

Opfer wurden in stark ritualisierter Weise von Priestern mit verhülltem Hinterkopf *(capite velato)* an Altären dargebracht, die sich zunächst im Freien, später unter etruskischem und griechischem Einfluss vor oder in Tempeln befanden.

Sühne- und Reinigungsopfer *(lustrationes)* sollten das Einvernehmen mit den Göttern wiederherstellen, wenn sich göttlicher Zorn – etwa durch eine Seuche, eine verlorene Schlacht – bemerkbar gemacht hatte. Auch die mit dem Triumphzug verbundenen Zeremonien zeigen, dass dieser Festzug zu Ehren des siegreichen Befehlshabers ursprünglich mit einer rituellen Form der Reinigung verknüpft war.

Durch eine *auspicatio* konnte ein Magistrat im Vorfeld einer wichtigen Handlung den Willen der Götter *(signa deorum)* erkunden. Auch die ursprünglich etruskische Eingeweideschau der Haruspices und die Befragung der Sibyllinischen Bücher gehörten in diesen Zusammenhang. Den Göttern wurden Opfer versprochen (*votum*, von *vovere* – geloben), damit sie dem Staat gewogen blieben. Dies geschah in der Kaiserzeit auch zum Wohl des Herrschers.

Für die **privaten Kulte** war der *pater familias* als Oberhaupt der Familie zuständig. Im Gegensatz zu den staatlichen Kulten wurden meist nur unblutige Opfer dargebracht (z. B. Erstlingsfrüchte).

Die **öffentlichen Spiele** *(ludi publici)* standen ebenfalls im lockeren Zusammenhang mit den religiösen Feiern. An den *feriae* oder im Anschluss an bestimmte Kulte wurden Spiele veranstaltet. Die *ludi circenses* in der Kaiserzeit allerdings ließen jeden sakralen Charakter vermissen. Sie dienten nur noch der Volksbelustigung.

▶ Griechische Götter und orientalische Kulte

Parallel zum Einfluss der griechischen Literatur in Rom gewann auch die **Götterwelt der Griechen** an Bedeutung. Viele griechische Götter und Göttinnen wurden bei diesem Prozess mit den römischen in ihrem Wirkungsfeld gleichgesetzt und somit „latinisiert". So identifizierte man z. B. Neptunus als Gott der Quellen und Flüsse durch leichte Angleichung mit dem griechischen Meeresgott Poseidon. Dabei wurde ebenfalls die Vorstellung einer umfassenden Götterfamilie (zwölf olympische Götter sowie die Genealogie der Götter) mit ihren Ursprungsmythen übernommen (↗ S. 134 ff.).

Mehr noch als die Griechen personifizierten die Römer abstrakte Begriffe *(Fides, Salus, Concordia, Honor, Virtus, Pietas, Libertas, Spes, Victoria, Fortuna)* und versahen sie mit Kulten und Tempeln. Ihre Abbildungen auf Münzen waren schon von Beginn an

üblich – und damit früher, als sich Herrscher (Sulla, Caesar, Augustus und in der Folge die Kaiser) auf Münzen darstellen ließen.
Das **Vordringen orientalischer Kulte** (etwa der ägyptischen Isis, der Stiergottheit Mithras und dionysischer Mysterienkulte) führte in Rom zeitweilig zu abwehrenden Reaktionen. Bei aller Offenheit fremden Kulten gegenüber, die besonders über Kaufleute und Soldaten nach Italien gelangten, gab es auch Verbote, besonders wenn die öffentliche Ordnung gefährdet schien. Das wohl bekannteste ist die Repression der Bacchus-Feiern durch das *Senatus consultum de Bacchanalibus* im Jahr 186 v. Chr. gegen ausschweifende Feste im Rahmen der Dionysos/Bacchus-Verehrung.

▶ Die Restauration des Augustus

Im Zuge der Umstrukturierung der Macht im Verlauf seines Prinzipats hatte Augustus die Bewahrung römischer Religiosität als stabilisierenden Faktor seiner Herrschaft erkannt. Daher war es Teil der sogenannten Prinzipatsideologie, den Kult der mit

Statue des Augustus als Priester mit verhülltem Haupt *(capite velato)*

dem Herrscherhaus verbundenen Gottheiten zu fördern: Apollon wurde mit einem Tempel bedacht, ebenso die mit Caesar verbundene Göttin Venus sowie der Gott Mars (in Gestalt des „*Mars Ultor*“, des rächenden Mars). Augustus förderte konsequent die Bedeutung altrömischer Religiosität und ihrer Kulte (z.B. der Laren) und gehörte selbst mehreren Priesterschaften an. Dies stärkte die Reputation des Herrschers als eines „Friedensfürsten“ wie alle Aktivitäten des Augustus im kulturellen Bereich: Als Förderer der urbanen Architektur und der Künste, insbesondere der Literatur (zu Vergil ↗ S. 62, zu Horaz ↗ S. 66), ließ Augustus seine Leistungen als Garant des Friedens und Überwinder der Bürgerkriege feiern. Von nachhaltiger Wirkung waren diese Bemühungen im Bereich der Religion allerdings nicht gekrönt.

▶ Staatsreligion und Christentum in der Kaiserzeit

In der Kaiserzeit trat die Religion im öffentlichen Raum nur noch in Gestalt der staatstragenden Gottheiten und der quasi-religiösen Verehrung der Kaiser (in Form des Kultes ihrer Genien) in Erscheinung. Die Rolle der Priesterschaften und ihrer jeweiligen Kulte schwand vollständig. Religion wurde zur Privatsache. Das aufkommende Christentum entwickelte sich zunächst im nichtöffentlichen Raum. Es geriet erst dann in Konflikt mit dem Staat, als es nicht bereit war, den römischen Staatsgottheiten seine Reverenz zu erweisen. Von den Phasen der erbitterten Verfolgung der Christen unter Diokletian im 2. Jh. abgesehen, war das Verhalten der Macht gegenüber dem aufstrebenden Christentum eher so, wie es sich im Briefwechsel zwischen Plinius dem Jüngeren (↗ S. 84) und Trajan spiegelt: Solange die Christen sich der erforderlichen Huldigung des Kaisers und der Staatsgötter nicht verweigerten, sollten sie unbehelligt bleiben. Von einem letzten Versuch der Erneuerung der römischen Religion unter Julian Apostata im 3. Jh. n. Chr. abgesehen, stellte sich das Christentum als zukunftsweisende religiöse Kraft im römischen Reich heraus.

5.6 Militärwesen

▶ Leistungskraft

Das Römische Reich ist undenkbar ohne die Effizienz, die Disziplin und die Schlagkraft seiner Streitkräfte. Aus heutiger Sicht eher zwiespältig eingeschätzt, wurden sie aus römischer Sicht uneingeschränkt bewundert.

Die Stärke der Armee beruhte einerseits auf strenger Disziplin – mit harten Strafen, aber auch Belobigungen und Auszeichnungen. Vorbildlicher Einsatz und Mut in der Schlacht wurden durch Orden *(phalerae)* honoriert, auch durch die Verleihung der Bürgerkrone *(corona civica)*. Eine weitere Grundlage militärischer Schlagkraft war die hervorragende Kondition jedes einzelnen Soldaten *(miles)*: Sein Alltag bestand aus Exerzieren, ständiger Übung mit Waffen, Lagerbau und sonstigem Drill bis zur völligen Erschöpfung. Somit verfügte ein Heer nicht nur über große Kampfkraft, sondern war auch in der Lage, an einem Tag weite Entfernungen zurückzulegen *(magna itinera)*. Ein großer Vorteil war weiterhin die hervorragende taktische Schulung vom obersten Befehlshaber bis hin zum einfachen Soldaten: Kämpfen in fester Ordnung (*ordines servare* – in Formation bleiben), Ausführen von Befehlen, Durchhaltewillen. Auf diese Weise war man auch zahlenmäßig weit überlegenen, aber ungeordnet angreifenden Gegnern gewachsen.

Schließlich nützte den Römern auch auf militärischem Gebiet ihre Lernfähigkeit: Auf diese Weise stammten mehrere der Waffen eines Legionärs der Kaiserzeit (↗ S. 182) ursprünglich aus fremden Ländern. Besondere Aufgaben überließ man Hilfstruppen (gallischen Reitern, balearischen Schleuderern); die überlegenen Schiffe der Gegner baute man nach (↗ S. 184).

▶ Zusammenhang mit religiösen Aspekten

Militärische Erfolge verschafften den jeweiligen Oberbefehlshabern höchstes Ansehen und galten zugleich als Zeichen, dass ihnen die Götter gewogen waren. Auch die größten Katastro-

phen (etwa die Niederlage bei Cannae 216 v. Chr. oder der Verlust von insgesamt drei Legionen des Varus 9 n. Chr. in Germanien) änderten grundsätzlich nichts an dieser Zuversicht. Andererseits wurden Misserfolge schnell auf mangelnde *religio* (Ehrfurcht vor den Göttern) zurückgeführt (z. B. der Untergang der Flotte vor Sizilien im Zweiten Punischen Krieg).
Eine Kriegserklärung folgte einem festen religiösen Ritual. Zudem wurden vor jeder Schlacht Auspizien durchgeführt; nur bei günstigen Vorzeichen wurde die Schlacht begonnen. Vor und nach einem Feldzug erfolgten zahlreiche Reinigungsopfer.

▶ Vom Volksheer zum Söldnerheer

Im Kriegsfall erfolgte auf Anordnung des Senats die planmäßige Aushebung von Streitkräften. Zum Dienst in der Armee waren die männlichen Bürger verpflichtet, die über genügend Vermögen verfügten, um eine Ausrüstung zu stellen. Wohlhabende Bürger mussten neben der Bewaffnung auch ein Pferd stellen. Bis in die Kaiserzeit wurden daher wohlhabende Bürger, die nicht zur Nobilität zählten, als *equites* (Ritter) bezeichnet.
Das Heer bestand neben den römischen Bürgern aus weniger gut bewaffneten und trainierten **Hilfstruppen** *(auxilia)* der **Bundesgenossen** *(socii)*. Eine Legion unterstand dem Befehl eines Legaten, das gesamte Heer dem *dux*, einem hohen Beamten (Konsul oder Prätor) mit *imperium* (Befehlsgewalt).
Die römischen Bauern bildeten den Großteil der Wehrpflichtigen. Je länger die Feldzüge dauerten und je weiter von Rom entfernt sie stattfanden, desto größer wurden die Schwierigkeiten für die Bauern, ihre Hofwirtschaft aufrechtzuerhalten – von Tod und Verwundungen ganz abgesehen. Viele Bauern verarmten und mussten ihren Hof Großgrundbesitzern überlassen; sie zogen in die Stadt und bildeten dort das Proletariat. Bereits 151 v. Chr. kam es bei der Aushebung von Truppen zu Unruhen. Als die römischen Heere gegen die Kimbern und Teutonen (109 und 104 v. Chr.) empfindliche Niederlagen erlitten, reagierte C. Marius mit einer grundsätzlichen **Umstrukturierung** des Heeres.

Heeresreformen durch Marius (ab 104 v. Chr.)

Volksheer: Einberufung aller Bürger mit Vermögen	→	Söldnerheer: Anwerbung von Berufsoldaten (auch *proletarii*)
saisonale Einberufung (Frühling bis Herbst)	→	Ständiger Dienst, Verpflichtung für 20 bis 25 Jahre
Staat stellt nur Verpflegung, keine finanzielle Entschädigung	→	Soldaten erhalten Verpflegung, Sold und nach dem Dienst ein Stück Land durch den Feldherrn
Kampftaktik: Kampf mit 3 Schlachtreihen aus je 10 Einheiten (Manipeln)	→	Zusammenfassung von 10 Manipeln zu einer Kohorte, Manipel als selbstständige Einheiten (s. u.)

Die Besitzlosen wurden „von der Straße geholt" und die Bauern waren nicht mehr durch den Kriegsdienst in ihrer Existenz gefährdet. Die Konsequenz war jedoch auch, dass Offiziere und Soldaten zu unbedingter Loyalität gegenüber ihrem Oberbefehlshaber verpflichtet waren, denn ihre Versorgung als Veteranen hing vom Erfolg dieses Mannes ab. Insbesondere die Erwartung, als Veteran neben einem geringen Geldbetrag ein kleines Stück Land *(peculium)* zu erhalten, schuf Probleme, als es in Italien kaum noch frei verfügbares Land *(ager publicus)* gab. Dieses hatten sich mit der Zeit adlige Großgrundbesitzer – oft widerrechtlich – angeeignet und ließen es als Latifundien von Verwaltern *(vilici)* bewirtschaften. Deshalb ging man vermehrt zur Enteignung der ortsansässigen Kleinbauern über, was neue Konflikte heraufbeschwor. Beispielsweise wurde Vergils Heimat zur Versorgung der Veteranen nach der Schlacht bei Philippi (↗ S. 12) von Landenteignungen in großem Umfang heimgesucht; für die betroffenen Bauern eine Katastrophe, was Vergil in seiner ersten Ecloge thematisiert (↗ S. 63).

▶ Heeresstruktur und Kampftaktik

Ein römisches Heer *(exercitus)* wurde meist aus mehreren Legionen *(legiones)* gebildet. Eine Legion bestand aus 3 600 bis 6 000 Mann. Seit der Heeresreform des Marius wurde sie in 10 Kohorten *(cohortes)* mit 360 bis 600 Mann eingeteilt. Jede Kohorte bestand aus drei Manipeln (*manipuli*: 120 bis 200 Mann), die wiederum in zwei Zenturien (*centuriones*, *centum* – hundert) mit 60 bis 120 Mann aufgeteilt waren. Jede Zenturie wurde von einem erfahrenen und bewährten Soldaten, dem *centurio*, befehligt.

1 Heer = mehrere Legionen	1 Legion = 10 Kohorten
1 Kohorte = 3 Manipel	1 Manipel = 2 Zenturien

Zum Kern der römischen Legionen kamen in der Regel gut ausgebildete **Hilfstruppen** *(auxilia)* hinzu, die allerdings in puncto Kampfstärke nicht mit den Legionären vergleichbar waren, sowie die speziell auf Schnelligkeit gedrillte **Reiterei**. Diese bestand aus mehreren *turmae* (Schwadronen) und bildete die *alae* (Flügel) des Heeres.

Die dreifach gestaffelte **Schlachtreihe** *(acies triplex)* bestand aus 10 Kohorten. Seit Marius bildete die **Kohorte** eine vielseitig einsetzbare Kampfeinheit, sodass die Heeresreform erheblich zur Schlagkraft der Legion beitrug. Hilfstruppen und Reiterei wurden nach Bedarf und Situation eingesetzt.

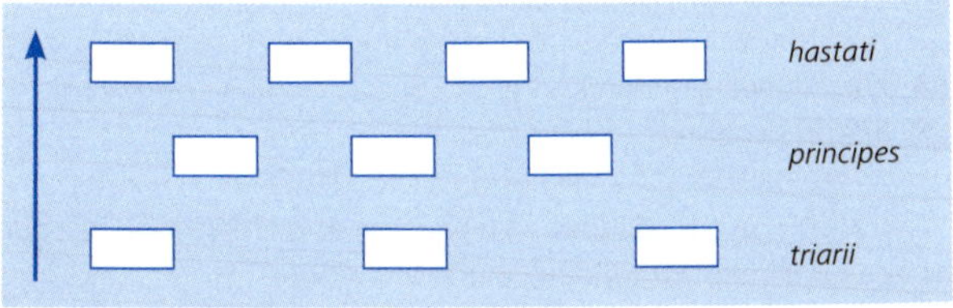

Die Kohorten einer Legion in Angriffsformation. Die Triarier *(trarii)* als die erfahrensten Kämpfer griffen nur im Notfall ein. Ein ausführlicher Schlachtbericht mit einer *acies triplex* findet sich z. B. bei Caesar, Bellum Gallicum I 24 f. (aus dem Helvetierkrieg).

Bei der Belagerung *(oppugnatio)* einer befestigten Stadt kamen häufig Geschütze *(tormenta)* zum Einsatz, z. B. der einarmige *onager* („Wildesel") oder die schwerere *ballista* sowie *catapulta*. Für den Angriff benutzte man Leitern *(scalae)* und Belagerungstürme *(turres)*.
Befehligt wurden die Soldaten der Legion in der mittleren Ebene durch erfahrene *tribuni militum* und Zenturionen, deren Vorgesetzter der Oberbefehlshaber (*dux* oder *legatus*) war. Die Bezeichnung *imperator* führte der Oberbefehlshaber erst anlässlich seines (durch Akklamation seiner Soldaten bewilligten) Triumphes – zu einem Zeitpunkt also, da er das ihm verliehene *imperium* bereits wieder abgelegt hatte. Die ranghöheren Offiziere *(quaestor, legatus, magister equitum)* stammten meist aus der Nobilität, die mittleren *(tribuni militum)* aus dem *ordo equester* (↗ S. 162), die Zenturionen (nicht im Offiziersrang) aus der *plebs*. Darin spiegelte sich die ständische Struktur der römischen Gesellschaft (↗ S. 161) wider.

▶ Ausrüstung eines Legionärs

Anfänglich stellte jeder Bürger seine Ausrüstung je nach Vermögen zusammen. In der Kaiserzeit war die Ausrüstung eines Fußsoldaten *(pedes)* normiert:

1 zwei Wurfspeere (Sing. *pilum*), 2 m lang, Reichweite etwa 30 m
2 Helm *(galea/cassis)*
3 Brustpanzer (*lorica*, von den Galliern übernommen)
4 Kurzschwert (*gladius*, von den Spaniern übernommen)
5 Schild *(scutum)*

Weiterhin trug der Soldat das Marschgepäck *(sarcina)*, bestehend aus einem Getreidevorrat *(frumentum)*, Ersatzkleidung, dem Tornister mit Werkzeugen, Geschirr und persönlichen Dingen, dazu Hacke und Spaten. Insgesamt betrug das Gewicht etwa 40 kg. Leichtbewaffnete *(velites)* und Reiter *(equites)* trugen statt des *scutum* die *parma*, einen kleinen Rundschild. Weitere Waf-

Römischer Legionär

fen: Dolch *(pugio)*, Bogen *(arcus)*, Pfeile *(sagittae)*, schwere Lanze *(hasta)*, Schleuder *(funda)*.

▶ Das Heer auf dem Marsch und im Lager

Im Heereszug bildete meist jede Legion eine geschlossene Einheit. Vor dem eigentlichen Heereszug *(agmen)* zogen Kundschafter *(exploratores)* oft viele Kilometer weit umher. Die Spitze des Heeres (*agmen primum* – Vorhut) bildete die Reiterei *(equites)*, die sich wiederum durch Voraustrupps *(antecursores)* vor Hinterhalten u. a. schützte. Dann folgte der Hauptteil des Heeres (etwa ¾) mit den Fußsoldaten *(pedites)* und dem Gepäck *(impedimentum)*. Dieses wurde meist auf Maultieren transportiert und bestand aus schweren Waffen, Zelten und weiterem Material. Den Schluss bildete der Rest des Heeres (*agmen novis-*

simum – Nachhut). Die tägliche Marschleistung *(iter iustum)* betrug 20 bis 25 Kilometer, ein noch längerer Marsch hieß *iter magnum*. Caesar berichtet, dass sein Heer *maximis itineribus* bis zu 70 Kilometer zurücklegte.
Auch nach strapaziösesten Märschen und härtesten Schlachten wurde für jede Übernachtung nach festem Schema ein Lager *(castra)* angelegt. Es wurde mit Wall und Graben *(vallum fossaque)* gesichert und von zwei Straßen als Hauptachsen durchzogen. Im Feindesland hinterließ ein römisches Heer also eine deutliche „Spur". Das Haupttor *(porta praetoria)* war immer in Richtung Feind ausgerichtet. In der Mitte stand das Feldherrenzelt *(praetorium)*. Nachtwachen *(vigiliae)* lösten sich alle drei Stunden ab. Lager für einen längeren Aufenthalt, etwa die Winterlager *(castra hiberna)* oder ständige Lager *(castra stativa)* an den Reichsgrenzen, wurden noch gründlicher befestigt und komfortabler eingerichtet. Aus festen Lagern entwickelten sich später oft Städte, z. B. das bayerische Regensburg (aus *castra regina*) und englische Städte mit der Endung „-castle" (aus *castellum*).

▶ Die römische Flotte

Weniger vertraut war den Römern der Kampf zu Wasser, obwohl sie spätestens seit den Punischen Kriegen über eine gut ausgerüstete und schlagkräftige Flotte *(classis Romana)* verfügten. Sie bestand aus den nach griechischem sowie karthagischem Vorbild erbauten Drei- bzw. Fünfruderern (Triremen oder Quinqueremen), die allerdings nur bedingt seetauglich waren. Gegenüber dem breiten und schweren Lastschiff *(navis oneraria)* war ein Kriegsschiff *(navis longa)* viel schlanker und beweglicher konstruiert. Die Ruderer waren oft Sklaven, später in der Kaiserzeit auch Sträflinge, die – weil angekettet – im Unglücksfall mit dem Schiff untergingen. Bewaffnete Soldaten an Bord (bis zu 120 Mann) konnten mithilfe von Enterhaken das gegnerische Schiff an sich ziehen und so die zu Lande trainierten Kampftechniken einsetzen.

Die Flotte war in mehreren Mittelmeerhäfen stationiert, z. B. in Misenum am Golf von Neapel und in Massilia (Marseille) in der Gallia Narbonensis. Sie wurde wiederholt auch zur Sicherung der Seewege gegen Piraten eingesetzt. Dies gelang Pompeius mit großem Erfolg, nachdem der Senat ihm im Jahr 67 v. Chr. ein spezielles Kommando zur Bekämpfung der Piraten erteilt hatte, eine Maßnahme, die Cicero in seiner Rede „De imperio Cn. Pompeii" befürwortete.

▶ Die weitere Entwicklung in der Kaiserzeit

Die Kaiser besaßen mit den **Prätorianern** *(cohors praetoria)* eine ihnen unbedingt ergebene Elitetruppe, in der die besten Soldaten und Offiziere dienten. Gut besoldet und bestens bewaffnet bildeten sie deren „Leibgarde", die bei der Nachfolgeregelung großen Einfluss besaß (z. B. bei der Proklamation des Claudius oder der sogenannten „Soldatenkaiser" in der Spätantike).
Die Bedeutung des Militärs nahm im Lauf der Kaiserzeit weiter zu. 25 bis 30 Legionen sicherten die Grenzen des Imperium Romanum. Dieses stehende Heer wird zum Staat im Staate.

6 Zivilleben

6.1 Haus und Stadt

▶ Wohnen auf dem Land: Villa rustica

Charakteristisch für die zivile Welt der Römer waren Zweckmäßigkeit und Ökonomie. Sparsamkeit zeichnete das Alltagsleben der Römer zu allen Zeiten aus, auch wenn aus heutiger Sicht vor allem die Verschwendungssucht bestimmter gesellschaftlicher Kreise in der Kaiserzeit die Wahrnehmung des römischen Lebens bestimmte.

Das karge Leben auf dem Land zwang zu effizientem und ökonomischem Umgang mit Ressourcen. Die Anlage eines Landguts, wie sie Cato der Ältere in „De agri cultura“ (↗ S. 44) schildert, stellte enorme Anforderungen an den einfachen Gutsbesitzer. Das ursprüngliche italische **Landhaus** *(villa rustica)* war ganz auf die Bedürfnisse der Landwirtschaft hin ausgerichtet. Zunächst wies es einen Wohnbereich auf, sodann

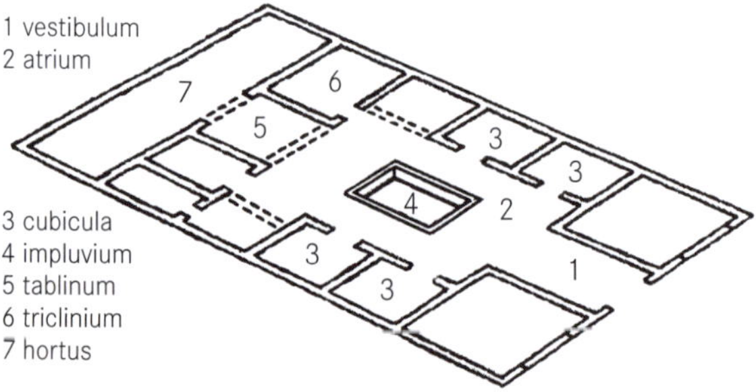

Modell eines Hauses mit Atrium (in der Mitte das *compluvium*) und Peristyl

Stallungen für Tiere und Vorratsgebäude für Getreide, Oliven usw. Es zeigte sich nach außen weitgehend geschlossen, zweckmäßig vor allem im Sommer, um der Hitze zu trotzen. Man betrat es durch einen Eingangsbereich *(vestibulum)*, der den Blick auf einen Innenhof *(atrium)* freigab. Das Dach war nach innen geneigt, es bildete einen Trichter, das *compluvium*. Hier sammelte sich das Regenwasser in einem Becken *(impluvium)* und konnte in einer Zisterne aufbewahrt werden. Die Blickachse lenkte die Aufmerksamkeit auf den Hauptraum, das *tablinum*, mit dem seitlich angeordneten Speisezimmer *(triclinium)*. Das Atrium umgaben meist mehrere kleine Räume, die als Schlafzimmer *(cubicula)* genutzt wurden. Dieser ursprüngliche Haustyp (Atriumhaus) war in Italien weit verbreitet. Es schloss sich ein Nutzgarten *(hortus)* an, der durch das *tablinum* zugänglich war. Unter griechischem Einfluss wurde dieser Garten durch einen von Säulen getragenen Anbau (Peristyl) ersetzt, sodass sich die Wohnfläche etwa verdoppelte. Ein solches Peristyl umschloss noch einen Nutzgarten (später Ziergarten).

Spätere Formen des Landhauses, die nicht mehr vom eigentlichen Zweck der Landwirtschaft bestimmt wurden, wiesen Räumlichkeiten auf, die einem angenehmen Aufenthalt des Stadtrömers außerhalb der Großstadt Rom dienten. Das *triclini-*

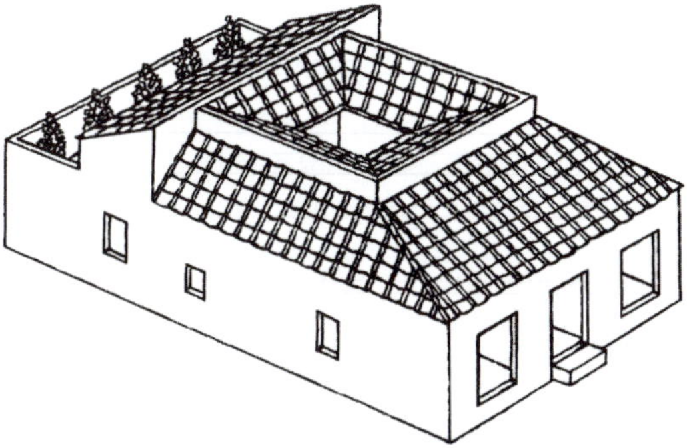

um diente dazu, die *cena* (bei mehreren Gästen: *convivium*, griech. Symposion) liegend einzunehmen (↗ S. 187). Der Hausherr benötigte hierfür zahlreiches Personal, das in der Küche Speisen zubereitete und servierte. Für dieses Personal waren zusätzliche Räumlichkeiten erforderlich. Dem diente auch ein zusätzliches erstes Stockwerk.
Luxusvillen, wie sie etwa Plinius der Jüngere (↗ S. 84) beschreibt (ep. 2,17; 5,6), oder gar die kaiserlichen Prachtbauten setzten im 1. Jh. n. Chr. quantitativ wie qualitativ neue Maßstäbe.

▶ Wohnen in der Stadt: *domus* und *insula*

In der Großstadt fand man im Wesentlichen die *domus* (Einzelhäuser) der wohlhabenderen Schichten, deren Architektur annähernd der Konstruktion italischer Landhäuser (*villae rusticae* ↗ S. 186) entsprach, und die *insulae*, Wohnblöcke mit mehrgeschossigen Häusern (mit bis zu fünf Stockwerken), wie sie sich heute in Ostia antica am besten erhalten haben. Auf teurem Baugrund musste möglichst viel Wohnfläche geschaffen werden. Ganz wie in heutiger Zeit strebten die Häuser daher in die Höhe. Es wurden ganze Wohnviertel *(regiones)* errichtet, deren *insulae* das Stadtbild bestimmten. Sie waren aus Stein errichtet, allerdings bestanden die oberen Stockwerke zunächst aus Holz. Technisch machbar wurden höhere Gebäude vor allem durch die Entwicklung des *opus caementicium*, einer Art römischen Betons. Als „Zement" fungierte eine besondere Form von Lava-Erde, die aus der Gegend von Pozzuoli (beim Vesuv) stammte.
Häufige Feuersbrünste führten zu baurechtlichen Bestimmungen, die den Wildwuchs, zu dem die ungezügelte Gier von Wohnungsbesitzern geführt hatte, eindämmen sollten.

▶ Städtische Infrastruktur und urbanes Leben

Im Vergleich zu kleineren Ansiedlungen und Gehöften auf dem Land erforderte das Leben in städtischem Umfeld eine vollkommen andere Infrastruktur. Das öffentliche Leben – vor allem das politische – benötigte Räume, in denen sich viele Menschen ver-

sammeln konnten. Auch in Städten, die weit weniger Einwohner aufwiesen als die „Metropole“ Rom, kopierten die Römer das Modell ihrer Hauptstadt *(urbs)*. Tempel, Marktplätze, Basiliken kennzeichneten das politische, religiöse und wirtschaftliche Leben, das einer bunt gemischten Bevölkerung ein Zusammenleben auf relativ kleinem Raum ermöglichen sollte. Allein die Wasserversorgung der Großstadt erforderte in der späten Kaiserzeit 14 Aquädukte mit täglich ca. einer Milliarde Liter Quellwasser und 247 Wasserspeicher. Hinzu kam ein umfangreiches Abwassersystem (insbesondere die *cloaca maxima*).
Die Planung einer Stadt – z. B. Augusta Treverorum (Trier) – orientierte sich an der strengen axialsymmetrischen Ordnung eines römischen Militärlagers (↗ S. 183 f.), wobei natürlich auf die jeweiligen räumlichen Gegebenheiten der Umgebung Rücksicht genommen wurde. In jeder römischen Stadt waren neben den privaten Häusern eine Reihe öffentlicher Gebäude zu finden: Um den zentralen Platz *(forum)* als Versammlungsort herum wurden Tempel und Verwaltungsgebäude (z. B. eine *curia*), Markthallen *(basilicae)*, meist auch Theater, Amphitheater und Zirkusanlagen errichtet. Die Straßen *(viae)* wiesen eine normierte Breite auf, waren gepflastert und wurden entweder nur für Fußgänger, einspurig für Gespanne oder sogar mit zwei Fahrbahnen – z. T. mit „Bürgersteigen“ und Übergängen – konzipiert. Teilweise wurden sie tagsüber für Gespanne gesperrt. Eine Beleuchtung gab es nicht, zur Orientierung waren nachts Fackeln o. Ä. erforderlich. Wichtig war weiterhin eine Versorgung mit Trinkwasser, die meist aufwändig durch den Bau von Aquädukten ermöglicht wurde. Ein *castellum* diente zur Verteilung des Trinkwassers, Abwasserkanäle (wie die *cloaca maxima* in Rom) entsorgten das Brauchwasser. Bäder und ab dem 1. Jh. v. Chr. auch Thermenanlagen dienten der städtischen Hygiene. All dies gewährleistete einen relativ hohen zivilisatorischen Standard, zu dem man erst viele Jahrhunderte später wieder gelangte (die Lebensbedingungen in den mittelalterlichen Städten waren vergleichsweise bescheiden).

Die Wohnungen der *insulae* hatten keine sanitären Anlagen; auch das Zubereiten von Speisen (↗ S. 193) konnte mangels Feuerstellen nicht in den oberen Stockwerken erfolgen. Durch die Begrenzung auf maximal fünf Stockwerke ähnelte das Stadtbild vieler römischer Städte durchaus dem europäischer Großstädte des 19. Jahrhunderts, etwa von Paris.
Infrastrukturen zu schaffen, die das Leben in einer Millionenstadt wie Rom ermöglichten – mit Verwaltung, Marktaufsicht, Feuerwehr *(vigiles)*, Polizei –, war eine höchst anspruchsvolle Aufgabe. Das Zusammenleben so vieler Menschen auf dermaßen engem Raum konnte nicht ohne soziale Spannungen und – in Form von Feuersbrünsten – auch Katastrophen abgehen. Der Alltag eines Stadtrömers war geprägt von Beschwernissen aller Art. Verkehr, Lärm, schlechte Luft (Smog), Kriminalität, also viele Phänomene, wie sie auch das heutige Leben in der Großstadt kennzeichnen, sind bereits in Rom zu finden.
Kennzeichnend für die Entwicklung der Stadt ist der zunehmende Luxus, der u. a. mit wachsenden Platzproblemen einherging. Parks und Gärten erforderten Flächen, die jedoch in einer Großstadt mit ungefähr einer Million Einwohnern (zu Beginn der Kaiserzeit) nicht in unbegrenztem Maß zur Verfügung standen. Dies brachte eine – durchaus mit heutigen Entwicklungen vergleichbare – Verdrängung ärmerer Schichten aus bevorzugten Stadtvierteln („Gentrifizierung“) mit sich.
Die Versorgung des römischen Proletariats (↗ S. 162 f.) mit Getreide – eine Form der Sozialhilfe *(annona)* – musste sichergestellt werden, wenn es nicht zu Aufständen kommen sollte. Aus sozialen Gründen wurden einige luxuriöse Gärten der Wohlhabenden dem einfachen Volk zugänglich gemacht (z. B. testamentarisch von Caesar verfügt). Riesige Thermenanlagen ermöglichten es, tagsüber zu moderaten Eintrittspreisen den beengten Wohnverhältnissen zu entrinnen (kleinste Zimmer von 5 qm waren nicht selten als Schlafstätten mit sieben Personen belegt). Für Abwechslung sorgten in der Kaiserzeit Spiele *(munera circenses)* im Amphitheater und andere Volksbelustigungen.

6.2 Tagesablauf und Alltagsleben

▶ Zeiteinteilung

Zwar kannten die Römer die Einteilung eines Tages in 24 Stunden, doch war diese – besonders auf dem Land – viel weniger wichtig als heute. Auch in der Stadt gab es nur wenige Uhren (Sonnen-, Wasser- und Sanduhren), doch auch sie waren für den Alltag kaum brauchbar. Die römische *prima hora* begann mit Sonnenaufgang, die *septima hora* genau am Mittag. Somit schwankte die Länge der Tagesstunden zwischen 75 Minuten (Sommer) und 45 Minuten (Winter). Man verabredete sich daher recht ungenau: *mane, ante meridiem, post meridiem* usw. (noch heute englisch *a.m.* und *p.m.*)

▶ Tagesablauf

Auf dem Land stand man ohnehin mit Sonnenaufgang auf und ging mit Sonnenuntergang ins Bett. Auch in der Stadt begann das Leben am frühen Morgen; nachts bewegte man sich ungern und wenn, dann möglichst gut bewacht durch die meist unbeleuchteten und darum unsicheren Straßen.

Der Tag begann für viele *clientes* mit der morgendlichen *salutatio* bei ihrem *patronus* (↗ S. 163). Das konnte mit längeren Wartezeiten verbunden sein. Danach ging man seinen Geschäften nach. Vor allem bei der Oberschicht lag der Schwerpunkt hier klar auf dem Vormittag. Wer es sich leisten konnte, beendete mit der achten Stunde die Arbeit (also zwei Stunden nach Mittag). Danach besuchten reichere Schichten z. B. die Thermen (↗ S. 198), die *proletarii* (↗ S. 162 f.) bevölkerten Straßen und Plätze.

Die heutige Einteilung in Wochen mit arbeitsfreiem Sonntag war den Römern nicht bekannt. Dafür gab es zahlreiche, über das Jahr verstreute Feiertage (↗ S. 174). Dies waren religiöse Feste oder Staatsfeiertage, an denen oft Zirkusspiele, Gladiatorenkämpfe u. a. veranstaltet wurden. Zur Zeit des Augustus waren es etwa 130 Tage. Wer es sich leisten konnte, arbeitete an diesen

Tagen nicht. Doch blieben viele Geschäfte geöffnet. Für Sklaven gab es ohnehin kaum arbeitsfrei, mit Ausnahme der Saturnalien.

Handel, Geschäfte

Im Erdgeschoss zur Straßenseite hin befanden sich in römischen Häusern (auch Wohnblöcken) gewerbliche Räume (Werkstätten mit Verkauf, Geschäfte, Imbiss-Stuben usw.). Viele dieser *tabernae* (von *trabs* – Balken) hatten bis Sonnenuntergang geöffnet, auch an Feiertagen. Bauern aus der Umgebung verkauften ihre Ware direkt auf dem Markt. In Rom gab es mehrere Spezialmärkte; in kleineren Städten versammelten sich die Läden um das Forum oder in „Einkaufsstraßen" wie der Via dell'Abbondanza („Straße des Überflusses") in Pompeji.

Kleidung und Körperpflege

Am Morgen wusch man sich nicht oder nur flüchtig aus einem Wasserbecken, da die meisten Häuser kein fließendes Wasser hatten. Eine eigene Toilette besaßen nur reiche Privathäuser, noch weniger ein eigenes Bad. Ein Großteil der Stadtbevölkerung war somit auf öffentliche Toiletten *(latrinae)* angewiesen, die für eine lebhafte Kommunikation benutzt wurden. Gründlich waschen konnte man sich in den öffentlichen Bädern (*balneae, thermae* ↗ S. 198).

Kleidung war bei den Römern grundsätzlich einfach und einheitlich. Als Untergewand wurde die *tunica* von Männern und Frauen getragen, eine Art T-Shirt aus Wolle oder Leinen (naturfarben oder farbig), das man auch nachts nicht ablegte. Bei Kälte schichtete man einfach mehrere *tunicae* übereinander (eine Heizung gab es äußerst selten). Über der Tunica trugen vornehme Frauen eine *stola* (ein langes Kleid mit Gürtel), die Männer eine *toga*. Diese „Nationalkleidung" des freien Römers bestand aus einer großen, kompliziert anzulegenden Stoffbahn. Die weißbeige Toga hatte bei höheren Beamten (und Kindern) einen Purpurstreifen *(toga praetexta)*. Junge männliche Römer erhielten mit 16 oder 17 Jahren die *toga virilis*. Bei Kälte oder auf Reisen

trug man darüber einen Mantel (*palla*, *pallium* oder die *paenula* mit Kapuze). Als Schuhe kannte man geschlossene Halbstiefel *(calcei)* oder offene Sandalen *(soleae)*.
Die Frisuren waren bei Männern und Frauen lange Zeit sehr schlicht. Erst ab dem 2. Jh. v. Chr. stieg die Zahl der Friseure und Barbiere in Rom deutlich an. Die Frisurenmode der Kaiserzeit brachte es vor allem bei den Frauen zu großer Vielfalt, wobei die Damen des Kaiserhofs oft neue Trends setzten.

▶ Essen: *ientaculum, prandium, cena*

Das Frühstück *(ientaculum)* bestand gewöhnlich nur aus einem kleinen Imbiss (z. B. Brot, Käse, Oliven und Wasser). Etwas reichlicher fiel das *prandium* (Mittagsimbiss oder „zweites Frühstück") aus, das man gern in den zahlreichen, über die Stadt verteilten Garküchen *(popinae, cauponae)* einnahm – diese ähnelten heutigen Imbiss-Stuben oder Bistros. Hier wurden auch verschiedene warme Speisen angeboten. Dazu trank man mit Wasser gemischten Wein. Hauptmahlzeit war eindeutig die *cena*, die immer vor Einbruch der Dunkelheit eingenommen wurde.
Das Spektrum war weit: Es reichte vom schlichten, sitzend am Tisch gegessenen Getreidebrei *(puls)* mit wenigen Beigaben (Gewürze, Gemüse) bis hin zum „Gastmahl" *(convivium)* der reichen Kreise: Hier gab es raffinierte Menüs mit erlesenen Spezialitäten, die man liegend im *triclinium* (↗ S. 187) einnahm und die sich, begleitet von Musik- und Tanzdarbietungen, bis weit in die Nacht hinziehen konnten. In der Kaiserzeit wuchs der Tafelluxus weiter an, und die *cenae* am Hof eines Caligula oder Nero werden durchaus orgiastische Züge angenommen haben. Entgegen dem gängigen Klischee waren solche Extreme jedoch selten. Beim „normalen" römischen Bürger blieb auch die *cena* bescheiden. In den zahlreichen Gaststätten konnte man natürlich auch eine warme *cena* einnehmen, doch gab es keine exklusiven Restaurants im heutigen Sinne.

6.3 Amphitheater, Circus, Theater und Thermen

Öffentliche Gebäude, die vornehmlich der Unterhaltung eines breiteren Publikums dienten, entstanden erst zur Zeit der ausgehenden römischen Republik. Zuvor wurden z. B. für die Aufführung von Theaterstücken provisorische Bauten aus Holz errichtet und anschließend wieder abgerissen. Mit dem Theater des Pompeius entstand 55 v. Chr. in Rom das erste aus Stein erbaute Theater, das eine größere Zuschauerzahl aufnehmen konnte. Es wurde auch für Versammlungen des Senats genutzt. In der späten römischen Republik schmückte sich Rom auf Veranlassung der politisch mächtigsten Persönlichkeiten – und von ihnen „gesponsered" – mit Bibliotheken, Foren, Markthallen, Hafenanlagen, Getreidespeichern und weiteren Großbauten, die ihren Stiftern Ruhm einbringen sollten.
Ähnlich wie Caesar überboten sich Augustus und seine Nachfolger durch die Stiftung prächtiger Bauwerke und verbesserten die Infrastruktur, vor allem durch neue Straßen und Aquädukte. Immerhin achtete Augustus – ganz im Sinn seiner restaurativen Politik (↗ S. 12, 176) – sehr darauf, durch eine eher bescheidene Lebensweise ein Vorbild zu sein. Bereits unter Nero wurde Maßlosigkeit das Kennzeichen kaiserlicher Bautätigkeit. Manche Kaiser waren schon deshalb beim Volk verhasst, weil sie in ihrer Sucht nach repräsentativen Bauten ganze Stadtviertel abreißen ließen, so beispielsweise für den Bau der gigantischen *domus aurea* des Nero oder für den Palast Domitians mit einer Fläche von ca. 40 000 qm.

▶ Amphitheater und Gladiatorenspiele

Die Gladiatorenspiele waren ursprünglich als Kampfspiele im Zusammenhang mit Begräbnisfeierlichkeiten entstanden und sind ab 264 v. Chr. in Rom dokumentiert. Sie waren in breiten Kreisen der Bevölkerung sehr beliebt, lösten sich bald vollständig von ihrem religiösen Ursprung und wurden zu rein spektakulärer Unterhaltung. Die Gier nach Sensationen nahm in der Kaiserzeit extreme Formen an. Gladiatoren waren oft kostspielige „Stars“ und keineswegs beliebig ersetzbar; ihr Training in Schulen *(ludi)* erforderte zahlreiches Personal, darunter insbesondere Trainer *(lanistae)* und Ärzte.

Nachdem die politischen Gestaltungsmöglichkeiten unter dem Prinzipat mehr und mehr eingeschränkt waren, ließen sich wohlhabende wie einfache Leute nur zu gern durch alle Arten von Vergnügungen unterhalten, die ihnen das Leben in Rom und in den größeren Städten des römischen Reiches bot. Zunächst bediente man sich provisorischer Konstruktionen aus Holz, die auf dem Forum oder dem Gelände des späteren Circus Maximus enstanden. Später baute man dauerhaft aus Stein. Vergleichbare Arenen wurden in den entferntesten Winkeln des Reiches errichtet. So finden sich Amphitheater in Trier (Colonia Augusta Treverorum), in Arles (Arelate), in Nîmes (Nemausus) und in nahezu allen Provinzen des Reiches.

Selbst eine Kleinstadt wie Pompeji (mit ca. 10 000 Einwohnern zu Beginn des 1. Jh. n. Chr.) verfügte über ein Amphitheater für 20 000 Zuschauer, das für ein temperamentvolles Publikum zum Schauplatz begeistert aufgenommener Spiele wurde, die zeitweilig bis zu blutigen Ausschreitungen rivalisierender „Fans“ führten. Tacitus (↗ S. 82) erwähnt die blutige Schlägerei des Jahres 59 n. Chr. zwischen Einwohnern von Pompeji und der nahe gelegenen Kleinstadt Nuceria (Annalen 14,17).

Die Geschichtsschreiber erwähnen häufig, wie sorgfältig die Kaiser (bei ganz unterschiedlicher persönlicher Einstellung zu den Spielen) darauf achteten, durch die Spiele die Masse des Volkes bei Laune zu halten. Roms Bevölkerung bestand aus unterschiedlichsten Bürgern aller Nationen, sodass die Machthaber „Brot und Spiele“ („*panem et circenses*“, so Iuvenal, Satire 10,81) wirkungsvoll einsetzten. Vielfach fanden unzählige wilde Tiere und Menschen in blutrünstigen Inszenierungen den Tod. So bittet 59 v. Chr. Marcus Caelius seinen Freund Cicero, der Statthalter der Provinz Kilikien in Kleinasien war, um Panther für seine Spiele.

Schon Cicero kritisierte den Aufwand der Spiele, und zu Beginn der Kaiserzeit bezog Seneca (↗ S. 78) noch konsequenter als Cicero Stellung. Aus einer Position heraus, die sich auf stoische Werte gründete, verurteilte er entschieden den Wahnsinn der Gladiatorenspiele und der Tierhetzen. Er beklagte die Verrohung, die die Spiele bei den Zuschauern bewirken. Der Kirchenvater Augustinus (↗ S. 91) berichtet, wie sich die Begeisterung der aufgepeitschten Masse sogar auf denjenigen auswirkt, der den Zirkusspielen ursprünglich kritisch gegenübersteht (Confessiones 6,8).
Ein Bauwerk, welches das Bild Roms bis heute prägt und ausschließlich für die Austragung von Spielen erbaut wurde, hat es zu Zeiten eines Cicero und Ovid noch gar nicht gegeben: Das *Amphitheatrum Flavium* wurde unter Vespasian begonnen und unter Titus 80 n. Chr. eingeweiht. Erst vom 8. Jh. n. Chr. an wurde es als „Kolosseum“ bezeichnet. Dieses Bauwerk zeigt am deutlichsten, welche Bedeutung den Spielen im kaiserzeitlichen Rom zukam. Der Dichter Martial (↗ S. 87) schildert die Spiele unter Titus im sogenannten „Liber de Spectaculis“.

▶ Circus

Ähnliche Begeisterung wie die Gladiatorenkämpfe lösten die Wagenrennen aus, zu deren Austragung riesige Anlagen erforderlich waren. Der Circus Maximus als größte Rennbahn Roms (daher der Name) ermöglichte fast 400 000 Zuschauern die Teilnahme an Wagenrennen, bei denen Wetten auf meist vier Parteien *(factiones)* abgeschlossen werden konnten. Wie bei den Gladiatoren erlangten einzelne Wagenlenker ähnlichen Ruhm wie heutige Spitzensportler. So erwähnt beispielsweise der Dichter Martial (↗ S. 87) in einem Epigramm auf den früh verstorbenen Wagenlenker Scorpus dessen 2 048 Siege (10,53). Ovid schildert in seiner *„Ars amatoria“* (↗ S. 73 ff.), in welcher Weise Örtlichkeiten wie der Circus mit seinen beengten Sitzverhältnissen Möglichkeiten zur Kontaktaufnahme gaben.

▶ Theater

Durchaus beliebt, doch weit weniger populär als Wagenrennen waren Aufführungen römischer oder griechischer Theaterstücke in den zu diesem Zweck nach griechischem Vorbild erbauten Theatern. Wie aus den Kaiserbiografien Suetons (↗ S. 90) ersichtlich wird (div. Aug. 44), spiegelte das Theater in seiner Sitzordnung die gesellschaftlich-soziale Ordnung wider. Im von Pompeius 55 v. Chr. auf dem Marsfeld erbauten Theater (für immerhin bis zu 27 000 Zuschauer) verfolgte man nicht allein die Aufführung einer *comoedia togata* (in römischem Gewand) oder *comoedia palliata* (in griechischem Gewand) von Autoren wie Plautus (↗ S. 41) oder Terenz (↗ S. 43); die Römer hatten von jeher eine Vorliebe für alles eher vulgär Komische. Auch der „Mimus“, eine überwiegend pantomimische Darstellung von Alltagsszenen, entsprach mit seiner Spottlust und Vorliebe für üble Nachrede, für Obszönes und Gewalttätiges dem Geschmack breiter Kreise – wie das Angebot von *Soaps* und *Sex & Crime* in den heutigen Medien.

Hinzu kam eine politische Komponente. Das Theater wurde zum Forum für die öffentliche Meinung, die den jeweiligen politisch Mächtigen nicht immer wohlgesonnen war. So wurden die Triumvirn des Jahres 60 v. Chr. (Pompeius, Crassus, Caesar) in der Tragödie „Trikaranus“ („Das dreiköpfige Ungeheuer“) zur Zielscheibe des öffentlichen Unmutes. Wie auch heute noch in totalitären Regimen verstanden die Zuschauer sofort, auf wen diese Bezeichnung anspielte.

Unter Augustus wurde ein bereits von Caesar geplantes Theater errichtet, das Marcellus-Theater (für ca. 14 000 Zuschauer, Einweihung ca. 13 v. Chr.). Anders als bei den griechischen Vorbildern ermöglichten die römischen Theater keinen Ausblick in die freie Natur, sondern auf die Theaterwand, in der hoch oben eine Statue des Kaisers dominierte. Andererseits boten die Aufführungen von Tragödien gerade in der Kaiserzeit – wie mehrfach überliefert wird – ein Forum für die sonst kaum noch mögliche zumindest indirekte Kritik am jeweiligen Kaiser.

▶ Thermen

Die Thermenanlagen, die sich im kaiserzeitlichen Rom in immer größerer Form präsentierten, wurden für Sport, Vergnügungen und Dienstleistungen aller Art genutzt. Es gab in der Spätantike elf kaiserliche Anlagen, darunter die von Titus, Trajan und Diokletian erbauten Thermen. Sie verfügten sogar über Bibliotheken. Schon in der späten römischen Republik ging man an Feiertagen (↗ S. 174) häufig in die öffentlichen Bäder. Im Jahr 33 v. Chr. gab es bereits 170 kleinere Anlagen. Die zu den Thermen gehörigen Sportstätten (Palaestren) boten – wie die Thermen überhaupt – vor allem den Jugendlichen Roms, die wirtschaftlich unabhängig waren, eine tagesfüllende Beschäftigung. Für die ärmeren Schichten, deren Wohnungen keine Waschgelegenheit boten, gaben die preiswerten städtischen Thermen Gelegenheit zur Körperpflege.

Das Abitur: Übersetzen und interpretieren

7.1 Grundsätzliche Überlegungen

Unter Sprachkompetenz versteht man vor allem die Fähigkeit, lateinische Texte zu übersetzen und zu interpretieren. Sprachkompetenz bildet daher die wichtigste Teilkompetenz des Lateinunterrichts, obwohl sie untrennbar verbunden ist mit kultureller Kompetenz und Methodenkompetenz. Demzufolge stehen das

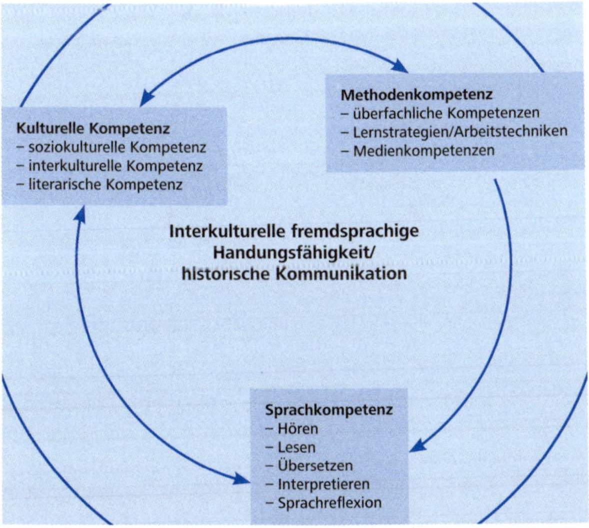

Schematische Darstellung nach dem Rahmenplan der Länder Berlin, Brandenburg und Mecklenburg-Vorpommern

Übersetzen und Interpretieren im Mittelpunkt der Abiturprüfung.
Ein bewusstes methodisches Vorgehen ist sowohl bei der Texterschließung wie auch bei der Interpretation sehr wichtig. Eine einzige Methode, die für sämtliche Texte und Schülerinnen und Schüler geeignet wäre, gibt es jedoch nicht. In der Unterrichtspraxis werden deshalb unterschiedliche Übersetzungsmethoden (↗ S. 208) und Interpretationsansätze (↗ S. 220) vermittelt.

7.2 Faktoren der Texterschließung (Text im Kontext)

Mehrere Faktoren sind für den Prozess der Texterschließung ausschlaggebend, die im folgenden Modell dargestellt und anschließend erläutert werden.

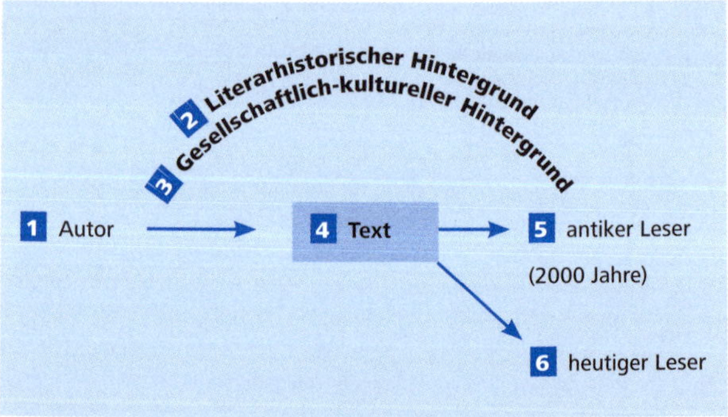

Für den antiken Autor waren diese Faktoren, abgesehen vom heutigen Leser natürlich, ebenfalls von Bedeutung.
Den individuellen schöpferischen Prozess beeinflussen vor allem die folgenden auf der rechten Seite dargestellten Aspekte:

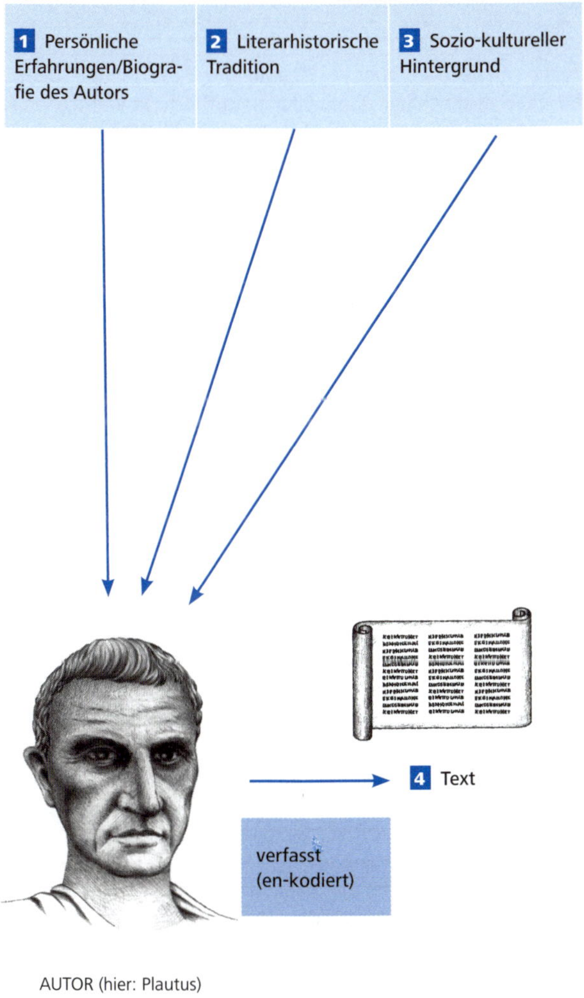
1 Persönliche Erfahrungen/Biografie des Autors
2 Literarhistorische Tradition
3 Sozio-kultureller Hintergrund
4 Text
verfasst (en-kodiert)
AUTOR (hier: Plautus)

1 Bei jeder Übersetzung ist es von Nutzen, möglichst viel über den jeweiligen **Autor** zu wissen (↗ Kapitel 2.4). Unsere biografischen Kenntnisse über die Klassiker (z. B. Vergil und Horaz) beruhen zwar häufig auf Informationen, die ihren Werken selbst entnommen wurden. Dennoch ist biografisches Wissen wichtig, um das Werk eines Autors und speziell eine zu übersetzende oder zu interpretierende Passage verstehen zu können.

2 Jeder lateinische Schriftsteller befindet sich in einer **Tradition vorausgehender Autoren und Werke** und muss vor dem Hintergrund dieser Tradition gesehen werden (Intertextualität). Zudem entfalten literarische Konventionen eine Wirkung, der man sich bei der Interpretation bewusst sein sollte: Es gibt Regeln und Konventionen, die sich auf die literarischen **Genera** (↗ S. 15 ff.) beziehen, auf die Auswahl des **Metrums** (↗ S. 98), auf **Stilmittel** (↗ S. 110) usw. Je komplexer die sprachliche Form ist, je mehr die Sprache also zum Kunstwerk wird, desto anspruchsvoller sind die zur Geltung kommenden Regeln. Während die Lektüre von Sachtexten (z. B. Abhandlungen zur Landwirtschaft, zur Medizin oder Architektur, wie Vitruvs „De architectura" ↗ S. 77) v. a. Sachkenntnis erfordern, bleiben Texte von Ovid, Seneca oder Caesar ohne biografisches und literarhistorisches Hintergrundwissen oft unzugänglich.

3 Für ein zutreffendes Textverständnis ist auch die Kenntnis des **gesellschaftlich-kulturellen Hintergrundes** von entscheidender Bedeutung. Besonders der zeitliche Abstand von über 2000 Jahren, der Autor und Leser der Antike von der heutigen Wirklichkeit trennt, kann das Textverständnis erschweren. Erforderlich sind Kenntnisse über das römische Alltagsleben (↗ S. 186) und den Aufbau der Gesellschaft (↗ S. 162) so wie das Verständnis von Begriffen wie *amicitia*, *virtus*, *industria*, *disciplina* usw. Der lateinische Begriff *amicitia* z. B. ist nicht deckungsgleich mit dem heutigen deutschen Begriff „Freundschaft". In der Prüfung selbst kann das Wörterbuch nur begrenzt helfen.

4 Der **Text** als kunstvolles sprachliches „Gewebe“ (lat. *texere* – weben) steht im Zentrum des Interesses, wenn man übersetzen oder interpretieren möchte. In seinen Grundstrukturen richtet sich jeder Text weitgehend nach den Regeln der **Grammatik**. Die weitere **formale Ausgestaltung** eines Textes ist umso komplexer, je stärker er von seinem Autor als sprachliches Kunstwerk konzipiert wurde. Daher ist eine Deutung *(interpretatio)* literarischer Texte ohne präzise Analyse der **formalen Gestaltungsmittel** nicht möglich. Wie bei der Analyse eines Buches oder eines Werkes die Frage der Komposition, der Architektur im Großen (Makrostruktur) eine wichtige Rolle spielt, ist auch im Kleinen der **Aufbau eines Textes** – seine Mikrostruktur – zu untersuchen. Die Kenntnis der **Rhetorik** wird nicht nur für rednerische Texte, sondern als Konventionen literarischer Rhetorik auch für alle dichterischen Texte benötigt. Generell sind **sprachliche Besonderheiten** bei der Wortwahl (z. B. Satzbau, Wortfelder, Stilmittel, Bildlichkeit) für das Textverständnis unbedingt zu beachten.

5 **Adressaten in der Antike:** Für das Verständnis des lateinischen Textes ist es wichtig, sich die Erwartungen des antiken Publikums zu vergegenwärtigen, mit denen sich der Autor konfrontiert sah: Wer fand Catulls Spottgedichte über Caesar und seine Anhänger amüsant, wer fühlte sich provoziert? Wen begeisterten die erotischen Gedichte Ovids, wen schockierten sie?

6 Auch die **heutigen Leser**, die sich für lateinische „Klassiker“ interessieren, unter ihnen die heutigen Schüler und Studenten, gehen mit unterschiedlichen Erwartungen und Voraussetzungen an einen antiken Text heran. Doch jeder, der seinen Entstehungs- und Wirkungszuammenhang verstehen möchte, muss sich die unter **1** bis **4** genannten Aspekte verdeutlichen. Vor allem gilt es, die „Sprachbarriere“ zu überwinden, was gründliche Kenntnisse des Lateinischen in den Bereichen Vokabeln, Grammatik und Übersetzungstechnik erfordert.

7.3 Übersetzen: Tipps und Methoden

Vorbemerkung: Ob eine Übersetzung gelingt oder nicht, hängt zum Teil von Faktoren ab, auf die man wenig Einfluss hat (Qualität der Vorbereitung im Unterricht; Textgattung, Textstelle; Tagesform, Nervosität). Eine gründliche, systematische Vorbereitung mit vernünftiger Zeitplanung kann zum Gelingen erheblich beitragen.

Für die durchdachte Vorbereitung der schriftlichen und mündlichen Prüfung verweisen wir auf Kapitel 8: Vorbereitung mit System (↗S. 227).

▶ Vorschlag zum Vorgehen: Übersetzung in drei Phasen

Nicht nur in der Vorbereitung, sondern auch bei der Übersetzung „vor Ort" im Abitur lässt sich durch ein besonnenes und systematisches Vorgehen viel erreichen. Im Folgenden geben wir hierzu Tipps, die wir in drei Phasen eingeteilt haben.

BEACHTE Vergegenwärtigen Sie sich – trotz Stress! – zu Beginn der Übersetzungsarbeit die folgenden Punkte, soweit sie Ihnen sinnvoll erscheinen! Ein planvolles Vorgehen bringt nur Vorteile.

Phase I
Groberschließung: Einleitungstext, erste Orientierung

- Falls der Text zu Beginn durch den Prüfer **vorgelesen** wird, kann man dem Vortrag wichtige Informationen entnehmen, z. B. über Sinneinheiten, die durch Pausen gekennzeichnet werden, oder Kasus (Endung *-īs* oder *-is*). Wenn möglich, sollte man **Sinneinschnitte**/Wortblöcke markieren.

- Den nächsten Schritt bildet, sofern vorhanden, die gründliche Lektüre und Auswertung der **Überschrift** und des deutschen **Einleitungstextes**. Hier können bereits wichtige Hinweise auf den zu erwartenden Inhalt des Übersetzungstextes enthalten sein (Situation, Namen usw.).

- Es folgt ein **lineares Überfliegen** des Textes. Dies erlaubt eine erste grobe **thematische Eingrenzung** (Wortwiederholungen? Wortfelder?), eine erste vorläufige Bestimmung des **„Horizonts"** (besonders des gesellschaftlichen Horizonts), vor dem der Text gesehen werden muss. Auch eine Bestimmung der **Gattungsform** (↗ S. 15) kann hier erfolgen.

- Außerdem sollte schon zu diesem Zeitpunkt die **Makrostruktur** des Textes bewusst wahrgenommen werden: Markieren Sie Absätze, offenkundige Aufzählungen/Reihungen von Fragen usw. Das Wörterbuch sollten Sie in dieser Phase möglichst noch nicht benutzen!

Phase II
Feinerschließung: Arbeitsübersetzung

- Für das Erstellen einer Arbeitsübersetzung sollte man **satzweise** vorgehen und dabei die **Mikrostruktur** des Textes erschließen. (Beachte: Auch das Semikolon markiert einen Satzschluss.) Markieren Sie bei Satzgefügen die Hauptsätze. Auch empfiehlt sich das farbige Markieren sämtlicher **Verbalkerne** (alle Prädikate, Nominalformen des Verbs) sowie der **Konjunktionen und Subjunktionen**.

- Nun beginnt mit der **Detailarbeit** die heikelste Phase. Falls Sie den Sinn eines Satzes nicht sofort erfassen (der Regelfall), behalten Sie kühlen Kopf und besinnen Sie sich zunächst auf die Strategien und **Übersetzungsmethoden**, die Ihnen im Lateinunterricht vermittelt wurden. Zwei der bekanntesten Methoden werden Ihnen im Folgenden noch einmal kurz dargestellt, die **Konstruktionsmethode** (↗ S. 208) und die sogenannte **Dreischrittmethode** (↗ S. 210).
  Für **Prosatexte** empfehlen wir zunächst die **Dreischrittmethode** (DSM), da diese weitgehend auf ein Übersetzen in der natürlichen Wortfolge (lineares Dekodieren) setzt (↗ S. 212). Wenn die DSM nicht mehr weiterführt, kann man auf die **Konstruktionsmethode** umsteigen und das Satzgefüge von den Prädikaten her erschließen (↗ S. 208). Für **poetische Texte** scheint uns die DSM wegen der freieren Wortstellung weniger geeignet.
  Auch auf die Erschließung kleinerer, für das Lateinische typischer syntaktischer Einheiten wie **AcI** und **Ablativus absolutus** sollte Sie Ihr Lateinunterricht methodisch vorbereitet haben. Für den Fall, dass Sie sich hier noch nicht sicher fühlen, verweisen wir auf die **Übersetzungsrezepte** im Pocket Teacher Latein Grammatik (↗ S. 233).

- Zur ökonomischen Arbeit mit dem **Wörterbuch** ↗ S. 213.

Phase III
Endfassung, Reinschrift, Anmerkungen

- Die Endfassung sollte möglichst nicht mehr „nach Übersetzung" klingen: Sie muss **in korrektem Deutsch und gutem Stil bei angemessenem und treffsicherem Ausdruck** verfasst sein. Bedenken Sie beim abschließenden „Feilen" aber auch, dass für den zweiten Teil der Prüfung (Interpretation) genug Zeit bleiben muss. Auch eine abschließende Reinschrift dauert noch einmal 10 bis 15 Minuten.

- Vermeiden Sie unter allen Umständen Varianten (mit Slash oder auch in Klammern), aus denen sich der Korrektor dann eine „aussuchen" soll. Ist eine dieser Varianten falsch, zählt dies als Fehler. **Entscheiden Sie sich für eine Version!** Bei freieren Übersetzungen können **Anmerkungen** in Fußnoten (mit „Sternchen") verdeutlichen, dass Sie den Text ganz durchschaut haben, z. B. „lat. Plural"; „wörtlich: ..." usw.

- Besonders ärgerlich sind Auslassungen aus Flüchtigkeit. Auch in der Abiturprüfung kommen sie aufgrund gesteigerter Nervosität häufiger vor. Wenn Sie noch Zeit haben, kontrollieren Sie in einem „Schnelldurchgang", ob Sie auch wirklich **jedes Wort berücksichtigt** haben (z. B. kann man die Wörter des lateinischen Textes mit Bleistift wegstreichen).

▶ Konstruktionsmethode und Dreischrittmethode (DSM)

Neben der herkömmlichen Konstruktionsmethode, bei der das lateinische Satzgefüge zunächst in seine Bestandteile zerlegt und anschließend (re)konstruiert wird, ist die sogenannte Dreischrittmethode (DSM) von Bedeutung. Im Folgenden erläutern wir diese von D. Lohman entwickelte Methode auch deshalb, weil sie der natürlichen Wort- und Satzteilreihenfolge im Lateinischen mehr Bedeutung beimisst. Sie stellt somit eine echte Alternative zur Konstruktionsmethode dar.

Für beide Methoden unerlässlich ist die sichere Beherrschung der Grammatik (Formen- und Satzlehre). Darüber hinaus empfehlen wir für die Feinerschließung (Phase II bei der Übersetzung ↗ S. 206) bei jedem Satz zunächst die Sichtung der Verbalinformationen.

A 1 Die Konstruktionsmethode	
1	Aus dem Satzgefüge wird zunächst der Hauptsatz isoliert. (Nebensätze erkennt man an ihren einleitenden Subjunktionen (auch Relativpronomen, Fragewörter). Danach wird ggf. die Hierarchie der Nebensätze bestimmt (ersten, zweiten Grades usw.)
2	Dann wird das Prädikat des Hauptsatzes bestimmt und übersetzt, danach das Subjekt des Hauptsatzes, sofern es nicht schon im Prädikat enthalten ist.
3	Nun werden alle übrigen Teile des Hauptsatzes ergänzt. Dabei geht man möglichst von der Valenz des Verbs aus, welches das Prädikat bildet: So „erfordert“ z. B. das Verb *dare* einen Akkusativ und „erlaubt“ einen Dativ. Für satzwertige Konstruktionen (Pc, AcI und Abl. abs.) kommen jeweils eigene Übersetzungsrezepte zum Einsatz (siehe Pocket Teacher Latein Grammatik).
4	Dann werden die Nebensätze in der Reihenfolge ihrer Hierarchie „abgearbeitet“. Bei Nebensätzen steht jeweils das einleitende Wort auch am Anfang der Übersetzung.

A 2 Die Konstruktionsmethode: Beispiel

Zuerst sollte man sich den Kontext vergegenwärtigen und die Verbalformen markieren (↗ S. 208). Kontext: Caesar ist mit seinem Heer in ein unbekanntes Gebiet Galliens gezogen und hat sich zunächst über Land und Leute informiert. Dann folgt der Satz:

His rebus cognitis exploratores praemittit, qui locum castris idoneum deligant.

1 Nebensatz: *qui … deligant* (*qui* = Relativpronomen)
Hauptsatz: *His … praemittit*

2 Das Prädikat des Hauptsatzes *praemittit* impliziert ein Subjekt im Singular. Hier kommt nur der zuletzt erwähnte Caesar infrage: „Er schickt voraus".

3 *praemittere* verlangt ein Akkusativobjekt: „Er schickt Kundschafter *(exploratores)* voraus."
Der Rest des Hauptsatzes *his rebus cognitis* besteht aus einem Ablativus absolutus. Wir übersetzen zunächst mit einem temporalen Nebensatz: „Nachdem diese Dinge erkannt worden sind, …"

4 Nebensatz: Das Prädikat *deligant* im Plural legt nahe, dass das Subjekt im einleitenden Relativpronomen enthalten ist. Der Nebensinn des Konjunktivs scheint final: … *die auswählen sollen*. Das Verb *deligere* erfordert wiederum ein Akkusativobjekt *(locum idoneum)*. Das Adjektiv *idoneum* kann durch einen Dativ ergänzt werden (geeignet wofür?): „ …, die einen für das Lager (*castra*: Pluralwort!) geeigneten Ort aussuchen sollen".
Feinschliff: Nachdem er dies (statt „diese Dinge") in Erfahrung gebracht (statt: „erkannt") hatte, schickte (lat. hist. Präsens) er Kundschafter, die einen für das Lager geeigneten Ort aussuchen sollten.

Vorteile der Konstruktionsmethode: Eindeutige Anweisungen, praktikabel, auf die meisten Texte anwendbar.

Nachteile: Auflösung der lateinischen Satzstruktur und Übersetzen über den „Umweg" einer Neukonstruktion.

TIPP Wir empfehlen bei Texten der Dichtung (mit freierer Wortstellung) eher die Konstruktionsmethode, bei Prosa zunächst die Dreischrittmethode.

B 1 Die Dreischrittmethode (DSM)

	Hauptsätze 1	Nebensätze
I	Übersetzung des **ersten Satzglieds** 2	Übersetzung des **einleitenden Worts** 3
II	Übersetzung des **Prädikats** 4 bzw. seines ersten Teils 5	Übersetzung des **Subjekts** (oft im Prädikat enthalten)
III	Übersetzung der **übrigen Satzglieder** in der Reihenfolge ihres Vorkommens, ggf. zweiter Teil des Prädikats 6	

1 Aussagesätze, Fragesätze und Aufforderungssätze

2 Das erste Satzglied kann im einfachsten Fall das Subjekt, aber auch das Prädikat, ein Adverbiale oder ein Ablativus absolutus mit Ergänzungen (häufig bei Caesar) oder ein ganzer Nebensatz sein. Als erster Schritt muss daher das erste Satzglied genau abgegrenzt werden.

3 Subjunktion, darunter auch Relativpronomen oder Fragepronomen

4 In einigen Lehrwerken wird dieser Schritt als „Pendel-Methode“ bezeichnet: Man „pendelt“ vom Satzanfang nach hinten zum Prädikat und stellt es in der Übersetzung an die zweite Stelle.

5 Im Deutschen geht oft das Hilfsverb (im Passiv, Futur I usw.) oder eine Form eines Modalverbs (z. B. „könnte“ bei einem lateinischen Konjunktiv) voran. Beim AcI ist das übergeordnete Verb vorzuziehen.

6 *Nicht* in der natürlichen Reihenfolge zu übersetzen sind als Attribut vorangestellte Genitive und Wörter in Sperrstellung (Hyperbata, ↗ S. 113). Da die Wortstellung im Lateinischen freier ist als im Deutschen, wird bisweilen eine Umstellung nötig sein.

B 2 Die Dreischrittmethode: Beispiel

Zuerst sollte man sich den Kontext vergegenwärtigen und die Verbalformen markieren (↗ S. 208). Kontext: Caesar ist mit seinem Heer in ein unbekanntes Gebiet Galliens gezogen und hat sich zunächst über Land und Leute informiert. Dann folgt der Satz:

His rebus cognitis exploratores praemittit, qui locum castris idoneum deligant.

Das Satzgefüge beginnt mit dem **Hauptsatz**. **1**

Schritt I: Das **erste Satzglied** ist ein Ablativus absolutus. Wir übersetzen zunächst mit einem Temporalsatz: „Nachdem diese Dinge erkannt worden sind/waren, …“ (vorzeitig). **2**

Schritt II: Dann wird das **Prädikat** des Hauptsatzes „vorgezogen“; das Subjekt ist im Prädikat enthalten: „schickt er voraus“. **4** **5**

Schritt III: Der **Rest** des Satz: „schickt er Kundschafter voraus“. **6**

Auf den Hauptsatz folgt ein **Nebensatz**.

Schritt I: Das **einleitende Wort** *(qui)* ist ein Relativpronomen im Nominativ („der/die") und damit zugleich das Subjekt. **3**

(**Schritt II** fällt mit Schritt I zusammen, da das Relativpronomen im Nominativ zugleich das **Subjekt** ist.)

Schritt III: Der **Rest** des Nebensatzes (mit Wortumstellung): „die einen geeigneten Ort für das Lager aussuchen sollten." **6**

Vorteile der Dreischrittmethode: Klares Grundschema, Bewahrung und Verstehen der „natürlichen" Wortstellung im Lateinischen (außer im unvermeidlichen Schritt II). Damit kommt man z. B. bei einem Caesartext oft schon erstaunlich weit!

Nachteile: Die variablere Wortstellung im Lateinischen erschwert es häufig, die ursprüngliche Reihenfolge in der Übersetzung beizubehalten. Dies gilt besonders für die Dichtung (viele Hyperbata ↗ S. 113). Mehrere Ausnahmen von der Regel (etwa beim AcI).

TIPP Wir empfehlen bei Prosatexten die DSM oder die Konstruktionsmethode. Bei poetischen Texten ist die DSM wegen der freien Wortstellung weniger geeignet.

7.4 Arbeit mit dem Wörterbuch

Die Benutzung eines Wörterbuchs ist eine zweischneidige Angelegenheit: Einerseits beruhigt es, im Zweifel jedes Wort nachschlagen zu können, andererseits kostet jedes Nachschlagen Zeit, die dann an anderer Stelle fehlt. **Wir raten daher zu einem zeitökonomischen Einsatz des Wörterbuchs.**

- **Eigenes Grundwissen:** Je mehr Vokabeln man im Kopf hat, desto weniger muss man nachschlagen. Zur Vorbereitung auf die Übersetzung (schriftlich wie mündlich) gehört daher die Wiederholung des **Grundwortschatzes** sowie eines **autoren- bzw. themenspezifischen Wortschatzes** („Vorbereitung mit System" ↗ S. 227).

- Versuchen Sie vor jedem Nachschlagen, **zunächst die syntaktische Struktur eines Satzes zu erschließen** (Übersetzungsmethoden ↗ S. 204). Überblickt man die Struktur des Satzes (und teilweise seine Bedeutung), so wird z. B. die Entscheidung leichter fallen, ob eine Form wie *latus* ein Adjektiv („weit"), ein Substantiv („Seite") oder ein PPP („getragen") ist.

- **Schlagen Sie nicht jedes Wort nach, dessen Bedeutung Sie eigentlich zu kennen glauben.** So wird bei einer Form von *auxilium* die Bedeutung „Hilfe" meist passen. Nur im militärischen Kontext könnte die Angabe „Hilfstruppen" im Wörterbuch weiterhelfen.

- Versuchen Sie auch bei scheinbar unbekannten Wörtern, die **Bedeutung zunächst selbst zu erschließen.** Wenn etwa das Simplex *ire* und die Präposition *ex* bekannt sind, muss eine Form wie *exierunt* eigentlich nicht nachgeschlagen werden.

- Viele Wörterbücher geben bei Verben die **1. Person Singular Indikativ Präsens Aktiv** an. Formen wie *feram*, *tulerunt* und *lato* sind also nicht unter *ferre*, sondern unter *fero* nachzuschlagen.

- Viele Wörterbücher bieten zum Beginn jedes Artikels einen **„Kasten“ mit den Grundbedeutungen**. Die Wahrscheinlichkeit ist hoch, dass sich hier eine passende Bedeutung findet, zumal Sonderbedeutungen sich meist in den Vokabelhilfen der Abituraufgabe finden.

- Werfen Sie sicherheitshalber stets auch einen Blick auf die **benachbarten Artikel**. So wird Ihnen z. B. nicht entgehen, dass *passus* nicht nur „Schritt“ bedeutet, sondern auch das PPP zu *patior* ist (zu möglichen Verwechslungen ↗ S. 215).

- Beachten Sie ggf. auch die **Abkürzungen**. Sie sind vorne im Wörterbuch erklärt. Steht vor einer Bedeutung etwa die Angabe *nkl.* (= nachklassisch), so wird sie bei einem „Klassiker“ wie Cicero oder Caesar kaum passen.

- Schreiben Sie im Zweifelsfall eine bis drei **Grundbedeutungen mit Bleistift unter die Vokabel** auf dem Textblatt (z. B. die Angaben des farbig unterlegten Kästchens zu Beginn des Wörtbuchartikels, s. o.). Das erspart wiederholtes Nachschlagen. Auch Klebezettel (pads) helfen ggf. beim erneuten Auffinden des Wortes.

POCKET TEACHER Service: Vorsicht Falle!
Im Folgenden haben wir einige Vokabeln zusammengestellt, die aufgrund ihrer Ähnlichkeit, Mehrdeutigkeit usw. häufiger zu Fehlern führen.

TIPP Schauen Sie jeweils nur auf das lateinische Stichwort und versuchen Sie, die Übersetzungen bzw. Lösungen zunächst selbst zu finden.

1. Oft verwechselte Vokabeln

***cadere**, cado, cecidi*	fallen
***caedere**, caedo, cecidi*	fällen, töten
***cēdere**, cedo, cessi, cessum*	(weg-)gehen
***ferre**, fero, tuli, latum*	tragen
ferē	fast, ungefähr
***ferrum**, i n.*	Eisen
***iacēre**, iaceo, iacui*	liegen
***iacere**, ieci, iactum*	werfen
***liber**, libera, liberum*	frei
***liber**, libri m.*	das Buch
***liberi**, liberorum m.*	Kinder (frei geborene)
***parare**, paro, paravi, paratum*	(vor-)bereiten
***parere**, paro, peperci, partum*	gebären
***parēre**, pareo, parui*	gehorchen
***quidam**, quaedam, quoddam*	ein gewisser
quidem	freilich, gewiss
***vincere**, vinco, vici, victum*	siegen
***vincīre**, vincio, vinxi, vinctum*	fesseln, binden
***vivere**, vivo, vixi*	leben

„Kleine" Wörter	
ac – und, als (beim Vergleich)	***nunc*** – jetzt, nun
at – aber, jedoch	***tum*** – dann, damals
atque – und (auch)	***nam*** – denn
aut – oder	***tam*** – so
autem (nachgestellt) – aber, jedoch	***tamen*** – dennoch
dum – während, (solange,) bis	***tandem*** – schließlich
num – etwa (bei Fragen)	

2. Vokabeln mit sehr unterschiedlichen Bedeutungen	
causa, *causae f.*	1. Grund *(qua de causa)* 2. Prozess *(causam agere)* 3. als Postposition: *honoris causa* – der Ehre wegen
colere, *colo, colui, cultum*	1. bebauen *(agros)* 2. bewohnen *(fines)* 3. verehren *(deos)*
committere, *committo, commisi, commissum*	1. anvertrauen *(pecuniam)* 2. begehen *(caedem)* 3. beginnen *(pugnam)*
contendere, *contendo, contendi, contentum*	1. kämpfen *(armis)* 2. eilen *(in Galliam)* 3. behaupten *(hoc)*
ducere, *duco, duxi, ductum*	1. führen *(exercitum)* 2. halten für *(aliquem hostem)*
ferre, *fero, tuli, latum*	1. tragen *(lapides)* 2. ertragen *(labores)* 3. berichten (oft mit AcI)
gerere, *gero, gessi, gestum*	1. (aus-)führen *(bellum)* 2. sich verhalten: *se gerere* 3. tragen *(vestem)*
imperator, *imperatoris m.*	1. Feldherr, Befehlshaber 2. Herrscher 3. Kaiser
imperium, *imperii n.*	1. Oberbefehl 2. Reich *(imperium Romanum)*

***pars**, partis f.*	1. Teil *(magna ex parte)* 2. Seite, Richtung *(in omnes partes)* 3. Partei *(populi)*
***petere**, peto, petivi, petitum*	1. aufsuchen *(forum)* 2. erbitten *(auxilium)* 3. angreifen *(hostem telis)*
***res**, rei f.* Das Wort kann in verschiedenen Kontexten unterschiedlichste Bedeutungen haben („Sache“, „Umstand“ usw.). Rechts einige häufig vorkommende Verbindungen.	1. *res publica* – Staat 2. *res familiaris* – Vermögen 3. *res secundae/adversae* – Glück/Unglück 4. *qua re* – deshalb 5. *his rebus* – unter diesen Umständen, in dieser Lage
***secundus**, a, um*	1. der zweite 2. günstig *(ventus)*
ubi	1. wo 2. sobald
ut	1. wie 2. dass, damit 3. sobald *(ut primum)*

3. Mehrdeutige Formen

Bei manchen Formen besteht die Gefahr, im Wörterbuch unter dem falschen Eintrag nachzuschlagen. Hier die häufigsten „Stolpersteine“:

latus	1. als Adjektiv: weit, breit 2. als PPP zu *ferre*: getragen 3. als Substantiv: *latus, lateris n.* – die Seite
eo	1. Pers. Sing. Ind. Präs. Akt. von *ire*: ich gehe 2. Dat. und Abl. Sing. mask. und neutr. von *is, ea, id* 3. bei Steigerungen: *eo magis* – umso mehr 4. als Adverb: dorthin Merkspruch: *Eo cum eo eo.* – „Ich gehe mit ihm dorthin.“
hic	1. Nom. Sing. mask. von *hic, haec, hoc* – dieser 2. Adverb (mit langem i) – hier
modo	1. Dat. und Abl. Sing. von *modus, i m.* – Art, Maß 2. Adverb – nur, bald, eben erst

ora	1. Nom. und Akk. Plur. von *os,oris n.* – Mund, Gesicht 2. Nom. Sing. von *ora, orae f.* – Küste, Gegend 3. Imperativ Sing. von *orare* – bitten, beten
quam	1. Akk. Sing. fem. von *qui, quae, quod* 2. bei Superlativen: möglichst *(quam celerrime)* 3. bei Vergleichen: wie, als
quod	1. als Subjunktion: weil, dass 2. Nom. und Akk. neutr. Sing. von *qui, quae, quod*
vero	1. Dat./Abl. Sing. mask./neutr. von *verus* – wahr 2. als Adverb – in der Tat, wahrhaftig 3. als Konjunktion (häufig) – aber
vis	1. 2. Pers. Sing. Ind. Präs. Akt. von *velle*: du willst 2. Nom. Sing.: *vis f.* – Kraft, Stärke, Gewalt

4. Vom Deutschen abweichender Kasusgebrauch

Genitiv	***oblivisci*** *alicuius rei*	etwas vergessen
Dativ	***consulere*** *amico* ***providere*** *rei publicae* ***parcere*** *subiectis*	sich um den Freund kümmern für den Staat sorgen die Unterworfenen schonen
Akkusativ	*hostem* ***sequi*** *periculum* ***fugere***	dem Feind folgen vor der Gefahr fliehen
Ablativ	*gladio* ***uti*** *auxilio* ***egere, carere*** *vita* ***frui***	das Schwert benutzen Hilfe benötigen das Leben genießen

5. Semideponenzien

audere, *audeo, ausus sum*	wagen
fieri, *fio, factus sum*	werden, geschehen
gaudere, *gaudeo, gavisus sum*	sich freuen
reverti, *revertor, reverti (!)*	zurückkehren
solere, *soleo, solitus sum*	gewohnt sein, (zu tun) pflegen

7.5 Übersetzen in der mündlichen Prüfung

Für das Übersetzen in der mündlichen Prüfung gilt im Hinblick auf Vorbereitung, Übersetzungstechniken usw. dasselbe wie in der schriftlichen Prüfung. Darüber hinaus sind folgende Aspekte besonders zu beachten:

- In der Vorbereitungszeit sollten Sie das Wörterbuch mindestens ebenso sparsam benutzen wie bei der schriftlichen Übersetzung (↗ S. 213).
- Meist soll der Prüfling den zu übersetzenden Text oder zumindest den Anfang laut vorlesen. Berücksichtigen Sie dabei die Ausspracheregeln (siehe Kasten) sowie die Quantitäten (z. B. *-is* oder *-īs?*).

TIPP Setzen Sie bei „kritischen" Wörtern in den ersten ein bis zwei Sätzen des Prüfungstextes für das Vorlesen Betonungsstriche.

Ausspracheregeln:

- Bei zweisilbigen Wörtern wird in der Regel (wie im Deutschen) die erste Silbe betont: *státim, hórtus, dáre*
- Paenultima-Regel (von *paenultima syllaba* – die vorletzte Silbe): In drei- und mehrsilbigen lateinischen Wörtern wird die vorletzte Silbe betont, wenn sie lang ist, sonst die drittletzte. Also: *amicōrum, tulērunt, laudaverāmus*, aber: *ínferunt, íterum*

Im Prüfungsgespräch: Gehen Sie offensiv mit Unklarheiten und Problemen um! Wenn Sie in der Vorbereitungszeit eine Vokabel nicht gefunden haben, fragen Sie gleich zu Beginn danach. Lassen Sie sich helfen, wenn Sie die Konstruktion eines Satzes nicht durchschaut haben – das ist besser, als wenn die Zeit mit Raten (oder Schweigen) vergeht.

7.6 Interpretation

Interpretationsansätze

Einen Text interpretieren bedeutet, ihn auf eigene Weise zu deuten. Jeder Text kann also immer wieder neu interpretiert werden (Polyvalenz insbesondere poetischer Texte). Eine Interpretation überzeugt immer dann, wenn es ihr gelingt, die Aussage des lateinischen Textes zu „erhellen", ihn aus mehreren Perspektiven zu betrachten und eine vertiefte Erkenntnis des Textsinns zu vermitteln.

Interpretieren ist zugleich ein höchst kreativer Prozess, selbst wenn man einer zuvor gewählten Methode (↗ S. 204) möglichst präzise folgt. Es gibt grundsätzlich zwei unterschiedliche Herangehensweisen, die auf ein umfassendes Textverständnis abzielen: eine **textimmanente**, die vom Text selbst ausgeht und sich möglichst auf ihn beschränkt, und unterschiedliche Formen von **außertextlich** orientierten Ansätzen.

Die Bezeichnungen der verschiedenen Interpretationsansätze sind nicht einheitlich; die einzelnen Deutungsansätze überschneiden sich inhaltlich. Die bekanntesten sind folgende:

Wichtige Interpretationsansätze und -methoden
1 **textimmanent** (Sprache, Struktur des Textes)
2 **biografisch** (Bezüge zur Lebenswirklichkeit des Autors)
3 **literaturgeschichtlich** (Gattung, Motive)
4 **soziokulturell** (Bezüge zum gesellschaftlichen Umfeld)

Am Beispiel des kürzesten und berühmtesten Gedichts des Catull (↗ S. 45, auch als Textbeispiel ↗ S. 47) wollen wir die Vorgehensweise und Fragestellungen der einzelnen Interpretationsansätze kurz verdeutlichen. Natürlich kann dieses „Durchspielen" der einzelnen Methoden aus Platzgründen nur ansatzweise geschehen.

BEISPIEL Catull, carmen 85

Odi et amo. Quare id faciam, fortasse requiris;
nescio; sed fieri sentio et excrucior.

Ich hasse und liebe. Warum ich dies tue, fragst du vielleicht;
weiß nicht, doch fühl ich's geschehen und quäle mich.

1 Textimmanente Interpretation

Die textimmanente Interpretation (nachklassisch *immanere* – bei etwas bleiben) untersucht all das, was sich über den Text ohne weitere Informationen „von außen" sagen lässt. Hier wäre zu nennen, dass die Hauptinformation (das Thema) in knappster Form und sehr pointiert (Antithese) gleich zu Beginn des Distichons gegeben wird *(odi et amo)* und an der Trithemimeres (Hexameter ↗ S. 99) endet. Das in sehr persönlichem Ton gehaltene Gedicht (in der 1. Pers. Singular äußert sich das lyrische Ich) wendet sich an ein fiktives Gegenüber. Die Anteilnahme des Lesers wird durch die Anrede *(requiris)* hervorgerufen. Dabei wird mit der Frage im zweiten Teil des Hexameters eine Spannung aufgebaut, die sich erst im Pentameter mit der Antwort auflöst, ein typisches Strukturmerkmal des elegischen Distichons (↗ S. 101). Zugleich wird die Zäsur des Pentameters zu einem erneuten Spannungsaufbau genutzt. Mit seiner Antwort macht das lyrische Ich deutlich, keine rationale Erklärung zu haben *(nescio)*, und wohl auch seine Hilflosigkeit – das *nescio* steht syntaktisch isoliert. Es bekennt sein Hin- und Hergerissensein zwischen extremen Gefühlen, die einerseits wie eine von außen kommende Macht empfunden werden *(id)*, der es sich auf Gedeih und Verderb ausgeliefert sieht *(sentio)*, die andererseits aber zugleich zu seinem innersten Wesen gehören (mediopassivische Übersetzung von *excrucior* – ich quäle mich). Auch die Wortwahl stammt weitgehend aus dem Feld subjektiver Emotionalität *(odi, amo, sentio, excrucior)*.

2 Biografische Interpretation

Die biografische Interpretation will Bezüge zur Lebenswirklichkeit des Autors herstellen und damit den Text erhellen. Doch Vorsicht! Bei antiken Autoren sind wir über die Lebensumstände meist nur sehr unzuverlässig aus späteren Quellen informiert (Ausnahme: Cicero ↗ S. 51). Bei Angaben „zur Person“ in den eigenen Werken muss man immer damit rechnen, dass sie literarische Fiktion bzw. Selbststilisierung sind.
Das gilt auch für Catull (und seine Beziehung zu Lesbia ↗ S. 46). Allerdings legt ein Blick auf die Gesamtheit des Catull'schen Werks nahe, dass er von leidenschaftlicher und impulsiver Natur war. Hier lassen sich wahrscheinlich fast alle im Unterricht gelesenen Gedichte (z. B. die an Lesbia) als Beleg anführen. Auch die wütenden Schmähgedichte Catulls auf Caesar und seine Günstlinge (↗ S. 47) wird der Familie Catulls, die mit Caesar befreundet war, einige Verlegenheit bereitet haben. Somit lässt sich nicht mit letzter Sicherheit, aber doch großer Wahrscheinlichkeit sagen, dass Catull in c. 85 die Eigenart seines Wesens als Dichter *und* als Mensch „auf den Punkt bringt“. Schon bei dem Versuch aber, das in diesem Gedicht angesprochene Gegenüber historisch zu bestimmen, kommt man über Vermutungen nicht hinaus. Ist es Lesbia? Ein Freund? Ist überhaupt eine bestimmte Person gemeint?
Aus dem Vorhergehenden dürfte vor allem ersichtlich geworden sein, dass der biografische Interpretationsansatz bei *diesem* Gedicht keine wesentlichen Erkenntnisse bringt.

3 Literaturgeschichtliche Interpretation

Mit c. 85 steht Catull in der langen Tradition der Gattung des Epigramms (↗ S. 19), einer lyrischen Kleinform von wenigen elegischen Distichen (↗ S. 101). Epigramme kennzeichnet ein knapper Ausdruck. Zugleich steht c. 85 der römischen Liebeselegie (↗ S. 70) mit ihrer extrem subjektiven und emotionalen Thematik nahe, zu deren frühen Vertretern man Catull zählen kann. So vereinigt das Gedicht Merkmale zweier Gattungen.

Darüber hinaus wird Catulls Zugehörigkeit zum Kreis der Neoteriker (↗ S. 46) deutlich, welche – im Bruch mit der literarischen Tradition in Rom – die kleine, sprachlich durchgearbeitete Form bevorzugten und die eigenen Empfindungen zum Gegenstand der Dichtung machten.

4 Soziokulturelle Interpretation

Auf gesellschaftlichem Gebiet vollzogen Catull und der Neoteriker-Kreis einen deutlichen Bruch mit den bis dahin dominierenden Werten der römischen Gesellschaft. Mit den zentralen Themen dieser Dichtung, insbesondere Liebe und Freundschaft, sowie der Fokussierung auf die persönlichen Beziehungen tritt das Private an die Stelle politischen Engagements und des Dienstes an der *res publica*. Dazu passt, dass Catull, obwohl aus wohlhabendem, gesellschaftlich etabliertem Hause, keinerlei Ambitionen auf eine poltische Karriere hatte. So verwirklichte er ein gesellschaftliches „Gegenprogramm" in Wort *und* Tat. In anderen Gedichten deutet Catull zentrale römische Wertbegriffe im Sinne der neuen Programmatik um (etwa *foedus* für den Liebesbund).

Diese exemplarische Darstellung von vier Interpretationsansätzen zu c. 85 soll verdeutlichen, dass die Wahl einer Interpretationsmethode in hohem Maß von der Art des Textes abhängt und ihren Ertrag bestimmt. Für einen ersten Zugang eignet sich meist eine Analyse formaler Aspekte (z. B. Versform, Stilmittel ↗ 1). Oft führt dann erst eine Kombination mehrerer Interpretationsansätze (↗ 2 3 4) zu einem gründlichen Verständnis des Textes.

Aufgabenformate im Abitur

Die „Einheitlichen Prüfungsanforderungen in der Abiturprüfung“ (EPA) und die länderspezifischen Abiturvorschriften sehen zwei unterschiedliche Formate für die Interpretation vor:
Typ 1: Die Interpretation bezieht sich auf den zuvor übersetzten Text oder geht zumindest von ihm aus. Ein Aufgabenapparat leitet dann den Prüfling mehr oder weniger kleinschrittig dazu an, den bereits übersetzten Text vertiefend zu interpretieren.
Typ 2: Die Fragen zur Interpretation beziehen sich – unabhängig vom Übersetzungstext – auf einen oder mehrere zweisprachig gegebene Texte. Hierzu muss der Prüfling zunächst den lateinischen Text mithilfe der Übersetzung erschließen, da die Interpretation sich immer auf die lateinische Fassung bezieht bzw. von ihr ausgehen soll.

Die Fragen zur Interpretation sind oft mit der Zahl der erreichbaren Punkte (Bewertungseinheiten) versehen und nach **Anforderungsbereichen (AFB)** gestaffelt. Es ist ratsam, sich zunächst einen Überblick über alle Aufgaben zu verschaffen und ihnen entsprechend der Punktzahl Bearbeitungszeit zuzumessen. Die Abfolge bei der Bearbeitung wird in der Regel nicht vorgeschrieben; manchmal ist eine Auswahl möglich.
Die Anforderungsbereiche bauen aufeinander auf, der Schwierigkeitsgrad steigert sich (AFB I bis III). Die Aufgabenstellungen beinhalten meist bestimmte „Operatoren“, die den Anforderungsbereichen zugeordnet sind. Bei manchen Aufgaben sind die erreichbaren Punkte auf mehrere Anforderungsbereiche verteilt.

	AFB I	AFB II	AFB III
Bereich	Wissen, Reproduzieren	Anwenden, Analysieren	Urteilen, Problemlösen
Operatoren (Auswahl)	■ Nennen ■ Wiedergeben ■ Ordnen ■ Beschreiben	■ Erklären ■ Gliedern ■ Herausarbeiten ■ Charakterisieren	■ Vergleichen ■ Stellung nehmen ■ Erörtern ■ Bewerten
Beispiele für Aufgabenstellungen	„Nennen Sie die unterschiedlichen Zeitebenen, auf denen der Text sich bewegt (mit Zeilenangaben)!"	„Gliedern Sie das Gedicht in sinnvolle Abschnitte mit passenden Überschriften!"	„Erörtern Sie die Bedeutung der im Text genannten Wertbegriffe für die heutige Zeit!"
	„Ordnen Sie die im Text erwähnten Philosophen antiken Philosophenschulen zu!"	„Führen Sie für die Verse 1–5 eine vollständige metrische Analyse durch!"	„Bewerten Sie die Schlüssigkeit der Argumentation!"

Weitere mögliche Aufgabenstellungen:

- Aufgaben, die einen **Vergleich** erfordern – manchmal auch mit einem nicht diskursiven Text (z. B. einem Comic) oder einer Karikatur. Die Kunst besteht darin, genau zu beobachten und überzeugend Vergleichspunkte zum Text herauszuarbeiten.

- Aufgaben mit einem **Übersetzungsvergleich**. Es wird oft eine vergleichende Betrachtung von Aspekten wie Wortwahl, Motiven, Autorenintention, Spezifika des literarischen Genus o. Ä. erwartet. Werden vorab keine Aspekte genannt, so sollten aus der Beantwortung die eigenen Kriterien für den Vergleich ersichtlich werden.
- **Kreativaufgaben** (Beispiel: „Schreiben Sie einen Brief des Aeneas an Dido!")

In den Bundesländern, in denen die Aufgabenstellung pauschal „Interpretieren Sie den folgenden Text!" o. Ä. lautet, muss der Prüfling selbstständig entscheiden, welchen Weg der Interpretation er einschlägt. Bei dieser offenen und vergleichsweise anspruchsvollen Form der Aufgabenstellung ist – ähnlich wie im Fach Deutsch – eine **Gliederung** unbedingt anzuraten. Auch sollte man sich der Art des gewählten Interpretationsansatzes stets bewusst sein. Oft ist – je nach Art des Textes – eine Kombination aus mehreren Ansätzen (↗ S. 220) zweckmäßig.

POCKET TEACHER Spezial: Vorbereitung mit System

Es hat sich als sinnvoll erwiesen, bei der Vorbereitung auf Klausuren, insbesondere auf die Abiturklausur, eine Zeitplanung zu erstellen, die wichtige Etappen und Arbeitsschritte berücksichtigt. Unser Tipp daher: **Legen Sie sich ein „Lerntagebuch" an (Fachbegriff: Portfolio)**. Hier können Sie die Planung, erledigte Aufgaben zur Abiturvorbereitung sowie bleibende Fragen und Schwierigkeiten dokumentieren, Vokabellisten und Zusammenfassungen zu Autoren abheften usw.

Mögliches Schema für ein solches Lerntagebuch/Portfolio:

Zeitlicher Rahmen	Arbeitsschwerpunkte (Grammatik, Übungsklausuren usw.)	Ergebnis (Teilergebnis)/ offen gebliebene Punkte (Agenda)
....	....	....
....	....	....
....	....	....

Unser Vorschlag zur Abiturvorbereitung ist auf insgesamt **15 Wochen** angelegt, kann aber natürlich individuell variiert werden. Die folgenden Phasen und Arbeitsschritte sind in der angegebenen Reihenfolge sinnvoll, können sich aber durchaus „überlappen". Auch merkt man vielleicht erst am Ende bei Probeklausuren (Phase IV), dass man bestimmte Bereiche der Grammatik (eigentlich Phase II) wiederholen sollte.

Phase I (1 Woche)

- Lerne ich am besten allein, im Tandem oder in der Gruppe? (ggf. gemeinsame Führung des Lerntagebuchs)
- Rahmenbedingungen klären: Zentralabitur? Zweigeteilte Klausur aus Übersetzungsteil und Interpretation? Sieht der Rahmenplan Themenschwerpunkte vor oder gibt es „Sternchenthemen"? Werden Zentralautoren für die Übersetzung benannt? (z. B. Cicero, Seneca, Sallust, Ovid und Vergil). Bei der mündlichen Prüfung: Welche Autoren/Texte/Themen kommen für die mündliche Prüfung infrage?

✍ **Portfolio:** Konkrete Vorgaben (Autoren usw.) notieren, Zeitplan bis zum Abitur anlegen, ggf. regelmäßige Termine zum Üben mit anderen Kandidaten vereinbaren

Phase II (8 Wochen)

- Wiederholung und Festigung des **Grundwortschatzes**, z. B. mit dem **Lernwörterbuch** von Cornelsen Scriptor, Literaturtipps ↗ S. 231
- Vergegenwärtigung leicht zu verwechselnder Vokabeln, mehrdeutiger Formen usw.
- Auffrischung der **Formenlehre** und der **Satzlehre**, z. B. mit dem **Pocket Teacher Latein Grammatik** von Cornelsen Scriptor, Literaturtipps ↗ S. 231
- **Bei Bedarf:** Wiederholung von Grundregeln für die Übersetzung, von Methoden und Rezepten (↗ S. 204)

✍ **Portfolio:** Dokumentieren des Arbeitsfortschritts (Formular für eine Tabelle: s. o.), Liste der fehlenden bzw. noch zu ergänzenden Kenntnisse erstellen

Phase III (4 Wochen)

- Sicherung des **autoren- bzw. themenspezifischen Wortschatzes** (z. B. zur Geschichtsschreibung: Staat und Gesellschaft, zu Ciceros philosophischem Werk: Fachterminologie)
- Für die Dichtung: Regeln zur **Prosodie und Metrik** wiederholen (↗ S. 95 ff.), Versmaße (z. B. Vergil: Hexameter, Ovid: Elegisches Distichon usw.) und Eigenarten der Dichtersprache (↗ S. 110)
- Auffrischen der wichtigsten **Stilmittel** (↗ S. 110)
- Wiederholung der erforderlichen Kenntnisse zu **Leben und Werk der Autoren** (↗ S. 38) und zur **römischen Geschichte** (↗ S. 7) bzw. zur **Philosophie** (↗ S. 117)
- → **Wichtig:** Hauptquelle sollten die eigenen Aufzeichnungen aus dem Unterricht sein, denn hier wurde gezielt auf die spezifische Form des Abiturs vorbereitet.

✍ **Portfolio:** Kleine Liste der schwer zu behaltenden Vokabeln erstellen, Fachbegriffe definieren, Verse zur Übung analysieren, Übersicht mit den wichtigsten Daten zur Biografie aufschreiben und abfragen lassen

Phase IV (2 Wochen)

- **Übersetzungstraining** (möglichst mit Abiturklausuren aus dem Vorjahr: Fragen Sie Ihren Lehrer oder Ihre Lehrerin!), vergleichendes Überprüfen der Ergebnisse anhand von Musterübersetzungen oder zweisprachigen Ausgaben
- Beim Übersetzungstraining gelegentlich **Stilmittel** bestimmen, ggf. **Verse** analysieren, mögliche Fragen für **Interpretationsaufgaben** (↗ S. 224) und Lösungen formulieren (z. B.: „Gliedern Sie den Text in Abschnitte mit Überschriften")

✍ **Portfolio:** Die eigenen „Lieblingsfehler" bei der Übersetzung analysieren, Notizen zum Zeitmanagement anfertigen („Probeklausur" in Abiturlänge schreiben: Zeitaufwand für Übersetzung, Reinschrift und Lösung der Aufgaben zur Interpretation abstimmen)

Literaturtipps

Selbstverständlich ist das **Internet** – v. a. für eine erste Recherche – unverzichtbar. Die Artikel aus „Wikipedia" können gute Dienste leisten. Doch Vorsicht: Die Qualität dieser Artikel schwankt erheblich; sie müssen zudem als Quelle angegeben werden.

▶ Römische Geschichte

🕮 Klaus Bringmann: Römische Geschichte. Von den Anfängen bis zur Spätantike. 128 Seiten. 10. Auflage München 2008 (Verlag: C. H. Beck)

Kommentar: Gut lesbare, sehr kompakte Darstellung eines ausgewiesenen Althistorikers.

▶ Römische Literatur, Metrik und Rhetorik

🕮 Manfred Fuhrmann: Geschichte der römischen Literatur. 576 Seiten. Stuttgart 2005 (Verlag: Reclam)

Kommentar: Gut lesbare Darstellung eines der bekanntesten deutschen Latinisten, von den Anfängen bis etwa in das 2. Jahrhundert nach Christus. Alle Zitate werden übersetzt. Für angehende Lateinstudenten Pflichtlektüre.

🕮 Friedrick Crusius/Hans Rubenbauer: Römische Metrik. 148 Seiten. Nachdruck der 8. Auflage München 1967 (Verlag: Olms)

Kommentar: Anspruchsvoller Überblick zu Prosodie und Metrik. Systematische Darstellung sämtlicher Versmaße. Als Nachschlagewerk in Fällen, in denen unser Überblick (↗ S. 94) bzw. die Kurzdarstellungen der Schulausgaben nicht ausreichen.

📖 Manfred Fuhrmann: Die antike Rhetorik. Eine Einführung. 160 Seiten. 1. Auflage Mannheim 2011 (Verlag: Artemis & Winkler)

Kommentar: Standardwerk eines Rhetorik-Spezialisten.
1. Teil: Geschichte der griechisch-römischen Beredsamkeit.
2. Teil: Das rhetorische System: Ein Querschnitt.

▶ Römische Philosophie

📖 Friedo Ricken: Philosophie der Antike. 328 Seiten. 4. Auflage Stuttgart 2007 (Verlag: Kohlhammer)

Kommentar: Die Darstellungen der antiken Philosophie legen den Schwerpunkt gewöhnlich auf die griechischen Philosophen, so auch das wissenschaftlich fundierte Werk von Ricken. Das Philosophie-Kapitel von E. Schirok in „Res Romanae" (s. u. bei „Öffentliches Leben") behandelt neben den Griechen auch die römischen Philosophen ausführlicher (S. 129–141).

▶ Mythologie

📖 Michael Grant/John Hazel: Lexikon der antiken Mythen und Gestalten. 464 Seiten. Berlin 2007 (List Verlag)

Kommentar: Ausführliches Nachschlagewerk mit zahlreichen Abbildungen.

▶ Öffentliches Leben und Zivilleben

📖 Heinrich Krefeld (Hg.): Res Romanae. Begleitbuch für die lateinische Lektüre. 320 Seiten mit CD. Neuauflage Berlin 2008 (Verlag: Cornelsen)

Kommentar: Ein bewährtes, nützliches Handbuch zu allen Aspekten römischer Kultur und Gesellschaft. Von den hier gegebenen Literaturtipps deckt dieses Buch die meisten Gebiete gründlich ab (auch: Philosophie, Religion, Recht usw.). Mit zahlreichen Abbildungen.

📖 Georges Hacquard: Das antike Rom. Führer durch Geschichte und Kultur. 263 Seiten. Bamberg 2002 (Verlag: C. C. Buchner)

Kommentar: Thematisch ähnlich umfassend wie die „Res Romanae" (s. o.), aber kompakter. Sehr anschaulich durch zahlreiche farbige Abbildungen und Grafiken.

▶ Abiturvorbereitung

📖 Roland Granobs/Jürgen Reinsbach: Pocket Teacher Latein Grammatik. 160 Seiten.
Neuauflage Berlin 2009 (Verlag: Cornelsen Scriptor)

Kommentar: Dieser Band fasst das grammatische Grundwissen kompakt zusammen und ist somit zur Wiederholung und Auffrischung nützlich.

📖 Hermann Throm: Lateinische Grammatik. 336 Seiten.
17. Auflage Berlin 2002 (Verlag: Cornelsen)

Kommentar: Eine ausführliche und systematische Darstellung aller grammatischen Phänomene. Für angehende Lateinstudenten zur Anschaffung empfohlen.

📖 Roland Granobs/Jürgen Reinsbach: Besser in Latein. Lernwörterbuch mit Tests und Lösungen. Grundwortschatz.
96 Seiten. 2. Auflage Berlin 2007 (Verlag: Cornelsen Scriptor)

Kommentar: Dieser Band bietet nach Sachgebieten geordnet die wichtigsten 1000 Vokabeln, die man bei Latein als 3. oder 4. Prüfungsfach unbedingt kennen sollte.

📖 Eberhard Hermes/Horst Meusel: Grundwortschatz Latein nach Sachgruppen. 240 Seiten.
Neuausgabe Stuttgart 1993 (Verlag: Klett)

Kommentar: Der bewährte Band bietet 1 350 Vokabeln des Grundwortschatzes und noch einmal 500 Vokabeln des Aufbauwortschatzes. Zur gründlichen Vorbereitung auf die Abiturprüfung (besonders im Leistungskurs) und für angehende Lateinstudenten.

Stichwortverzeichnis

actio 107 f., 27
Actium 12, 72, 152
Adoptivkaiser 13
Aedil 164
aemulatio 59
Aeneas 135 ff., 150
Aeneis 17, 63 f., 149 f.
Agricola 82
Aischylos 22 f.
Akademie 119, 122 f.
Alba Longa 151 ff.
Alexander 28, 89
Alliteration 110 f.
Ambrosius 34, 91 f., 129
Amor 136, 140
Anápher 111
Anaximander 120
Anaximenes 12
Anforderungsbereiche 224 f.
Annales/Annalen 41, 121, 195
Annalistik/annalistisches Prinzip 24 f., 56
Antigone 147, 22
Antiochos von Askalon 122, 126
Antithese 111
Antonius 27, 52, 53
Aphärese 97
Aphrodite 20, 136 ff.
Apicius 30, 37, 91
Apollon/Apollo 17, 139, 142, 148
Apollonios von Rhodos 17
Apotheose 75, 80, 146, 154
Appendix 77
Apuleius 29, 89
Aquädukt 189, 194
Arat 18
Ares 38
Argonautica/Argonauten 89, 17
Aristophanes 23
Aristoteles 123
ars oratoria 160
Artemis 138
Aesop 15, 21, 85
Asýndeton 111
Ataraxie 124, 130
Athen 22 ff., 26 f., 121, 123 f., 160
Athene 136, 141 ff.
Atrium 186 f.
Auctor ad Herennium 30, 58
Aufgabenformate 224
Auguren 173
Augustinus 33 f., 196
Augustus 52, 59 ff.
Ausspracheregeln 219
Autarkie 130
Autógraphon 32

Bacchus 22, 140, 176
Bellum Gallicum 50 f.
Benedict 93
Betonung 95 ff.
Biografie 28
Boethius 93
Brief 25 f.
Brot und Spiele 195
Brutus 53, 66
bukolische Dichtung 20
bukolische Dihärese 100
Bürgerkrieg 49 f.

Caesar 49 ff., 56, 90
Caligula 13, 78, 193
Camillus 158
Cannae 8, 175
capite velato 176
Catilina 55 ff., 110 ff.
Cato Uticensis 44, 86
Cato/Cato der Ältere 44, 55 ff.

Catull 59, 78, 97
Celsus 30, 90
Ceres 137, 147
Chiásmus 88, 111
Chor 22f.
Chorlyrik 20
Christentum 118, 131ff.
Cicero 24, 133, 162
Circus Maximus 195f.
Claudius 78ff., 157f.
Columella 91
comitia 166ff.
Confessiones 92, 133, 196
contio 106
Coriolanus 157
Cornelius Gallus/Gallus 19, 70
Corpora (Iuris) 168, 171
Correctio 112
Crassus 49, 197
Cupido 140
cursus honorum 164
Curtius Rufus 28, 89
Cynthia 72

Daktylus 98f
Danaiden 86, 148
Dante Alighieri 87
Dehnungsvokal 95
Demeter 137, 147
Demokrit 12, 125
Demosthenes 27f., 53
Diana 135, 138
Dido 149ff.
Dihärese 98
Diktator 166
Diktatur 49
Dimeter 98
Diokletian 14, 177, 198
Dionysos 140
Diphthong 95f.
Distichon, elegisches 110f.
Domitian 82, 90
Dreischrittmethode 206

Ecloge 63, 65
Eklektizismus 118, 128
Elegiker 19
elegisches Distichon 110f.
Elision 97
Ellipse 112
elocutio 108
Elysium 148
Empedokles 18, 120
Enallagé 122
Ennius 18, 39, 152
Entelechie 123
Epigramm 19, 41, 88ff.
Epiktet 131
Epikur/Epikureer 25, 48
Epimythion 85
Epípher 112
Epistulae 131, 170
Epistulae ex Ponto 36, 75
Epistulae morales ad Lucilium 78, 131
Epoden 67
Epos 16
equites 163, 179, 182ff.
Eros 18
Ethik 124
Eudaimonie 123f.
Euphemismus 112
Euripides 22f, 79
Europa 28, 73ff., 135, 138, 168
Eutrop 93
Exclamatio 112
exemplum 107
Exil 158

Fabel 21
Fabius Pictor 25, 44
Fabula palliata 40
Fabula togata 40
Fachschriftstellerei 45, 77
Fasten 75, 149
fasti/Feste 174
Festkalender 174
Figura etymologica 113
Figuren 110
Flavische Dynastie 13
Flotte 178, 184
Flurbrüder 38
Freigelassene 66, 163

Gallier 7, 50, 158
Gallus 19, 70
Gattung 15 ff.
gens/gentes 161
Geschichtsschreibung 24, 229
Gladiatoren 194 f.
Goethe, Johann Wolfgang v. 72, 87
Gorgias 21, 26 f., 110
Goten 92
Götterapparat 16
Grammatik 104, 203, 233
Griechenland 8
Gründung Roms 153
Güterlehre 122, 131

Hades 137, 141, 147 f.
Hannibal 8, 61
Hebung 94
Heeresreformen 180
Helena 142 f.
Hendiadyóin 113
Hephaistos 137
Hephthemimeres 100
Hera 136
Herakles/Hercules 141, 145
Heraklit 120
Hercules s. Herakles
Hermes 144, 147
Herodot 24
Hesiod 63, 135
Hestia 141
Hexameter 99, 221
Hiat 97
Hieronymus 129, 132
Hilfstruppen 178 ff.
Historiae 24 f., 56
Historiografie 45
historische Monografie 24
Homer 64 f, 87
homo novus 44, 52, 162, 164
Horatius Cocles 156
Horaz 66, 177
Hortensius 27, 126
Hygin 90
Hypérbaton 113
Hyperbel 113

Iden des März 11, 49
Iktus/iktierend 94, 101
Ilias 139, 150
imitatio 108
Imperium Romanum 9, 185
ingenium 107 f.
Institutio oratoria 90, 107
insula 188
interpretatio Romana 118
interrogatio 113
inventio 53, 108
Iris 141
Ironie 113
Isokrates 26 f.
Iugurtha 10, 58
Iulisch-Claudische Dynastie 13
Iustinian/Justinian 14, 133, 171
Iuvenal 21, 37, 89, 195

Jambus/jambisch 98
Juno 65, 136
Jupiter 135, 172 f.
Jurisprudenz 160, 171
Justinian s. Iustinian
Juvenal s. Iuvenal

Kaiser 28, 78 ff.
Kaiserkult 173
Kaiserzeit 59, 177, 182, 185
Kallimachos von Alexandria 18, 46
Kapitol 158
kapitolinische Gänse 158
kapitolinische Trias 173
kapitolinische Wölfin 153
Karthago 8, 40, 150
katalektisch 98, 100
Kirchenväter 33, 132
Klassik 36 ff., 39, 45, 59, 78
Kleidung 192 f.
Klientelwesen 163
Klimax 114
Kohorte 181
Kolosseum 13, 196
Komödie 23
Könige von Alba Longa 152
Königszeit 7, 154 f.
Konstantin 91, 132
Konstruktionsmethode 208
Konsul 7 ff.
Kosmologie 119, 124
Kriminalrecht 169
Kronos 18, 135 ff.

Lager 183 f., 189
Laren 38, 173
laudatio 106
Legion 179, 181
Legionär 181 f.
Lehrgedicht 18
Lerntagebuch/Portfolio 227 f., 230
Lesbia 20, 46 f.
lex XII tabularum 157, 168
liber 31
liberti 163
Liebeselegie 70 ff.
Litótes 114
Livius 61, 149, 153
Livius Andronícus 39
Lucilius 45
Lucretia 61, 156 ff.
ludi 160
ludi Romani 39
Lukan 78, 86
Lukrez/Lucretius 125
Lyrik 20
Lysias 26

Maecenas 62 ff.
Magistrat 165, 167
Makedonischer Krieg (1.–3.) 8
Manipel 180 f.
Marc Aurel 123, 130 ff.
Marcus Curtius 158
Marius 10, 179
Mars 138
Martial 87, 196
Medea 17, 23
memoria 107 f.
Menander 23, 40
Mercur 138
Messalla 69, 71
Metamorphosen 73 ff.
Metapher 114
Metaphysik 123
Metonymie 114
Metrik 98, 229
Metrum 98
Mimnermos 19
Minerva 136

Mithras 132, 176
Mittelalter 33, 171, 132
Mittellatein 103
Moiren 141
Mucius Scaevola 157
Musen 140
Mysterien 137, 176

Naevius 39, 150
Naturlänge 95
Neoteriker 46, 223
Nepos 28, 55
Neptun 137 f.
Nero 13, 78 ff.
Nobilität 117, 162 f.

Octavian 12, 152
Oden 67 ff.
Ödipus 134, 147
Odusia 39
Odyssee 39, 144
Odysseus 144 f.
officia oratoris 106 ff.
Olymp 16, 65
Onomatopoiie 114
Opfer 172, 174 f.
ordo equester 163
ornatus 109 f.
Ovid 73
Oxýmoron 114

Palimpsest 33, 127
Pallas Athene 136
Panaitios 126
Panegyricus 108
panem et circenses 195
Papyrus 31
Parádoxon 115
Parallelismus 115
Parenthese 115
Páris 141 f.
Parmenides 18, 120
pars pro toto 115
partes orationis 109
Parzen 141
patricii 161f.
patronus 163
Penaten 172 f.
Pentameter 101, 221
Penthemimeres 100
Pergament 32 f.
Persephone 137, 147 f.
Persius 89
Personifikation 115
Petron 29, 80
Phädrus/Phaedrus 85
Phainómena 18
Pharsalia 78, 86
Philippi 12, 62, 66 f., 180
Philippica 27, 51
Philosophenschulen 119, 225
Philosophie 78, 91, 130, 177 ff.
Physik 123 f.
pietas 151, 172
Platon 122 ff.
Plautus 41
plebs 7, 161
Plinius der Jüngere 84
Plinius der Ältere 84
Plotin 91
Plutarch 28
Pluto s. Hades
Poesie 15 f.
Poetik 123
Polybios 24
Polysýndeton 115
Pompeius 10 f., 49 ff.
Pompeji 134, 195
Portfolio/ Lerntagebuch 227 f., 230
Poseidon 137

Positionslänge 96
Praeteritio 115
Prätor 164
Prätorianer 185
Priester 139, 173
Prinzipat 12, 176, 195
Proconsul 165
Prometheus 141
Promythion 85
Proömium 16, 24, 62
Properz 71
Proserpina 137
Prosodie 95
Protagoras 121
Protreptikos 123
Psyche 89
Punische Kriege 8, 10
Pyrrhos 8
Pythagoras 120

Quaestor 164, 182
Quintilian 90
Quintus Fabius Pictor 44

Rede 26
Redekunst s. Rhetorik
Reim 103
Remus 138, 153 f.
Republik 7, 161 ff.
res publica 126 f., 159
Restauration des Augustus 176
Rhea 135 ff., 141
Rhetorik 106 ff.
Ritterstand 163
Roman 28
Romulus 152 f.

Sabinerinnen 154 f.
Sage 22
sagenhafte Könige Roms 7, 154 f.
Salier 174
Sallust 24, 56
Sappho 20
Satire 21
saturae 21
Saturnier 38
SC/SCU 167, 170
Schierlingsbecher 121
Schiller, Friedrich 162
Scholastik 133
Senar, jambischer 85, 102, 103
Senat 7, 10 ff., 161 ff., 166 ff., 179, 194
Seneca 30, 37, 78 ff., 83, 86 f., 102 f., 118, 121, 123 f., 130 ff.
servi 162 f.
Sieben sagenhafte Könige 7, 154 f.
Silbe 94 ff., 219
Silius Italicus 18, 37, 89
Siron 62
Skepsis/Skeptiker 119, 122, 128
Sklaven 10, 42, 131, 160, 162 ff., 184, 192
Sokrates 119 ff.
Soldatenkaiser 14, 185
Solon 19, 161
Sophisten 26, 110, 119, 121
Sophokles 22 f.
Spätantike 33, 35, 66, 91 ff., 107, 117, 133, 171, 198
Spiele 154, 164, 174 f., 190, 194 ff.
Spondeus 98 ff.
SPQR 161
Sprachkompetenz 199
Staatskult 173
Staatsphilosophie 118, 122
Ständekämpfe 161 f., 168
Stemma 34
Stil 89 f., 108 ff., 110 ff.
Stoá/Stoiker 80, 118 f., 121, 123 f.

Sueton 28, 37, 90, 197
Sulla 10, 175
Sulpicia 36, 69, 77
Synizese 97

Tacitus 25, 28, 30, 33, 37, 79 f., 82 ff., 195
Tarquinius Superbus 7, 155 f., 161, 168
Terenz 23, 35, 40 ff., 43, 102, 197
Tetrákolon 116
Tetrameter 98
textimmanent 220 f.
Thales von Milet 119
Theogonie 18, 135
Theokrit 20, 63
Thomas von Aquin 133
Thukydides 24, 56
Tiberius 10, 13, 76 f., 83, 85
Tibull 19, 36, 69 ff., 77, 101
Timaios 121
Todesstrafe 169 f.
Toga 40, 192
Tragödie 20, 22 f., 39, 41, 74, 79, 123, 197
Trajan 13, 28, 84, 108, 198
Trikolon 116
Trimeter 98, 102
Trimeter, jambischer 102
Tristia 75, 101
Trithemimeres 100, 221
Triumvirat 11 f., 49
Trochäus 98
Trojanischer Krieg 17, 141, 150
Tropen 110 f.
Tunica 192

Übersetzungsvergleich 226
Unterwelt 137 ff., 141, 147 f., 151
Uranos 18, 135

Valerius Flaccus 18, 37, 89
Valerius Maximus 30, 36, 77, 155
Varro 17, 28, 30, 36, 58, 150
Velleius Paterculus 25, 36, 77
Venus 20, 65, 135 f., 139 f., 150, 152
Verbannung 11, 25, 75, 79, 158, 170
Vergil 62 ff., 68 f., 71, 75, 78, 87, 89, 91, 94, 99
Verginia 61, 149 f., 157 f.
Verres 11, 51 f., 54
Versbau 39, 48, 73, 100, 103
Versepistel 25
Versfuß 98, 100, 102 f.
Versus spondiacus 100
Vesta/Vestalin 141, 153, 155, 172 f.
Vesuv 13, 84 f., 90, 188
Via Appia 8
villa rustica 186 f.
virtus 57, 61, 65, 123 f., 129, 131, 149, 175, 202
virtutes dicendi 109
Vitruv 30
Volkstribun/Volkstribunat 165 f.
Volksversammlung 166 f.
Vorsokratiker 119 f.
Vulcanus 139

Wahlen 166
Wehrpflicht 179

Zäsur 98
Zeiteinteilung 191
Zensor 44, 165
Zeugma 116
Zeus 135
Zivilrecht 168 f.
zoon politikón 123
Zwölftafelgesetz 157, 168